BASTEI
LÜBBE

Pressestimmen:

»In seinen Vorstellungen lässt Somuncu die absurde Sprachgewalt des Volksverhetzers Hitler für einen Moment wieder auferstehen.« *Der Spiegel*

»Eine schwarze und wilde Komödie.« *Jerusalem Post*

»Somuncu lässt die absurde Sprachgewalt Hitlers wieder auferstehen und nimmt ihre demagogische Wirkung, indem er die Zuschauer zum Lachen bringt. Jedwede Überhöhung, eben auch die negative, zerstört er damit.« *die tageszeitung Berlin*

Über den Autor:

Serdar Somuncu, 1968 in Istanbul geboren, lebt seit seiner Kindheit in Deutschland. Er studierte Schauspiel, Musik und Regie in Maastricht und Wuppertal. Seit 1985 inszenierte Somuncu über 100 Theaterstücke und wirkte bei etlichen Produktionen als Schauspieler mit. Er erhielt zahlreiche Preise, u.a. den Europäischen Nachwuchsförderpreis.
Von 1996 bis 2001 tourte Somuncu mit seiner spektakulären Lesung aus Adolf Hitlers *Mein Kampf* durch Europa. Ausschnitte aus dieser Lesung erschienen als WortArt Hörbuch bei Lübbe Audio unter dem Titel: *Serdar Somuncu liest aus dem Tagebuch eines Massenmörders – »Mein Kampf«*.
Seit Anfang des Jahres 2002 ist Serdar Somuncu mit einer neuen Lesung auf Tournee: der Sportpalastrede von Joseph Goebbels mit dem Titel »Wollt ihr den totalen Krieg?«.
Unter www.somuncu.de finden Sie weitere Informationen über den Autor.

Serdar Somuncu

Nachlass

eines Massenmörders

Auf Lesereise mit

»Mein Kampf«

BASTEI LÜBBE

BASTEI LÜBBE TASCHENBUCH
Band 60513

1. Auflage: November 2002

Vollständige Taschenbuchausgabe

Bastei Lübbe Taschenbücher ist ein Imprint
der Verlagsgruppe Lübbe

Originalausgabe

Titelbild: mutpress
Einbandgestaltung: Gisela Kullowatz
Satz: Textverarbeitung Garbe, Köln
Druck und Verarbeitung: Elsnerdruck, Berlin
Printed in Germany
ISBN 3-404-60513-6

Inhaltsverzeichnis

Über meine Rollen

Eigentlich bin ich Schauspieler.

Eigentlich. Aber was heißt das schon. *Schau-Spieler*?

Das mit der Schauspielerei ist nämlich so eine Sache.

Während die meisten Menschen davon ausgehen, dass man als Schauspieler etwas *darstellt*, was man überhaupt *nicht ist*, verhält es sich in Wahrheit vollkommen anders. Um eine Rolle wirklich zu spielen, muss man *sein*: die Rolle, man selbst oder irgendetwas.

Auf alle Fälle *spielt* man dabei nicht *schau*. Man *ist schau*.

Also, müsste ich doch besser Schau-*Seiender* heißen.

Natürlich gibt es Momente in denen es ungeheuren Spaß macht, etwas zu sein, was man im wirklichen Leben nicht ist. Ein Liebhaber, ein Mörder, genial, intelligent, hübsch, gemein, arrogant, ein Vielfraß oder alles durcheinander – oder keins davon.

Und immer, wenn die zwei, manchmal drei Stunden dieser Zweitexistenz dann vorüber sind, fällt es einem umso leichter, wieder in die Tristesse des normalen Daseins zurückzukehren.

Es gibt aber Momente, in denen es nicht nur Spaß macht, sich auf der Bühne auszuleben, sondern es auch gefährlich ist, wenn man seine Rolle beispielsweise nicht mit der nötigen Distanz darstellt. Denn dadurch gerät man in Verdacht, allzu sehr hinter dem zu stehen, was man auf der Bühne spielt.

Dann ist man nicht mehr einfacher Schau-*Spieler*, sondern auf einmal auch, Schau-*Politiker*, Rädelsführer oder Begründer einer neuen Theorie. Obwohl man das vielleicht gar nicht wollte.

Und: Macht es deswegen weniger Spaß?

Nein. Es ist eigentlich egal, was oder wen man als Schau-*Mensch* wirklich spielt – sagen wir lieber: darstellt. Denn dem Darsteller geht es in den seltensten Fällen wirklich um das Thema, als vielmehr um sich selbst.

Ein Klischee.

Künstler sind selbstverliebte Menschen. Ihre Kunst ist ein Ausdruck ihrer eigenen Unzulänglichkeit. Ein verzweifelter Akt von Mitteilungsbedürfnis, eine Ansammlung von Minderwertigkeitskomplexen. »Seht her, selbst ich kann euch etwas erzählen.«

Aber sind wir Künstler dann nicht eigentlich arme Schweine? Seelische Krüppel, auf der Suche nach dem ultimativen Verständnis?

Vielleicht ist es genau das, was uns unseren Rollen so ähnlich macht, denn auch unsere Rollen sind verstümmelt. Ein Torso der Wirklichkeit, weil sie erfunden sind. Und selbst wenn es echte Figuren sind, die wir auf die Bühne bringen, so werden sie durch unsere Darstellung erst recht zu Fantasiebildern.

Dies ist keine Rechtfertigung. Aber ein Versuch, dem geneigten Leser zu erklären, was uns dazu treibt, immer wieder auf die Bühne zu gehen, uns zu offenbaren, zu blamieren, öffentlich zu masturbieren, unsere Fehler und Unzulänglichkeiten so selbstsicher zur Schau zu stellen, als könnten wir spielend damit umgehen, dass andere Menschen vielleicht überhaupt keinen Sinn dafür haben.

Ein Verlangen nach Verständnis für unsere Existenz, für unsere Gedanken und für alles, was es im Zusammenhang mit der eigenen Person gibt.

Und, bringen Sie so etwas auf?

In den meisten Fällen wahrscheinlich nicht.

Weil Sie nämlich auch Schauspieler sind.

Weil Sie nämlich genauso egoistisch sind wie wir!

Alle Menschen sind egoistische Schweine, und jedes Schwein ist Schauspieler, und alle Schauspieler sind egoistische, arme Schweine.

Vorwort

Man macht sich ja wegen so vieler Dinge in die Hose.

Mal begründet, mal unbegründet, aber wahr.

Darüber hinaus gibt es aber eine andere, viel wirklichere Angst, die einem begegnet, wenn man sie nicht erwartet.

Ich meine diesen Adrenalinstoß, der einen plötzlich überwältigt und alles auf den Kopf stellt.

Man wird zum Tier, besteht nur noch aus Sinnen, und der ganze Körper ist ein angespanntes Bündel von Erwartungen und Aufmerksamkeiten.

Genau diese Angst habe ich nicht.

Obwohl ich seit mehreren Jahren allen Grund dazu hätte. Denn ich habe mich im übertragenen Sinne freiwillig gemeldet, als im Zirkus der blinde Messerwerfer ein Opfer für seine Drehwand suchte.

Ich lese Ausschnitte aus Adolf Hitlers *Mein Kampf* und toure damit durch jeden Ort im Umkreis von zweitausend Kilometern – sofern man dort Deutsch, Englisch oder Türkisch versteht.

Puh! Jetzt ist es raus.

Dabei ist das gar nichts Besonderes. Weil das Buch, aus dem ich lese, nichts Besonderes ist, wenn man es inhaltlich betrachtet.

Wenn man aber einmal davon ausgeht, welcher Tanz um diesen Schmöker aufgeführt wird, dann ist es doch ein besonderes Buch.

Dann ist es *das Buch* überhaupt. Beliebter noch als die Bibel oder der Koran und mit einem unglaublich interessant machenden Makel behaftet: Es ist ein verbotenes Buch. Welches Buch verdient schon so eine besondere Behandlung?

Dieses Verbot (was in Deutschland, Österreich und der Schweiz gilt) ermöglicht es, mit *Mein Kampf* auch heute noch unglaubliche Dinge zu bewirken.

Heimlich werden uralte verstaubte Ausgaben zu horrenden Preisen verkauft, verliehen oder verschenkt. Niemand traut sich, davon zu erzählen, dass es bei ihm zu Hause lange Zeit im Regal stand. Eigentlich kennt keiner den Titel. Man hat entfernt einmal etwas von Verwandten (Vorsicht!!) gehört. Dann täuscht man Interesse vor: Man würde gern einmal erfahren, was darin steht. (Nur aus Interesse?) Dann plötzlich, wenn das Thema einmal angesprochen ist, weiß man aber sehr viel über das Buch. Ja, ja, diese Passage kennt man, und davon hat man schon gehört. Und dann schließlich: Steht das wirklich da drin? Ist doch gar nicht so falsch …

Angst! Angst habe ich nicht vor diesem Buch oder vor den Leuten, die dazu stehen, dass sie irgendetwas daran toll finden. Angst habe ich vor dem Unsichtbaren, vor dem Verborgenen. Angst habe ich, wenn ich mir überlege, wie viele Menschen mir Zweideutiges, Verdächtiges oder Unklares gesagt haben, obwohl ich sie für aufgeklärt und gebildet hielt.

I

Anfänge

1. Die Idee

Schweinfurt 1995. Ich habe gerade gespielt.

Nach der Vorstellung treffe ich auf dem Klo Frank. Er erzählt mir von einem interessanten Projekt. Helmut Qualtinger liest Adolf Hitler.

Qualtinger … Qualtinger? Das ist doch der aus *Der Name der Rose*. Österreichischer Schauspieler. Genau der.

Ob das nicht was für mich wäre.

Ich höre jeden Abend solche Sätze. Mal ist es Adolf Hitler, dann Mickey Maus.

»Natürlich wäre das was für mich. Schick mir doch einfach etwas, und ich überlege es mir dann, o.k.?«

Ein paar Monate später liegt in meinem Briefkasten ein Paket.

Ein gewisser Frank aus Schweinfurt lässt mich grüßen und sendet mir zwei Kassetten mit der Originalaufnahme von Qualtingers Lesung aus den Siebzigern.

Kassetten beiseite gelegt.

Wieder ein paar Monate später. Ich räume meinen Schreibtisch auf.

Zwei Kassetten. Ohne Beschriftung, schmeiß ich weg. Na, ich hör lieber mal, was drauf ist. Eingelegt …

Als glückliche Bestimmung des Schicksals gilt es mir heute, das mir als Geburtsort gerade Braunau am Inn zugewiesen wurde. Gelächter.

Ich kenne diese Passage. Das ist aus Adolf Hitlers *Mein Kampf*.

Genau, das ist die Kassette von diesem Typ aus Schweinfurt.

Ich lasse das Ding mal laufen …

Kabarett, das ist ja reinstes Kabarett. Steht das wirklich in *Mein Kampf*? Witzig. Hätte ich nie gedacht, das man daraus einen ganzen Theaterabend gestalten kann. Hm, eigentlich keine schlechte Idee … eigentlich eine saugute Idee … Warum denn nicht?

Ja, schön und gut, aber wie komme ich an das Buch?

Soweit ich mich erinnern kann, ist *Mein Kampf* doch verboten.

Scheint doch nicht so einfach zu sein. Ich rufe mal in einer Buchhandlung an.

»Guten Tag, kann ich bei Ihnen *Mein Kampf* bestellen?« … »Nein, nicht Tabori … kein Theaterstück.« … »*Mein Kampf*, das Original.« … »Von wem? Von wem denn wohl? Von Adolf Hitler.« … »Na ja, man kann ja mal fragen.«

Ich lege auf.

Oh Gott, was habe ich gemacht? Die denken jetzt, dass ich ein verkappter Nazi bin.

Ich rufe in einer anderen Buchhandlung an und frage, ob sie *Mein Kampf* verkaufen. Ich hätte wohl nicht mehr alle Tassen im Schrank.

Ich glaube, ich lasse lieber die Finger davon. Nachher handle ich mir damit ’ne Menge Ärger ein … obwohl, irgendwie stehe ich ja auch auf Ärger. Warum denn aufgeben?

Jetzt erst recht!

Also: Wo könnte ich es noch bekommen? Bibliothek, Antiquariat, Trödelmarkt?

Es ist wie verhext. Niemand kennt das Buch. Oder will es kennen. Und wenn einer etwas weiß, dann sagt er es nicht. Scheint doch interessanter zu sein, als ich dachte.

Ich frage Freunde.

»Habt ihr *Mein Kampf* zu Hause?« – »Nein, warum?« – »Nur so.«

Weiter streuen. Weiter erzählen, fragen, hören. Fernsehen. Video. Bücher, Bücher, Bücher.

Endlich ein Erfolg. *Mein Kampf*, aber von Christian Zentner. Ein Pseudonym? Nein, eine kommentierte Ausgabe. Eine kastrierte Version. Vorgekaut, vorgedacht. Vorgewürgt.

Langsam werde ich stutzig. Wir leben im 20. Jahrhundert, und es gibt tatsächlich ein Buch, das so verboten ist, dass man noch nicht einmal erfahren kann, wo es – und sei es nur zur Ansicht – erhältlich wäre. Und das, obwohl es jeder kennt. Muss ja wirklich ein gefährliches Buch sein. Eine Waffe. Vielleicht lebt Adolf in diesem Buch, und wenn man es aufschlägt, kommt er herausgekrochen und springt einem ins Gesicht.

Wie in einem gedachten Mausoleum vegetiert dieser Kerl also dahin. Während seine Fans sich damit brüsten, dass sie ein Relikt, ein Kultobjekt besitzen, und seine Gegner noch nicht einmal merken, wie sie ihm durch diese programmatische Ignoranz zu posthumer Heiligsprechung verhelfen.

Endlich! Die Oma einer Freundin findet im Speicher eine alte verstaubte Ausgabe. Aber, ich darf niemandem etwas davon erzählen. Wird gemacht. In die Tasche und ab nach Hause.

2. Mein Kampf mit *Mein Kampf*

Oh, mein Gott. Das kann man doch nicht lesen. Tausend Seiten. Auf und ab. Hasstiraden, undurchsichtiges Geschwafel, Schwachsinn, schwacher Tiefsinn und immer wieder Hass, Hass und noch mal Hass.

Jetzt habe ich so lange nach diesem Scheißbuch gesucht, und nun schaffe ich nicht, auch nur zehn Seiten am Stück zu lesen, ohne dabei Schwierigkeiten mit der Konzentration zu haben.

Ich versuche, mich zu überlisten.

Ich lasse das Buch auf dem Klo liegen.

Immer wenn ich dort bin, fällt mir auf, dass nichts anderes zu lesen da ist, und fange noch mal von vorn an.

Es klappt.

Aber ich kann nicht so lange scheißen, wie die Lektüre von *Mein Kampf* dauert. Und wenn ich in Etappen lese, dauert das über 20 Jahre, weil ich pro Klogang nicht mehr als drei Seiten schaffe.

Nächster Trick.

Ich lese quer. Nur zu bestimmten Stichworten durchforste ich einzelne Passagen.

Aber bald weiß nicht mehr, was zu welchem Kapitel gehört; alles ist gleich. Es ist egal, was du liest, es geht immer um denselben Kram.

Wenn ich diesen Text so lesen will, dass die Zuschauer nicht schon nach zehn Minuten einschlafen, muss ich eine Auswahl treffen.

Eine spannende Auswahl. Oder lieber eine, die den Inhalt des Buches rüberbringt?

Was ist denn eigentlich der Inhalt? Hitler? Sein Leben? Seine Politik? Oder von allem ein bisschen?

Unmöglich, ich kann dieses Buch nicht so analysieren, dass ich daraus eine Fassung erstelle, die sowohl für mich als auch für das Publikum interessant, aufklärend und witzig ist.

Was will ich eigentlich? Unterhalten, aufklären, schockieren?

Oder einfach nur ausprobieren, wie weit man gehen kann? Ausprobieren, was für eine Gefühl es ist, etwas Verbotenes zu tun? Vielleicht warte ich mit dieser Entscheidung noch, bis ich mehr weiß. Vielleicht höre ich lieber die Kassetten noch einige Male, um herauszufinden, was Qualtinger eigentlich gemacht hat.

Er geht nicht systematisch vor. Er springt von Kapitel zu Kapitel: 1. Band: *Eine Abrechnung*. Dann eine Abhandlung über den Arier. Weiter zu den Wiener Jahren.

Also doch. Es gibt einen chronologischen Aufbau.

Allmählich schaffe ich es, die einzelnen Abschnitte durchzuarbeiten, und gewöhne mich an den Gedanken, dass es eine notwendige Fleißarbeit ist, die bewältigt werden muss. Je mehr ich darin lese, desto häufiger stelle ich aber auch fest: Dieser Hitler ist nicht das, wozu man ihn heute macht. Zumindest ist er nicht dumm gewesen. Seine Sprache und seine Gedankengänge sind nicht unintelligent. Einziger Haken: Er spinnt.

Tatsächlich tun sich in mir Abgründe auf. Wie denke ich plötzlich über Adolf Hitler? Was ist dieser Mensch für ein Monster, und ich entwickle auf einmal Sympathie, sagen wir lieber Verständnis.

(Das Buch ist eine Waffe, fällt mir dabei ein.)

Aber Moment mal. Zurückgeblättert. Noch einmal gelesen.

Würde ich diese Zeilen auch ernst nehmen, wenn ich nicht um den Autor wüsste? Wenn es nicht diesen Mythos des Verbotenen gäbe? Ist es nicht eine bedingte Reaktion auf all das, was einem im Umgang vorgeschrieben wird, dass ich den Reiz der Sache mehr verfolge als ihre abstoßenden Seiten?

Tatsächlich, denn wenn ich nur das lese, was wirklich im Buch steht, entdecke ich, dass es langweilig ist, dass es verworren und falsch ist und dass die Theorien, aus denen sich Hitler seine eigenen zusammengeschustert zu haben scheint, in Wirklichkeit durchdachter sind als die Kopie.

Das will ich. *Das* muss ich auf die Bühne bringen. Diese Erkenntnis ist Gold wert.

Aber wie kann ich auf die Bühne bringen, dass Hitler – wenn man ihn nicht zu ernst, aber auch nicht zu leicht nimmt – ein ganz gewöhnlicher Zeitgenosse war?

Wie kann ich alles andere ausschalten, was mit der Person verbunden ist?

Allein der Name bewirkt schon die seltsamsten Dinge. Wie macht es mein Vorgänger Qualtinger?

Kassette wieder eingelegt.

Ganz einfach: Er bringt die Zuschauer zum Lachen. Und im nächsten Moment quält er sie, weil sie sich dafür schämen, über ein Thema gelacht zu haben, über das man nicht lachen darf, kann oder will. Der Witz ist die Falle. Und tappt der Zuschauer einmal in diese Falle, dann bleibt ihm gar nichts anderes mehr übrig, als sich zu ergeben.

Erst nachher setzt seine Reflexion ein, und er versucht, die Schuld für sein Lachen dem Witzemacher in die Schuhe zu schieben, aber dann ist es schon zu spät. Dann hat er nämlich schon gelacht, und der Denkprozess, der dadurch angestoßen wurde, ist unumkehrbar geworden.

Mittlerweile lese ich *Mein Kampf* zum zweiten, dritten und vierten Mal. Immer wieder entdecke ich neue Kapitel, die nicht durch das, wovon sie handeln, sondern durch die Art, wie erzählt wird, einen tiefen Einblick in die unbekannten Seiten Hitlers geben. Ganz normal ist der Kerl. Ganz normal bescheuert und bei weitem nicht so besonders, so unantastbar, wie ihn Freund und Feind gern sehen würden. Er ist nicht doof, aber auch nicht allzu intelligent.

Glück hat er gehabt, dass er so weit gekommen ist, und eine Menge Zufall hat dabei eine Rolle gespielt.

Ich komme zu folgendem Schluss: Wenn ich so viel Macht gehabt hätte, wer weiß, ob ich nicht auch das Gleiche getan hätte.

Wer träumt nicht davon, seine Feinde aus dem Weg zu räumen? Wer träumt nicht davon, Herrscher der Welt zu sein, Bilder mit seinem Porträt an jeder Straßenecke zu sehen?

Macht ist Hitler. Hitler ist Macht.

»Wer hasst ein Ding und brächt es nicht gern um?«, sagt sogar der Jude Shylock in Shakespeares *Der Kaufmann von Venedig*.

Der Mann hinter dem Schalter, der sich seinen Aufgaben verweigert, weil er Macht ausüben möchte, der Bankdirektor, der Lehrer, der Vater, die Mutter – sie alle sind Hitler. Wenigstens manchmal und ein bisschen.

Nur eben mit dem Unterschied, dass wir nicht die Möglichkeit haben, unsere Macht an den anderen auszuspielen. Gott sei Dank! Wer wäre dann nicht schon alles umgebracht worden.

Hitler ist also ein gesellschaftliches Phänomen. Das Grauen bei dem Thema Hitler ist die Frage, wie er so weit kommen konnte. Und wozu soll ich dann noch dieses Buch lesen?

Ganz einfach. Um den Mythos aufzuheben. Transparenz. Durchsichtigkeit. Die Fragestellung ergibt sich vielleicht von selbst. Dachte ich, denke ich. Ich weiß es nicht. Den Versuch ist es wert.

3. Klein Adolf

Als Jugendliche haben wir manchmal Hitler gespielt.

Einen Mantel, Gummistiefel über die Hose, und eine Armbinde mit Hakenkreuz gebastelt.

Wenn ich heute wüsste, warum wir das gemacht haben, wäre ich sicherlich schlauer.

Wahrscheinlich war es ein Gefühl der Spannung, das uns dazu gebracht hat, so durch die Straßen zu ziehen.

Nicht weil wir kleine Nazis waren. Im Gegenteil: Unsere politische Haltung – ich war damals etwa 13, 14 Jahre alt – war ambivalent. Einerseits war ich links, also so etwas wie sozialistisch (ich wusste jedenfalls, dass ich gegen das Establishment war, gegen Spießer, gegen Beamte und Fuzzis mit Aktenkoffern). Andererseits war ich fasziniert von der Konsequenz, mit der die Nazis ihre Ideen durchgezogen hatten. Im Grunde genommen, so schien es mir, waren diese Leute auch gegen das Establishment; sie haben die gesamte bürgerliche Gesellschaft unterdrückt und genau das vermieden, was heute dazu führt, dass ebendiese Spießbürger wieder in vielen Dingen Macht haben, die ihnen gar nicht zustehen sollte.

Hitler und seine Kumpanen: War ihre Grundidee die Vernichtung der bürgerlichen Gesellschaft?

Ein abenteuerliche Theorie. Anarchismus und Terrorismus. Staatsterrorismus.

Ein kleines Problem gab es bei der ganzen Sache schon. Ewig konnten wir mit unseren Uniformen nicht auf der Straße herumlaufen, und wenn wir schon damit umhermarschierten, dann wenigstens zu Uhrzeiten, an denen niemand anders mehr auf der Straße war.

Dumme Idee. Gab es keine anderen Möglichkeiten, sich zu artikulieren? Wir schafften uns einen künstlichen Raum. Sagen wir eine Bühne, ein Theater oder einfach nur einen Bogen Pappe. Wir spielten Krieg. Und zwar mit fiktiven Staaten.

Ein Bogen Pappe also. Darauf wurden mit größter Akribie Länder eingezeichnet. Sie trugen so illustre Namen wie Gambio oder Relessov. Alle Daten dieser Staaten wurden schriftlich in eigens dafür angelegten Ordnern und Mappen festgehalten: die Bevölkerungszahl, das Bildungsniveau, Wahlergebnisse, Bodenschätze und so weiter und so fort. Und wir waren ihre lebendigen Vertreter. Unsere Aufgabe bestand darin, die politischen Auseinandersetzungen zu führen, welche zur Erhaltung unseres Gemeinwesens notwendig waren. Es wurden also Konferenzen einberufen, auf denen man sich um seine territorialen Rechte und sonstigen Kram streiten musste. Konnte man sich nicht einigen, gab es Krieg. Das Ganze war so etwas wie eine erweiterte Version des Brettspiels *Risiko*.

Bei den Konferenzen trugen wir unsere Kostüme. Auf den Armbinden befand sich nun kein Hakenkreuz mehr, sondern ein Fantasiezeichen. Die Methoden, durch die fehlende Analogie zu realen Welt, wurden dementsprechend irrealer. Jeder wurde für alles gefoltert und gequält. Kriege zu führen war an der Tagesordnung.

Je mehr Kriege wir allerdings führten, desto langweiliger wurde die ganze Aktion. Die Demokratie erwies sich zunehmend als die gemütlichere Version menschlicher Koexistenz, und unsere Staaten wurden friedlicher und suchten nach diplomatischeren Lösungen, wodurch das Spiel aber mehr und mehr an Reiz verlor und letztendlich auch aus unseren Köpfen verschwand.

Zum ersten Mal erfuhr ich so am eigenen Leibe eine Art Überdruss an der Macht. Die Verantwortung, die man sich dadurch aufhalste, dass man andere entmündigte, schien unendlich zu sein. Ich begriff, dass die Anziehungskraft der Macht und ihres Missbrauchs nur dann groß ist, wenn man sie nicht besitzt.

4. Erste Rollen

Ui: »Heißt das, ihr setzt mir die Pistole auf die Brust? Nein, so erreicht man bei mir gar nichts. So nicht. Wird mir gedroht, dann hat man alles Weitere sich selbst zuzuschreib'n. Ich bin ein milder Mann. Doch Drohungen vertrag ich nicht! Wer nicht blind vertraut, kann seines Weges gehen. Und hier wird nicht abgerechnet. Bei mir heißt es: Die Pflicht getan, und bis zum Äußersten! Und ich sag, was verdient wird; denn Verdienen kommt nach dem Dienen! Was ich von euch fordre, das ist Vertraun und noch einmal Vertraun! Euch fehlt der Glaube! Und wenn dieser fehlt, ist alles aus. Warum konnt ich das alles schaffen, was meint ihr? Weil ich den Glauben hatte! Weil ich fanatisch glaubte an die Sache!«

Bertolt Brecht,
Der aufhaltsame Aufstieg des Arturo Ui

Der aufhaltsame Aufstieg des Arturo Ui war eines meiner ersten Theaterstücke, welches ich aus eigenem Antrieb auf die Bühne gebracht habe. Wenn ich heute Inszenierungen dieses Stückes sehe, dann wundere ich mich darüber, weswegen wir als Jugendliche Interesse an so einem Thema haben konnten. Fast denke ich, wir haben doch damals gar nicht verstehen können, was alles in diesem Text steckt. Aber ich erinnere mich auch daran, dass wir sehr wohl wussten, worum es ging.

Die Röhm-Affäre 1934, von dem das Stück handelt, war mir schon früh ein Begriff; und mehr noch scheint es so, dass im jugendlichen Eifer die satirische Seite des Stückes viel besser erkennbar war, als sie es heute vielleicht durch einen Schleier der erwachsenen Wahrnehmung wäre.

> Als die Geheime Staatspolizei – Göring, Himmler, Heydrich – Material über rebellisches Verhalten der SA »nachhelfend« zusammenträgt, schlägt Hitler, immer bereit zu glauben, was er glauben will, nach Tagen systematisch gesteigerter Selbstverfinsterung entschlossen zu. Während Röhm sein Millionenheer mit der Parole: »Die SA ist und bleibt das Schicksal Deutschlands«, in den Urlaub geschickt hat, wird der ahnungslose Condottiere von seinen Kampfgefährten in Bad Wiessee aus dem Bett geholt mit der Begrüßung: »Du bist verhaftet.« Er bringt ein verschlafenes »Heil mein Führer!« hervor. Hitler, der sich in dieser Stunde (...) verantwortlich sieht für das Schicksal der deutschen Nation als des deutschen Volkes oberster Gerichtsherr, befiehlt Erschießungen nach vorbereiteten Listen. Mindestens 83 (offiziell: 76) Opfer fordert die Mordaktion, darunter General von Schleicher und Gregor Strasser. Bei Röhm scheint Hitler sich zu be-

denken. Erst nach 36 Stunden legen ihm drei SS Männer (…) eine Pistole auf den Zellentisch in München-Stadelheim. Die Öffentlichkeit liest am nächsten Tag: »Dem ehemaligen Stabschef Röhm ist Gelegenheit gegeben worden, die Konsequenzen aus seinem verräterischen Handeln zu ziehen. Er tat das nicht und wurde daraufhin erschossen, sterbend röchelte er: ›Mein Führer, mein Führer.‹«

Harald Steffahn, *Adolf Hitler*

Ich war Arturo Ui. Für meine Rolle studierte ich Sprache und Gestik des Führers. Wann immer ich im Fernsehen Bilder aus dieser Zeit sah, betrachtete ich sie auf das Genauste und fand heraus, dass Hitler als Figur gar nicht so ungeeignet für das Theater war, denn auch seine ganze Erscheinung schien wirklich wie eine Rolle konzipiert zu sein. Hitlers ganzes Auftreten, seine Art zu reden, seine Bewegungen, all das erschien mir wie ein gigantisches Theaterstück, in welchem er zugleich Hauptdarsteller, Regisseur und sein dankbarster Zuschauer war. Und er hatte sein Publikum gefunden. Auf der ganzen Welt.

Zu dieser Zeit besuchte ich auch das Berliner Olympiastadion, und ich war fasziniert von der gigantomanischen Bauweise dieses Kolosses aus Stein und Sand. Irrsinn. Wie konnte ein Mensch so etwas bewirken? Alle Stuhlreihen auf ihn ausgerichtet. Alles nach seinen Vorstellungen, alles wie aus seinem Wahn entsprungen. Ein Gefühl wie ein Rausch. Der Mensch so klein und plötzlich riesig groß. Die Überwindung der Naturgesetze. Das musste ich auf der Bühne haben. Das musste ich spielen.

Leider kam es niemals dazu. Denn den *Ui* mussten wir absagen, und so blieb meine Auseinandersetzung mit der Kunstfigur Hitler eine verstümmelte Leidenschaft. Ich las zu diesem Thema stattdessen Bücher und verfolgte gespannt jeden Bericht und jede Zusammenfassung.

Wenn es überhaupt etwas an meinen Rollen gab, zu dem ich damals noch keinen Zugang besaß, dann war es das Leiden der Opfer. Denn diese Auseinandersetzung war mir zu jener Zeit noch nicht möglich. Noch war es ohnehin die uninteressantere Seite.

Wie oft ist das im Theater so? Der Mörder und seine Gedanken und nicht die des Opfers begeistern die Zuschauer. Weil das Theater eine virtuelle Welt ist. In ihr leben wir unsere geheimen Fantasien aus. Wir können unbeobachtet zu Mitwissern werden, wir lieben, wir töten, wir leiden, und wir freuen uns mit denen, die auf der Bühne stehen – und doch verurteilen wir die Dinge, die wir dort gutheißen, im wirklichen Leben. Das ist richtig. Dafür ist das Theater schließlich da. Besser man lebt diese Dinge auf die Weise aus, als ständig so zu tun, als wären alle Menschen gut und frei von Schuld. Besser man lebt es dort aus, als auf der Straße.

Das gehört schließlich zum Menschsein. Und wer behauptet, dass wir dazu gemacht seien, nur in Frieden zu leben, der lügt.

Friede ist eine Wahnvorstellung. Hass und Krieg, Gewalt und Grausamkeit sind die Realität; und nur dann wenn wir uns diesen Gefahren stellen, sind wir in der Lage, sie zu bewältigen. Sonst werden sie immer latent sein. Nur dann ans Tageslicht kommen, wenn etwas schief läuft, und dann läuft es richtig schief. So wie bei Hitler eben.

5. Recherche

Wieder in der Gegenwart. Die Fassung ist fertig. Ich halte mich inhaltlich ungefähr an das, was Qualtinger gemacht hat. Teilweise füge ich eigene Passagen hinzu. Der größte Unterschied aber zu Qualtinger ist folgender: Ich erzähle zwischendurch von meinen Erfahrungen und unterbreche die eigentliche Lesung so an verschiedenen Stellen. Dadurch wird dem Ganzen der akademische Touch genommen, und das Publikum kann besser unterscheiden zwischen mir und meiner Rolle. Wichtig ist jetzt: Wie komme ich an die nötigen Infos für meine eigenen Geschichten? Was kann ich den Leuten erzählen, das sie nicht schon kennen? Schließlich ist man derart überversorgt mit Informationen zu diesem Thema, da muss es schon etwas ganz Neues sein.

Ich fahre also zu den Orten, die etwas mit dem Buch zu tun haben könnten. Ich suche nach Informationen, nach Relikten oder verborgenen Existenzen aus dieser Zeit. Wo überall gibt es heute noch Überbleibsel aus der Nazizeit?

Eine Reise in die deutsche Gegenwart. Und nicht nur in die deutsche. Auch in Österreich, Italien, der Schweiz, Holland und Belgien wird man fündig. Wie Ablagerungen eines langsam vor sich hin tröpfelnden Unheils findet man an allen Stellen der Welt Hinweise auf eine spannende Geschichte, wie sie in dieser Form wohl noch nicht erzählt wurde.

Was könnte ich noch unternehmen? Ich versuche, zu den seltsamsten Organisationen Kontakt aufzunehmen. Ich fahre in die entlegensten Käffer und suche nach Denkmälern, Zeitschriften, Bildern, Personen, Geschichten und Mythen. Alles und nichts. Entweder man sieht es oder man ignoriert es. Was für eine Arbeit.

Ich kann doch nicht die nächsten zehn Jahre Adolf Hitler spielen. Ich muss mich von dem Gedanken lösen, dass es sich bei dieser Sache um ein normales Theaterstück handelt. Es ist vielmehr eine wissenschaftliche Arbeit, deren Grundlage die künstlerische Auseinandersetzung bildet. Soziologie oder so ähnlich; ich nenne es Interesse.

Und doch ist die Idee nicht neu. Der Pfad nämlich, auf dem ich mich nun befinde, dieser Pfad ist abgetrampelt. Viele Menschen haben sich schon mit diesem Thema beschäftigt. Man trifft manchmal ihre Hinterlassenschaften, ihre Gedanken und Schriften, zuweilen auch sie selbst oder nur noch ihre Leichen auf dem Weg zu einem geheimnisvollen Ziel, von dem man noch nicht einmal weiß, ob es tatsächlich existiert.

Was kann dieses Ziel sein?

Die Wahrheit. Das sage ich mir immer wieder. Ziel ist, die Wahrheit zu erfahren. Zu wissen, worum es bei der ganzen Sache eigentlich wirklich ging. Und herauszufinden, wer die wahren Schuldigen sind. Ob sie noch unter uns sind oder ob alles nur ein böser Traum gewesen ist. Eine Vergewaltigung.

Sieht nicht so aus. Es scheint, als hätte sich das deutsche Volk als vermeintliches Opfer dem Vergewaltiger hingegeben, als wäre ein gewisser Masochismus der Massen nicht von der Hand zu weisen. Spannend.

Fahren wir also zur Hölle. Zum Ausgangspunkt. Zu der Stelle, an der alles begann. Im Leben Adolf Hitlers, in unserer Geschichte.

Mein Kampf von Adolf Hitler. Der Deckel ist aufgeklappt. Die Worte verschwimmen, seltsame Musik setzt ein, alles verschwindet und ein grauer Schleier überzieht den Bildschirm der Erinnerung. Wir befinden uns in Braunau.

6. Braunau

Im Elternhaus

Als glückliche Bestimmung gilt es mir heute, dass das Schicksal mir zum Geburtsort gerade Braunau am Inn zuwies. Liegt doch dieses Städtchen an der Grenze jener zwei deutschen Staaten, deren Wiedervereinigung mindestens uns Jüngeren als eine mit allen Mitteln durchzuführende Lebensaufgabe erscheint!

Deutschösterreich muss wieder zurück zum großen deutschen Mutterlande, und zwar nicht aus Gründen irgendwelcher wirtschaftlicher Erwägungen heraus. Nein, nein: Auch wenn diese Vereinigung wirtschaftlich gedacht, gleichgültig, ja selbst wenn sie schädlich wäre, sie müsste dennoch stattfinden. Gleiches Blut gehört in ein gemeinsames Reich. (…) Das alte Österreich war ein ›Nationalitätenstaat‹.

Der Angehörige des Deutschen Reiches konnte im Grunde genommen, wenigstens damals, gar nicht erfassen, welche Bedeutung diese Tatsache für das alltägliche Leben des Einzelnen in einem solchen Staate besitzt. Man hatte sich nach dem wundervollen Siegesszuge der Heldenheere im Deutsch-Französischen Kriege allmählich immer mehr dem Deutschtum des Auslandes entfremdet, zum Teil dieses auch gar nicht mehr zu würdigen vermocht oder wohl auch nicht mehr gekonnt. (…)

Von dem ewigen unerbittlichen Kampfe um die deutsche Sprache, um deutsche Schule und deutsches Wesen hatten nur ganz wenige Deutsche aus dem Reiche eine Ahnung. Erst heute, da diese traurige Not vielen Millionen unseres Volkes aus dem Reiche selber aufgezwungen ist, die unter fremder Herrschaft vom gemeinsamen Vaterlande träumen und, sich sehnend nach ihm, wenigstens das heilige Anspruchsrecht der Muttersprache zu erhalten versuchen, versteht man in größerem Kreise, was es heißt, für sein Volkstum kämpfen zu müssen. (...)

Wie überall und immer, in jeglichem Kampf, gab es auch im Sprachenkampf des alten Österreich drei Schichten: die Kämpfer, die Lauen und die Verräter.

Schon in der Schule begann diese Siebung einzutreten. Denn es ist das Bemerkenswerte des Sprachenkampfes wohl überhaupt, dass seine Wellen vielleicht am schwersten gerade die Schule als Pflanzstätte der kommenden Generation umspülen. Um das Kind wird dieser Kampf geführt, und an das Kind richtet sich der erste Appell dieses Streites:

»Deutscher Knabe, vergiss nicht, dass du ein Deutscher bist!« und »Mädchen, gedenke, dass du eine deutsche Mutter werden sollst!«

Wer der Jugend Seele kennt, der wird verstehen können, dass gerade sie am freudigsten die Ohren für einen solchen Kampfruf öffnet. In hunderterlei Formen pflegt sie diesen Kampf dann zu führen, auf ihre Art und mit ihren Waffen. Sie lehnt es ab, undeutsche Lieder zu singen, schwärmt umso mehr für deutsche Heldengröße, je mehr man versucht, sie dieser zu entfremden; sammelt an vom Munde abgesparten Hellern zum Kampfschatz der Großen; sie ist unglaublich hellhörig dem undeutschen Lehrer gegenüber und widerhaarig zugleich; trägt die verbotenen Abzeichen des eigenen Volkstums und ist glücklich, dafür bestraft oder gar geschlagen zu werden. Sie ist also im Kleinen ein getreues Spiegelbild der Großen, nur oft in besserer und aufrichtigerer Gesinnung.

Auch ich hatte so einst die Möglichkeit, schon in verhältnismäßig früher Jugend am Nationalitätenkampf des alten Österreich teilzunehmen. Für Südmark und Schulverein wurde da gesammelt, durch Kornblumen und schwarzrotgoldene Farben die Gesinnung betont, mit »Heil« begrüßt und statt des Kaiserliedes »Deutschland über alles« gesungen, trotz Verwarnung und Strafen. (...) Dass ich damals schon nicht zu den Lauen gehört habe, versteht sich von selbst. In kurzer Zeit war ich zum fanatischen »Deutschnationalen« geworden, wobei dies allerdings nicht identisch ist mit unserem heutigen Parteibegriff. (...)

Wenn ich nun nach so viel Jahren mir das Ergebnis dieser Zeit prüfend vor Augen halte, so sehe ich zwei hervorstechende Tatsachen als besonders bedeutungsvoll an:

Erstens: Ich wurde Nationalist.

Zweitens: Ich lernte Geschichte ihrem Sinne nach verstehen und begreifen.

Adolf Hitler, *Mein Kampf*

1. Januar 1996. Es ist acht Uhr in der Frühe. Schnee liegt auf den Feldern ringsherum. Die Straßen schlängeln sich durch leicht hügelige, dünn besiedelte Waldgebiete. Diesen Landstrich nennt man Oberösterreich. Er liegt an der Nordspitze der Alpenrepublik und ist für österreichische Verhältnisse geradezu als Flachland zu betrachten. Der Inn fließt unbändig und breit. Wenige Kilometer flussabwärts wird er sich in Passau mit Donau und Ilz zu einem gigantischen Gewässer vereinen.

Fast zwei Stunden bin ich gefahren, um von unserem Hotel in Laufen an der Salzach in Deutschland bis Braunau zu kommen. Immer auf einer schmalen Landstraße entlang. Es ist Neujahr. Die Gegend wirkt deprimierend.

Man stellt sich vor, wie hier vor mehr als hundert Jahren ein kleiner Junge auf den Feldern rumgelaufen ist, wie er ausgesehen hat und dass er gesprochen hat, wie der Tankwart, den ich kennen lerne, als ich bei einem Zwischenstopp anhalte, um ein wenig frische Luft zu schnappen.

Was für eine öde Gegend. Nicht Österreich, aber auch nicht richtig Deutschland. Ein schmaler Streifen gar nichts. Noch nicht mal der Arsch der Welt.

Und Braunau. Braunau ist so eine Art Hauptstadt dieser Provinz. Stadt ist gut gesagt. Braunau ist auch heute nicht besonders groß. Es hat diesen typischen Muff österreichischer Kleinstädte, so etwas wie abgestandener Barock gemischt mit orange-grünfarbenen Elementen der späten Siebzigerjahre. In den Gasthäusern stinkt es nach altem Fett und Fritatensuppe. Frauen in Dirndln und hagere Männer mit Bärten stehen sich gegenüber an lieblos weihnachtlich geschmückten Theken und unterhalten sich in unverständlichem Kauderwelsch über grundlegende Fragen des menschlichen Zusammenlebens. Österreich oder Bayern, oder für uns, die wir nördlich des Weißwurstäquators leben, ein und dasselbe.

> Adolf Hitler wurde am 20. April 1889, abends um halb sieben, im »Gasthof zum Pommer« in der kleinen Stadt Braunau geboren. (...) Adolf Hitler war das dritte Kind aus Alois Hitlers dritter Ehe. Seine beiden älteren Geschwister, Gustav und Ida, starben im Kindesalter. Sein jüngerer Bruder Edmund starb, als er sechs Jahre alt war. Außer Adolf blieb aus dieser dritten Ehe nur seine jüngere Schwester Paula am Leben; sie wurde 1896 geboren.
>
> Alan Bullock, *Hitler. Eine Studie über Tyrannei*

Einbildung Nr. 1:
Alle Menschen hier sehen aus wie Hitler. (Schwachsinn.)
Einbildung Nr. 2:
Alle Menschen in Braunau sind Antifaschisten. (Mist.)
Einbildung Nr. 3:
Braunau ist eine ganz normale Stadt. (Ha-ha-ha.)
Was denn jetzt? Was ist Braunau? Gar nichts. Wo ist Hitler? Gibt es ein Geburtshaus zu besichtigen? Wen fragt man? Lieber nicht. Nachher bringen die mich noch um.

Ich schaue besser ins Telefonbuch. Auf der Straße scheinen alle das gleiche Problem zu haben wie ich. Und überhaupt: Was machen all die deutschen Fahrzeuge hier? Reisebusse. Kennzeichen MH, FR, KO. So, so. Die laufen hier also nur rum, weil es schön ist. Und warum glotzen die mich so an? Ich habe auch ein deutsches Kennzeichen. Pech gehabt. Denken, dass ich ein Nazi bin, oder vielleicht das Gegenteil?

Telefonzelle. H wie Hitler. Fehlanzeige. Hittler mit Doppel-t. Auch nichts. Hiedler, Hüttler, Hutbach. Ja, da steht einer, absurd … Himmler, Schicklgruber? Pech gehabt.

Sonntag. Was mache ich jetzt? Ich gehe einfach den Leuten nach. Nein, das fällt auf. Und außerdem, so viel Interessantes gibt es hier nun wirklich nicht zu sehen, außer natürlich den vielen Deutschen.

Letzter Versuch. Zum Rathaus. Nichts. Um die Ecke. Da stehen einige rum. Kein Schild, keine Tafel »Hier lebte Adolf Hitler von … bis …« Auch wenn man mittlerweile ein Geburtshaus besichtigen kann, wirkt es so, als hätte es den Mann hier nicht gegeben.

Braunau am Inn hat nichts mit Hitler zu tun. Braunau am Inn. Warum auch. Die Stadt kann ja schließlich nichts dafür, oder?

Aber wenigstens ein Zeichen des guten Willens. Ein Exempel. Treffpunkt der Pazifisten oder Antifaschisten. Mahnmale. Denkmäler jüdischer, kommunistischer, ungarischer Schriftsteller.

Nein! Braunau am Inn ist noch genauso wie vor mehr als hundert Jahren. Kein Wunder, dass ich ein komisches Gefühl habe, als ich weiterfahre.

7. Premierenvorbereitungen

Wieder zu Hause. Am 12. Januar ist Premiere, das heißt proben, proben, proben. Inzwischen schmeißt man mir Ausgaben von *Mein Kampf* hinterher. Nachdem bekannt wurde, dass ich mit einer Lesung aus dem Buch auftreten werde, bieten mir Privatleute, Organisationen und Antiquariate exklusive Ausgaben von *Mein Kampf* an. Ich erfahre einiges über die Verkaufsgeschichte dieses Bestsellers.

Der erste Band von *Mein Kampf* – Untertitel: *Eine Abrechnung* –, geschrieben 1924 in der Haftanstalt Landsberg, wo Hitler wegen eines missglückten Putschversuches einsaß, erscheint zum ersten Mal am 18. Juli 1925 in einer Auflage von 300 000 Exemplaren, der zweite Band *Die nationalsozialistische Bewegung*, am 11. Dezember 1926 im Verlag Franz Eher Nachfolger GmbH, München.

Unter den Schüssen der Bayerischen Landespolizei brach am 09. November 1923 in München neben der Feldherrenhalle Hitlers Putschversuch zusammen. Der beabsichtigte Marsch nach Berlin war damit, noch bevor er begonnen hatte, am Widerstand der loyalen Staatsgewalt gescheitert. Unter ausdrücklicher Zusicherung einer vorzeitigen Begnadigung wurde Hitler am 01. April 1924 zu einer Mindeststrafe für Hochverrat, zu fünf Jahren Festungshaft verurteilt, die er bis zur Entlassung im Dezember des gleichen Jahres auf der Festungshaftanstalt in Landsberg am Lech verbüßte.

Diese Kavaliershaft in Landsberg verbrachte Hitler, von seinen mitinhaftierten Anhängern weiterhin als Führer anerkannt und respektiert, unter angenehmsten Bedingungen. Wegen einer Schulterverletzung, die er sich durch einen Sturz an der Feldherrenhalle zugezogen hatte, brauchte er sich an den Anstaltsarbeiten nicht zu beteiligen. Besuchszeiten wurden wohlwollend geregelt. »Eine reichhaltige Bibliothek (...) meist Geschenke von Freunden und Verehrern«, stand ihm zum Studium zur Verfügung. Befreit von politischer Tagesarbeit, fand er genug Muße, die *Mein-Kampf*-Monologe des ersten Bandes zunächst seinem Chauffeur Emil Maurice und später seinem persönlichen Sekretär Rudolf Hess in die Maschine zu diktieren. Ursprünglich geplanter Titel: *Viereinhalb Jahre Kampf gegen Lüge, Dummheit und Feigheit.*

Christian Zentner,
Adolf Hitlers »Mein Kampf«. Eine kommentierte Auswahl

Bis zum Jahre 1943 erhöht sich die Auflage von *Mein Kampf* auf über 10 Millionen Exemplare, von denen viele ungelesen in Regalen verstauben. Denn auch wenn sich auf dem Einband zum »Buch der Deutschen« unterschiedliche Preise zu verschiedenen Ausgaben finden, so wurde das Buch in Wirklichkeit verschenkt – und zwar zu jeder denkbaren Möglichkeit. Ob zur Heirat oder zur

Scheidung, zur Geburt oder zur Beerdigung: Inzwischen gehörte es zum guten Ton, mindestens eine Ausgabe von »des Führers Memoiren« im Regal zu haben. In manchen Familien zitiert man zu besonderen Gelegenheiten die Lieblingsstellen des Führers. Anderswo wird das Buch versteckt und vermieden.

Auch nach Kriegsende existiert in vielen deutschen Haushalten noch eine Ausgabe von *Mein Kampf*.

Mittlerweile wurde das Buch in sämtliche Sprachen der Welt übersetzt. Es gibt Ausgaben in Chinesisch, Türkisch, Arabisch, Englisch, Französisch, Italienisch, Russisch. Selbst ins Hebräische wurde *Mein Kampf* übertragen.

Im Gegensatz zu Deutschland darf heute in den meisten Ländern das Buch ohne weiteres publiziert und verkauft werden. Selbst in Deutschland kann man straffrei *ausländische* Ausgaben bestellen. Besitzt man eines der zahlreichen Originalexemplare dieses Buches, kann man dafür auf dem Schwarzmarkt hohe Preise erzielen, sofern es sich um eine gut erhaltene Ausgabe – womöglich mit einem Konterfei und persönlicher Signatur des Führers – handelt. In Deutschland kann man *Mein Kampf* nicht ohne weiteres kaufen oder verkaufen. In öffentlichen Bibliotheken ist es nur schwer zugänglich. Man muss es Monate vorher bestellen und darf es dann nur in der Bibliothek einsehen, ohne daraus zu kopieren oder Ausschnitte in irgendeiner Weise zu vervielfältigen.

Kein Wunder, dass die Leute so ein Aufhebens um dieses Buch machen.

Ich kündige die Premiere an. Die Sache schlägt ein wie eine Bombe. Als Erstes meldet sich dpa in Düsseldorf und schickt die Nachricht über Internet an den nationalen Verteiler. Innerhalb von wenigen Minuten laufen bei uns im Theater die Drähte heiß.

Es kündigen sich u.a. an: der NDR, der WDR mit mehreren Teams, SAT.1, SFB, SWF, BBC London, die *Süddeutsche Zeitung* und der *Spiegel* in Hamburg. Alle wollen sie nur das eine: dabei sein, wenn ein Türke aus *Mein Kampf* liest.

Moment mal, daran habe ich noch gar nicht gedacht. Zum ersten Mal erinnere ich mich bei dieser Sache an meine Nationalität. Das hatte ich ja im Eifer des Gefechts vollkommen vergessen. So stellt sich eine völlig neue Dimension bei der ganzen Angelegenheit ein.

Es geht plötzlich nicht nur um das Verbotene, das in der Sache verborgen zu sein scheint, sondern auch um das Spektakuläre, das sich aus der Tatsache ergibt, dass ich mich dazu hergebe, als eine Art Zielscheibe für den Hass linker oder rechter Gruppierungen herzuhalten.

Da wären wir wieder beim Thema Angst. Wenn ich jetzt ein *Spiegel*-Interview gebe, dann liest das jeder Idiot von Hamburg bis München.

Und es gibt wahrscheinlich eine Menge Idioten zwischen Hamburg und München. Wie schütze ich mich dann selbst? Kann ich mich dagegen überhaupt schützen?

Sollte ich die Sache nicht lieber vergessen? Ich glaube, es gibt bessere Stücke, die man spielen könnte, vor allem sicherere.

Wenn man sich für ein Thema interessiert, muss man damit ja nicht gleich auf die Bühne, oder?

Nein, nein, nein, jetzt wird kein Rückzieher gemacht. Das hätte ich mir gefälligst vorher überlegen sollen. Jetzt, wo die Premiere ansteht und bloß weil ein paar Presseleute angekündigt haben, darüber zu berichten, kann ich nicht einfach aufhören. Es muss weitergehen und irgendwie muss ich lebend aus der ganzen Sache wieder rauskommen. Ich glaube, es wäre vielleicht besser, die Polizei einzuschalten.

Ich melde mich bei der Hauptwache und lasse mich verbinden mit der Abteilung Personenschutz.

Der Beamte hört sich meine Geschichte an und rät mir, mich in Düsseldorf beim Staatsschutz zu melden. Dort würde man ein Gefahrengutachten erstellen und auf dessen Grundlage weitere Schritte zu meinem Schutz veranlassen.

Ich melde mich in Düsseldorf.

Wieder eine überraschend verständnisvolle Reaktion. Ich muss Fragen beantworten, beispielsweise ob ich schon bedroht wurde. Gibt es Grund zur Annahme, dass es jemand auf mich abgesehen haben könnte?

Wie kann ich das alles wissen? Außer einem obskuren Anruf von einer offensichtlich geistesgestörten Frau aus Süddeutschland ist bisher nichts passiert.

Die Gefahr scheint gering zu sein. Dennoch werden zu meinem persönlichen Schutz einige Beamte in der Nähe des Veranstaltungsortes patrouillieren, um gegebenenfalls – was immer das auch bedeuten mag – schnell vor Ort sein zu können.

Schöne Aussichten. Und dabei soll ich lesen.

Wir erwägen, Karatekämpfer anzuheuern und sie ins Publikum zu setzen.

Die Karatekämpfer wollen nicht.

Wir beschließen, jeden Zuschauer aufmerksam zu beobachten und verdächtige Personen gar nicht erst reinzulassen. Wir überlegen, kugelsichere Westen zu tragen. Wir erörtern, Handgranaten zu deponieren. Wir denken an Hunde oder an Kameras und so weiter und so fort …

Wenn denn nun wirklich was passiert, kann man gar nichts machen. Aber das kann man im wirklichen Leben auch nicht. Die Wahrscheinlichkeit, dass ein »falscher Zuschauer« mir an die Gurgel geht – und das vor versammeltem Publikum –, ist sogar geringer als auf der Straße.

Solche Leute operieren meist versteckt und nicht öffentlich. Wenn irgendwo Brandsätze geschmissen werden oder Unschuldige verprügelt werden, dann geschieht das immer nur dann, wenn keiner dabei ist. Das ist gerade das Gefährliche.

Nächstes Problem. Wie werben wir für unsere Veranstaltung? Plakatieren? Geht nicht. Da spielen die Geschäftsleute nicht mit. Handzettel verteilen? Auch keine gute Idee. Bleibt nicht viel übrig. Am besten nur über Presse ankündigen. Es werden ohnehin viele Leute kommen. Da muss man nicht so viel Werbung machen.

Dann die Entscheidung, ob ich während der Lesung ein Kostüm trage, ob es Bühnenbild oder Requisite geben wird. Aber all diese Fragen klären sich meistens von allein. Viel prekärer ist schon die Auseinandersetzung mit dem eigentlichen Ablauf.

Wenn wir Publikum im Saal haben und die Fernsehteams wollen unbedingt filmen: Kann man das ohne weiteres genehmigen? Keine Ahnung. Einfach darauf ankommen lassen.

Was mache ich, wenn die Lesung durch störende Gäste unterbrochen wird? Wie ermögliche ich den Zuschauern, ihre Fragen loszuwerden? Ist eine Diskussion im Anschluss nicht zu aufgesetzt?

Viele Fragen, keine Antworten. Man kann es letztendlich drehen und wenden, wie man will, es bleibt uns nichts anderes übrig, als uns auf den Abend einzulassen und darauf zu hoffen, dass schon alles gut gehen wird.

Dennoch. Hinter all der Hoffnung bleibt auch ernsthafte Sorge. Mittlerweile gehe ich nachts vorsichtiger durch dunkle Gassen. Mein Vertrauen in unkontrollierbare Situationen hat sich binnen weniger Tage auf ein Mindestmaß reduziert. Bin ich ein Angsthase? Und wenn schon.

Plötzlich werden all die Bilder wahr. In meinen Albträumen sehe ich Stiefel, die sich in Gesichter bohren. Pulp Fiction. Echtes Blut, kein Theaterblut. Wie viele müssen es sein? Zwei, vier, sechs. Alles dreht sich wie eine Waschtrommel, und es geht so irrsinnig schnell, dass man gar keine Zeit hat, sich jedes Detail auszumalen. Gut so. Ansonsten würde ich die Sache auch nicht machen.

Das *Spiegel*-Interview erscheint am Montag vor der Premiere. Wieder eine Pressewelle. Man glaubt gar nicht, wer alles den *Spiegel* liest. Jetzt rufen sie von überall her an. Auch aus dem Ausland melden sich Fernseh- und Rundfunkteams. Wir sind nur ein kleines Theater. Wir haben keinen Pressereferenten, wie sollen wir das alles schaffen?

Aber wir schaffen es. Täglich ein bis zwei Teams zum Interview und immer dieselben Fragen. Warum kommt ein Türke (kleine rassistische Anspielung) auf so eine Idee? Was denken Sie über Hitler? Sind Sie schon bedroht worden? Aber auch: Wie konnte es so weit kommen? Wer war schuld? War Hitler verrückt?

Ja, verdammt noch einmal, bin ich denn der Allmächtige? Bloß weil ich Ausschnitte aus seinem Buch lese, muss ich dem Mann doch nicht ins Gehirn gekrochen sein, oder?

»Nein, weiß ich nicht ... keine Ahnung!«

Was ist denn der Unterschied zwischen einem türkischen und einem deutschen Schauspieler? Dumme Fragen, dumme Antworten. Aber gestellt werden sie trotzdem, und beantwortet auch.

Penner, Asis, Türken, Polaken und anderes Gesocks gehören auf die Müllkippe! Die wird gelegentlich angezündet. Vorher hat jeder Deutsche das Recht, die Wichser zu foltern, bis sie winseln! Ins Drecksmaul reinpissen, und falls die Pisse nicht geschluckt wird, gibt's ein paar deutsche Tritte in die Fresse! Geil ist auch, 'nem Kanaken die brennende Kippe in die Vorhaut zu brennen. Lass sie alle schreien, bis sie nicht mehr können. Die Wichser gehören ausgerottet! Sieg heil!

Aus: Adolf Hitler Message Board, Internet

8. Premiere

Dann wird aufgebaut. Licht einrichten. Alles vorbereiten. Routine. Ich spiele im Kulturkeller, einem Gewölbekeller aus dem 18. Jahrhundert. Fassungsvermögen ungefähr hundert Zuschauer.

Wenn mehr kommen sollten, stellen wir eben zusätzliche Stühle auf. Draußen liegt Schnee. Es ist kalt.

Am Abend, erste böse Überraschung: Es kommen nur knapp 40 Zuschauer. Trotzdem sieht der Laden voll aus. Kein Wunder, es sind schließlich an die 30 Journalisten da. Ihre Mikrofone haben sie auf meinen Tisch gestellt. Dicht an dicht. Das geht mir ziemlich auf die Nerven. Wir machen hier keine Pressekonferenz, sondern Theater. Wenn man denen so kommt, denken sie gleich, man wäre übergeschnappt. Schließlich will doch jeder in die Zeitung (denkt man) oder ins Fernsehen; da wirkt es vielleicht kokett, wenn man sagt, dass man etwas anderes wichtiger findet als die bloße Publicity.

Ein gern gemachter Vorwurf derer, die vielleicht insgeheim bereuen, dass sie nicht selbst auf die Idee gekommen sind, etwas Ähnliches zu machen:

Ich würde die ganze Sache nur veranstalten, um mein Gesicht in der Zeitung zu sehen.

Kleines Seminar für Nachwuchspsychologen besucht und schon die ganze Welt verstanden. Solche Ferndiagnosen lassen nur auf die Denkstruktur des Verdächtigers schließen. Es gibt wirklich einfachere Methoden, in die Presse zu gelangen. 19 Uhr 30. Einlass. Toi, toi, toi ...

Der Arier als Kulturbegründer

Schöpferisch tätige Völker sind von jeher und von Grund auf schöpferisch veranlagt, auch wenn dies den Augen oberflächlicher Betrachter nicht erkenntlich sein sollte. (...) Am deutlichsten sehen wir dieses an der Rasse, die Träger der menschlichen Kulturentwicklung war und ist – an den Ariern. (...) Das Wort: »Der Mohr hat seine Schuldigkeit getan, der Mohr kann gehen« hat leider seine nur zu tiefe Bedeutung. Jahrtausendelang musste das Pferd dem Menschen dienen und mithelfen, die Grundlagen einer Entwicklung zu legen, die nun infolge des Kraftwagens das Pferd selber überflüssig macht. In wenigen Jahren wird es seine Tätigkeit eingestellt haben, allein ohne seine frühere Mitarbeit wäre der Mensch vielleicht nur schwer dorthin gekommen, wo er heute ist.

So war für die Bildung höherer Kulturen das Vorhandensein niederer Menschen eine der wesentlichsten Voraussetzungen. (...)

Der Fortschritt der Menschheit gleicht dem Aufstiege auf einer endlosen Leiter; man kommt eben nicht höher, ohne erst die unteren Stufen genommen zu haben. So musste der Arier den Weg schreiten, den ihm die Wirklichkeit wies, und nicht den, von dem die Fantasie eines modernen Pazifisten träumt. (…) Es ist also kein Zufall, dass die ersten Kulturen dort entstanden, wo der Arier im Zusammentreffen mit niederen Völkern diese unterjochte und seinem Willen untertan machte. Sie waren dann das erste technische Instrument im Dienste einer werdenden Kultur.

Damit aber war der Weg, den der Arier zu gehen hatte, klar vorgezeichnet. Als Eroberer unterwarf er sich die niederen Menschen und regelte dann deren praktische Betätigung unter seinem Befehl, nach seinem Wollen und für seine Ziele. Allein, indem er sie so einer nützlichen, wenn auch harten Tätigkeit zuführte, schonte er nicht nur das Leben der Unterworfenen, sondern gab ihnen vielleicht sogar ein Los, das besser war als das ihrer früheren so genannten »Freiheit«. Solange er den Herrenstandpunkt rücksichtslos aufrechterhielt, blieb er nicht nur wirklich der Herr, sondern auch der Erhalter und Vermehrer der Kultur. Denn diese beruhte ausschließlich auf seinen Fähigkeiten und damit auf seiner Erhaltung an sich. (…)

Was nicht gute Rasse ist auf dieser Welt, ist Spreu.

Alles weltgeschichtliche Geschehen ist aber nur die Äußerung des Selbsterhaltungstriebes der Rassen im guten oder schlechten Sinne. (…) Bei den ursprünglichsten Lebewesen geht der Selbsterhaltungstrieb über die Sorge um das eigene Ich nicht hinaus. (…) Das Tier lebt in diesem Zustande nur für sich, sucht Futter nur für den jeweiligen Hunger und kämpft nur um das eigene Leben. Solange sich aber der Selbsterhaltungstrieb in dieser Weise äußert, fehlt jede Grundlage zur Bildung eines Gemeinwesens, und wäre er selbst die primitivste Form der Familie. Schon die Gemeinschaft zwischen Männchen und Weibchen über die reine Paarung hinaus fordert eine Erweiterung des Selbsterhaltungstriebes, indem die Sorge und der Kampf um das eigene Ich sich auch dem zweiten Teile zuwendet; das Männchen sucht manchmal auch für das Weibchen Futter, meist aber suchen beide für die Jungen Nahrung. Für den Schutz des einen tritt fast immer das andere ein, sodass sich hier die ersten, wenn auch unendlich einfachen Formen eines Opfersinns ergeben. Sowie sich dieser Sinn über die Grenzen des engen Rahmens der Familie erweitert, ergibt sich die Voraussetzung zur Bildung größerer Verbände und dann endlich förmlicher Staaten. (…)

Dieser Aufopferungswille zum Einsatz der persönlichen Arbeit und, wenn nötig, des eigenen Lebens für andere ist am stärksten beim Arier ausgebildet. Der Arier ist nicht in seinen geistigen Eigenschaften an sich am größten, sondern im Ausmaße der Bereitwilligkeit, alle Fähigkeiten in den Dienst der Gemeinschaft zu stellen. Der Selbsterhaltungstrieb hat bei ihm die edelste Form erreicht, indem er das eigene Ich dem Leben der Gesamtheit willig unterordnet und, wenn die Stunde es erfordert, auch zum Opfer bringt.

Adolf Hitler, *Mein Kampf*

Das Premierenpublikum ist eine Mischung aus sensationsgeil und wirklich interessiert. Es wird gelacht, geschwiegen, gestottert. Fast so, wie ich es mir vorgestellt habe. Keine besonderen Vorkommnisse.

1. Kapitel. Es ist ziemlich ruhig.

2. Kapitel. Man hört leises Kichern, Stühlerücken; im Gegenlicht sehe ich Kopfschütteln.

Wenige Monate später werde ich feststellen, dass meistens jüngere Zuschauer in die Lesung kommen. Im Osten immer mehr als im Westen.

»Kein Wunder«, sagen die Wessis, »im Osten sind ja schließlich alle Nazis! Deshalb kommen die auch.«

»Kein Wunder«, sagen die Ossis, »im Westen sind ja schließlich alle Nazis. Deshalb trauen die sich nicht.«

Warum das so ist, kann ich nicht erklären. Es lässt sich nur immer wieder feststellen.

Unabhängig davon, ob ich in großen Städten oder entlegensten Käffern lese, bleiben die Zuschauerzahlen zunächst je nach geografischer Lage und ideologischer Prägung unterschiedlich.

Die Trefferquote für gut besuchte Veranstaltungen bleibt unberechenbar.

Es kommt vielleicht eben doch auf die richtige Verpackung an. Und in dieser Beziehung bin ich ein absoluter Dilettant.

Wenn ich eine Presseinfo schreibe, dann sitze ich zu Hause am meinem Schreibtisch und faxe anschließend fünfzig Briefe an die verschiedenen Zeitungen. Wenn man Glück hat, kommt das bei der ein oder anderen Redaktion an. Wenn man Glück hat eben, denn oft sind andere Dinge wichtiger.

Nachbars Lumpi entlaufen oder nackte Frauen von früh bis spät. Dolly Busters Titten wieder gewachsen. Das schreibt jede Zeitung, und sei sie noch so seriös. Schließlich geht es um die Verkaufszahlen.

In diesem Reigen der Informationen bin ich mit meiner Hitler-Story nur ein kleiner Fisch.

Eine Lesung aus *Mein Kampf*. Anfangs klingt das vielleicht noch interessant, aber spätestens nach der zweiten Frage nervt das ganze Thema. Da ist es dann nicht besonders weit her mit dem journalistischen Anspruch des einzelnen Redakteurs.

Eigentlich lächerlich, dass wir uns Informationen reinziehen, die andere Leute uns vorkauen. Eigentlich das Gegenteil von Meinungsfreiheit. Die Selektion der Interessen. Macht nichts. Ich bin nicht angetreten, um Theater zu verkaufen, sondern um etwas zu suchen oder zu erfahren. Wer mitmachen möchte, der ist eingeladen, der Rest kann mich mal.

Dennoch weiß ich, dass es mehr Menschen in Deutschland gibt, die sich für dieses Thema interessieren könnten. Man muss sie eben nur erreichen, und das gelingt mir mit meinen Mitteln nicht.

Dafür muss man nämlich massenweise Briefe verschicken, muss anrufen, Zeit und Geld investieren, überzeugen, sich rechtfertigen und hartnäckig sein.

Ein Beispiel:
Fast zeitgleich zu meiner Tournee geht die spektakuläre Wehrmachtsausstellung auf die Reise.

Da ich davon ausgehe, dass sich unsere Anliegen vielleicht vereinbaren lassen, bin ich so vermessen, eine Zusammenarbeit anzubieten – beispielsweise, um im Rahmen der Ausstellung zu lesen.

Bis ich aber erst mal zu den Organisatoren der Wehrmachtsausstellung durchdringen kann, um ihnen von meinem Projekt zu erzählen, vergehen knapp zwanzig Anrufe, dann soll ich eine schriftliche Konzeption schicken, nicht faxen, mit Artikeln und womöglich einem Video, dann erfahre ich, dass ich an der falschen Stelle für Auftrittsplanung bin.

Hätte man mir auch vorher sagen können, oder?

Später finden jedoch Ausstellungen statt, in deren Beiprogramm meine Lesung, diesmal ohne vorherige Absprache mit mir, angekündigt ist.

Nachdem man also merkt, dass sich die Sache gut vermarkten lässt, entscheidet man ohne weitere Nachfragen über die Zusammenarbeit.

Warum sich nicht mit Federn schmücken, die erstens nichts an Aufwand kosten und zweitens auch nicht organisiert werden müssen.

Zweites Beispiel: Schulen.
Ich rufe bei mindestens tausend Schulen an und biete an, vormittags eine Lesung zu veranstalten. Mindestens neunhundertneunundneunzig Schulen sagen ab. Zwar finden alle alles interessant. Zwar sagen alle, wie wichtig es sei, so eine Sache zu machen; es scheitert letztendlich an einfachen Dingen wie der Absprache der einzelnen Klassen untereinander. Wenn sich dann schließlich doch eine Schule dazu durchringt, meine Lesung zu veranstalten, bombardieren mich die Lehrer nachher mit Fragen wie: Warum haben wir erst so spät von Ihrem Angebot erfahren?

Mit einem muss man sich deshalb abfinden: Es ist unmöglich, alle Menschen zu erreichen, die sich für dieses Thema interessieren, ohne sich dabei ein Bein auszureißen oder Unmengen an Geld zu investieren. Daher sollte man es auch dabei belassen und seine Arbeit als eine Art Angebot betrachten, welches entweder wahrgenommen wird oder aber auch nicht.

So ist eben das Publikum. Man kann noch so viele Karten in die Briefkästen schmeißen, man kann die Leute auf der Straße mit Handzetteln belästigen. Und nachher kommen sie in die Vorstellungen und sagen einem: »Die Werbung war schlecht.«

Für jede Fete muss man weniger Werbung machen, jedes Musical klebt weniger Plakate, jeder Zoo hat weniger Handzettel – und trotzdem kommen die Leute, wenn sie kommen wollen. Deshalb habe ich mir abgeschminkt, mich darüber wirklich aufzuregen.

Zurück zur Premiere. Der Abend läuft wirklich nach Plan. Es gibt weder Störungen, noch gibt es Angriffe oder Beschuldigungen. Abgesehen davon, dass die Presse die Veranstaltung derart für sich vereinnahmt, dass einige Zuschauer Mühe haben, mich durch Kameras und Mikrofone hinweg überhaupt noch zu sehen.

Auf einem kleinen Tisch, der ursprünglich für mich und meine Texte gedacht war, stehen die Mikros dicht gedrängt. Ich darf nicht allzu sehr mit den Armen fuchteln, erklärt mir ein nervöser Kameramann, ein anderer bittet mich, den Kopf nicht aus dem Bild zu heben, und ein weiterer möchte doch bitte mit kurzem Augenzwinkern gewarnt werden, bevor ich so plötzlich losschreie, dass seine Tonspur gesprengt werden könnte.

Besonders der Redakteur des NDR, übrigens ein Landsmann von mir, ist derart aufgeregt, weil er unbedingt die richtigen Bilder haben will, dass er während der Lesung ständig durch den Raum läuft, um seinen Kameramann anzuweisen, die Zuschauerreaktionen zu filmen – so penetrant, dass die Zuschauer hin und wieder genervt zu mir herüberschauen, weil sie wohl denken, dass ich etwas dagegen tun könnte. Ich kann nichts dagegen machen. Der Bericht wird nicht gesendet.

Die Zuschauer haben also allen Grund, angespannt zu sein.

Schon in der zweiten Hälfte der Lesung nach etwa 30 bis 40 Minuten merke ich jedoch, dass ich die anfängliche Aufregung und die Kameras und Mikrofone vergesse, und ich beginne daher auch den Abend zu genießen, indem ich Kapitel für Kapitel versuche, die Mischung zwischen Erschrecken, Erheitern und Ernüchterung zu treffen.

Später soll sich herausstellen, dass gerade dieses zur schauspielerischen Hauptaufgabe werden wird.

Applaus. Die Premiere ist gelaufen. Ein, zwei Vorhänge, drei und vier. Erleichterung auf beiden Seiten?

Die Leute bleiben zunächst sitzen. Saallicht. Die Presse stürmt auf die Zuschauer zu: »Und, wie war's?«

Ich sitze in der Garderobe und versuche, mich zu entspannen. Durch die Schreierei und das wilde Gestikulieren wie Adolf ist mein T-Shirt durchgeschwitzt. Früher ging das einfacher, denke ich. Vielleicht, weil ich dabei unbefangener war ...

Dann gehe ich raus zur Diskussion, die an diesem Abend eher einer Pressekonferenz ähnelt.

9. Berchtesgaden

Der Deutschösterreicher dachte mehr als groß. Er war immer gewohnt, im Rahmen eines großen Reiches zu leben, und hatte das Gefühl für die damit verbundenen Aufgaben nie verloren. Er war der Einzige in diesem Staate, der über die Grenzen des engeren Kronlandes hinaus noch die Reichsgrenze sah (...).

Adolf Hitler, *Mein Kampf*

Am folgenden Tag mache ich mich wieder auf die Reise. Die nächste Station meiner Recherchereise zu den Ursprüngen nationalsozialistischen Gedankenkults ist diesmal Berchtesgaden, Obersalzberg, Kehlsteinhaus, ein Teil des ehemaligen Führerhauptquartiers, Hitlers Wochenend- und Urlaubshaus.

Dort oben auf den Bergen stand er also, der Führer, mit seiner Braut Eva und seinem Hund Blondi, um über die Grenzen seines Deutschösterreichischen Reiches Ausschau zu halten.

Eine Bilderbuchidylle. Der Olymp des Deutschen Reiches.

Dort wollen auch die einstigen Untertanen einmal hin, um heute das zu erleben, was ihnen damals verwehrt geblieben ist.

Wieder rollen Reisebusse voll mit Knickerbockerhosen und grünen Filzhüten umschlungen mit endlos lang erscheinender Gardinenbordüre dem unsichtbaren Mythos entgegen.

Angekommen in Berchtesgaden. Endlich! Aber was sieht man: nichts!

Es gibt nur noch wenig Überreste, ein Café und kein Führerhauptquartier. So ein Mist aber auch. Jetzt reist man schon von Ort zu Ort, und überall haben sie vernichtet, was sehenswert gewesen wäre. Warum eigentlich?

Warum muss es in Deutschland eigentlich immer so sein, dass man die Reste einer hässlichen Vergangenheit schnellstens beseitigt?

Um sie vergessen zu machen? Um so zu tun, als hätte es sie niemals gegeben?

Und doch: der Zweck der ganzen Veranstaltung, die Sorge davor, dass man etwa Anhänger einer falschen Idee mit solch geografischen Devotionalien anziehen könnte, genau dieser Zweck wird verfehlt, indem er erreicht wird.

Die Leute kommen trotzdem, und sie stellen sich vor, dass es das Kehlsteinhaus noch gibt. Sie reisen an und riechen die Luft, die der Führer geatmet hat, sie beachten kein gesetzliches Verbot, um ihrer verkappten Leidenschaft zu frönen.

Die Verbote nützen nichts; viel schlimmer noch, sie nützen nur denen etwas, die damit belehrt werden sollen. Ihr Anliegen wird zur geheimen Wissenschaft und diese zelebrieren sie illegalerweise schöner als je zuvor.

Es ist heute in Deutschland nicht ohne weiteres möglich, *Mein Kampf* zu kaufen, zu verkaufen oder zu übersetzen. Das bayerische Finanzministerium, welches seit Kriegsende die Urheberrechte an *Mein Kampf* besitzt, hält es für die Vermeidung von Verbreitung rechtsradikalen Gedankengutes für sinnvoll, den Verkauf und Vertrieb des Buches zu erschweren. Eine löchrige Angelegenheit. Denn schon seit 1991 ist *Mein Kampf* unter der Adresse: http://www.abbc.com/berlin/kampf.htm frei erhältlich. Mittlerweile ist das Buch in den verschiedensten Sprachen der Welt erschienen. Selbst in Deutschland ist es möglich, fremdsprachige Ausgaben zu bestellen und ohne Strafverfolgung zu erwerben. Bleibt also wirklich die Frage, wozu es dieses Quasi-Verbot eigentlich noch gibt.

Auch ein öffentlicher Vortrag aus *Mein Kampf* ist verboten, wenn er an einem Stück geschieht. Aber es kann ja sowieso niemand den ganzen Mist auf einmal vorlesen. Wie soll das gehen? Zudem muss man den Inhalt kommentieren, sollte also seinen Senf dazu geben, um deutlich zu machen, was man von der ganzen Sache hält. Ein

Katalog an Vorschriften, der einen davon abhalten soll, in die Fänge neuzeitlicher Nazipropaganda zu geraten.

In Wirklichkeit weiß jeder, dass dieses Verbot nichts bringt.

Die wirkliche Nazipropaganda holen sich latente Nazis oder anfällige Sympathisanten aus anderen Quellen. Vom »Adolf Hitler Message Board« etwa, einer Art virtuellem schwarzen Brett, wo man seine persönliche Botschaft an den Führer hinterlassen kann und auch Antworten darauf bekommt – von Leuten, die sich für die Reinkarnation des »Fuehhrrers« (die meisten Verfasser haben Schwierigkeiten mit der richtigen Schreibweise!) halten.

Oder viel schneller und einfacher aus der *Nationalzeitung*, dem Parteiorgan der DVU, mehr oder weniger eindeutigen Inhalts von Abhandlungen zur »wahren« Zahl der KZ-Opfer bis hin zu einfachen Fragen wie: »Darf ein Türke Deutscher werden?«

Es scheint wohl ein symbolisches Verbot zu sein, das hinter der überdeutlich proklamierten Absicht steckt. Ein Verbot, das der Nachwelt zeigen soll, dass wir »Deutschen« aus unserer Vergangenheit gelernt haben (indem wir sie verbieten, verschweigen oder einfach so tun, als hätte es sie niemals gegeben).

Wer aber doch einmal die Gelegenheit findet, das Original zu lesen, der wird feststellen, dass *Mein Kampf* eine Antiwerbung für die Idee des Nationalsozialismus ist. Der wird, wenn er es überhaupt schaffen sollte, diesen Krampf zu lesen, feststellen, dass die Ideen und Wahnvorstellungen Adolf Hitlers selbst vor seinen eigenen Gefolgsleuten nicht standhalten konnten, so absurd waren sie. *Mein Kampf* bleibt das Frühwerk eines ideologisch zermürbten Misanthropen, ohne jegliche Quellenangaben, ohne Zusammenhänge und ohne die wirkliche Absicht, etwas zu erklären – geschweige denn, überzeugen zu wollen.

Wehe dem, der es schafft, diesen Schinken zu lesen; er wird dadurch eher von der Anfälligkeit für solche Ideen geheilt sein, als durch die Unkenntnis und das Verbot.

Auch führende Nazis konnten *Mein Kampf* nicht lesen. Albert Speer etwa äußert auf die Frage des Richters Jackson in den Nürnberger Prozessen, dass er ebenso wie viele andere Nationalsozialisten *Mein Kampf* nicht gelesen habe, weil dieses Buch für die Ideen der Nationalsozialisten nicht maßgeblich gewesen sei. Enttäuschend für viele Gegenwartsnazis, dass ihre eigenen Ikonen das Buch nicht kannten. Selbst der Verfasser höchstpersönlich hielt sein Werk für ein eher mittelmäßiges Buch, dem er die vergleichbare Wirkung seiner Redebegabung gänzlich absprach.

Gut. Also fahre ich wieder runter. Der Obersalzberg scheint nicht das Wahre zu sein. Aber unten, am Fuße des Berges, da gibt es wieder eine Menge zu sehen. Auf einer Art Rummelplatz kann man sich an einem der zahlreichen Souvenirläden ein Andenken an die schöne Zeit in Berchtesgaden kaufen. Nicht etwa Postkarten von den Bergen oder Tirolerhüte werden angeboten, sondern Bildbände mit illustren Titeln wie *Das Kehlsteinhaus – von Adolf Hitler bis heute* sind hier gefragt. Oder pseudowissenschaftliche Abhandlungen, etwa *Der Deutsche Schäferhund im Wandel der Zeiten* (auf dem Cover natürlich Hitler mit Hund Blondi), scheinen hier in der Gunst der Käufer weit oben zu rangieren. Ganz nebenbei kann man auch einen Deutschland-Aufkleber »D« für sein Auto kaufen, der ausgefallenerweise nicht so aussieht wie alle anderen, sondern in der Mitte die drei Deutschlandfarben hat. Keiner scheint zu wissen, dass es sich dabei um das Parteiemblem der DVU handelt. Und selbst die Aufkleber, auf denen unten in kleiner Schrift steht »8. Mai 1945 Kapitulation – Nein, danke!«, finden bedenkenlosen Absatz. Wo bleibt jetzt eigentlich der Gesetzeshüter mit seinem wachen Auge, wenn es um die Vermeidung rechtsradikalen Gedankengutes geht? Keine Sorge, es kommt noch schlimmer.

10. Die Kritiken

Zurück aus Berchtesgaden lese ich die Kritiken zur Premiere. Bis auf einen Artikel alle positiv. Na, Gott sei Dank. Das ist wenigstens gut gegangen. Wieder Erleichterung.

Die Sache kommt gut an. Die Leute halten es nicht für eine Show, sondern wirklich für eine ernste Auseinandersetzung.

Und die Fernsehberichte? Na ja, das ist so eine Sache mit dem Journalismus. Während der Großteil der Sender auf eine spektakuläre Berichterstattung aus ist – mit möglichst vielen Bildern von verzweifelten Zuschauern, womöglich noch einigen rechten und linken Vollidioten –, kommt es eher selten vor, dass auch Leute darunter sind, die sich gut mit der Sache auskennen.

So wie der Mann vom SWF, der gekommen ist, um für den deutsch-französischen Kulturkanal Arte einen Beitrag zu machen.

Endlich einer, der nicht die immer gleichen Fragen stellt, wie etwa: »Wie kommt man als Türke dazu, diesen Text zu lesen?«, oder: »Sind Sie schon bedroht worden?«, oder: »Macht es Spaß, diesen Text zu lesen?« oder aber auch: »Haben Sie kein schlechtes Gewissen, wenn Sie als Türke faschistische Texte lesen?«

Auch skandalträchtige Anfragen sind dabei keine Seltenheit:

Telefonklingeln.

»Ja, bitte.«

»Guten Tag, mein Name ist xy von der xy-Redaktion. Ich habe gehört, dass Sie als Türke aus *Mein Kampf* vorlesen?«

»Ja, das stimmt.«

»Aber, das ist ja ungeheuer spannend. Wissen Sie, wir würden nämlich gern was darüber bringen.«

»Spannend, wieso?«

»Na ja ... dieser Text ... Ich selbst habe mal darin geblättert (verlegenes Lachen) ... Ich meine, das ist ja wohl nicht ganz ungefährlich ... Ich meine, Sie als Türke ... Also, das geht doch manchem sicher gegen den Strich, oder etwa nicht?«

»Nein, ich weiß nicht. Was meinen Sie mit ›gegen den Strich‹?«

»Ich meine, ist denn schon etwas passiert?«

»Passiert?«

»Ja, ja, Drohbriefe, Anrufe oder irgendwelche Angriffe?«

»Nein, tut mir Leid, bis jetzt noch nicht.«

»Gut ... äh ... ach so ... Trotzdem ... spannend ... Ich melde mich wieder bei Ihnen.«

Damit muss ich wohl leben, schließlich habe ich die Aktion nicht gemacht, um Fragen auszuweichen. Vielmehr um welche zu erzeugen. Dass dabei die dümmsten als Erste gestellt werden und natürlich auch am häufigsten wiederkehren, konnte ich mir fast denken.

Umso mehr freue ich mich darüber, dass ich endlich im besagten SWF-Interview auf meine wirklichen Motive für diese Lesung eingehen kann.

Mit Interviews ist das so eine Sache. Entweder man fühlt sich dabei unglaublich gut und schaut sich das Ganze hinterher an und findet alles Scheiße, oder das Gegenteil ist der Fall.

Was bleibt, ist aber die Spannung, wie das, was man gesagt hat, vor der Kamera rüberkommt. Überheblich, zu nachdenklich, zu betroffen, klar, deutlich, überdeutlich oder platt.

Ich sollte die Gelegenheit bekommen, den Bericht des SWF-Redakteurs zu sehen.

Aber erst zwei Wochen nach dem geplanten Ausstrahlungstermin auf Video, denn die Ausstrahlung wird von der französischen Programmdirektion wegen »des Verdachts der Verbreitung rechtsradikalen Gedankenguts« aus dem Programm gekippt.

Das ist ein starkes Stück. Ich verbreite mit meiner Lesung aus *Mein Kampf* also rechtsradikales Gedankengut. Die armen Franzosen. Wo es doch so wenig Rechtsextremismus in Frankreich gibt. Man sorgt sich um die geistige Verfassung des frankophilen Betrachters, der offensichtlich – laut Einschätzung seiner heimatlichen Programmdirektion – nicht dazu in der Lage ist, rechtspropagandistische Äußerungen von einer eindeutig künstlerischen und politisch distanzierten Auseinandersetzung zum Thema zu unterscheiden.

So viel Kurzsichtigkeit habe ich nicht erwartet. Schade, denn der Bericht ist gut.

Ein paar Tage später klingelt das Telefon und der verantwortliche Redakteur teilt mir mit, dass man nun andere Sender für die Ausstrahlung unseres ungeliebten Kindes bemühen will. Diesmal soll der Beitrag im Kulturweltspiegel der ARD gezeigt werden.

Aber auch das geht in die Hose. Sei es der Sendetermin oder die inhaltlichen Bedenken, es findet sich im Jahre 1996 in Deutschland kein Sender, der Interesse an einer Lesung aus *Mein Kampf* hat. Und deshalb verschwindet der Bericht auch von der Bildfläche, bevor er erschienen ist, und niemand weiß, warum und wohin.

Das mit der Presse ist so eine Sache. Einerseits betrachte ich die Presse als unangenehme Nebenerscheinung meiner Arbeit, andererseits ist es auch spannend, sich immer wieder aufs Neue darstellen zu müssen, seine Sätze so überlegt herauszugeben, dass man dabei nicht die ein oder andere Zweideutigkeit zu viel herauslässt. Es ist wie ... Politiker sein. Das ist es. Und es macht vor allem Spaß.

Theater kann schließlich so langweilig sein. Immer denselben Scheiß zu spielen. Shakespeare, die tausendste Fassung. Selbstbefriedung. Onanie auf hohem künstlerischen Niveau. Wenn man aber überlegt, dass Theater ursprünglich als Verlängerung der Politik und Philosophie konzipiert war, so stellt man fest, dass es in diesem Fall wieder dorthin zurückkehrt, wo es entstanden ist.

Welcher Schauspieler meines – zugegeben geringen – Bekanntheitsgrades hat schon das Glück, dass sich überregionale Medien mit seinem aktuellen Stück befassen, dass zuweilen jede seiner Äußerungen am Rande des Geschehens auf die Goldwaage gelegt wird, als ginge es um die Neuerfindung der Kunst. Ich kenne wenige. Und wenn, dann hat es meistens den faden Beigeschmack der politischen Agitation, der didaktischen Kriegsführung gegen den guten Geschmack des Publikums. Das will ich nicht bieten.

Langsam werde ich euphorisch. Das Ganze nimmt mich mit. Ich merke, dass die Auseinandersetzung mit *Mein Kampf* mich nicht nur verändert – sie stellt auch meine gesamte bisherige Auffassung zu meiner Arbeit infrage.

Ich sollte vielleicht zur Kur oder eine Therapie machen. Ich überschreite die Grenzen des Machbaren, oder unterschreite ich sie? Davon kann man abhängig werden. Ab heute wird nur noch *Mein Kampf* gelesen.

11. Inhalte

Wie es nun kam, weiß ich heute selber nicht, aber eines Tages war es mir klar, dass ich Maler werden würde. Kunstmaler.

Adolf Hitler, *Mein Kampf*

Was mache ich eigentlich in der Vorstellung am Abend? Ich lese Ausschnitte aus beiden Bänden von *Mein Kampf*. Es beginnt mit dem ersten Band *Eine Abrechnung* geht dann weiter mit den Abschnitten »Der Arier als Kulturbegründer«, »Wiener Lehr- und Leidensjahre«, der »Judenfrage«, »Volk und Rasse« und endet bei Hitlers Eintritt in die »Deutsche Arbeiterpartei«, zugleich dem Beginn seiner parteipolitischen Karriere und damit dem Anfang vom Ende.

Ich versuche, einen Überblick über den Aufbau von *Mein Kampf* zu geben, soweit das möglich ist, und erzähle zwischen den einzelnen Kapiteln einleitend von meinen Erfahrungen auf den bisherigen Stationen meiner

Reise. Dabei kommt es auch immer wieder zu lustigen Erzählungen, die ich bewusst nicht zurückhalte.

Manche Zuschauer sind deswegen irritiert, weil sie vielleicht erwarten, dass wir angetreten sind, um die ewig gleichen Rituale von Betroffenheitsgehabe zu zelebrieren, die man im Zusammenhang mit dieser Thematik einzuhalten hat. Aber warum darf man über Hitler nicht lachen? Ist er ein Heiliger? Sind seine Worte so grausam, dass sie mit paralysierter Zurückhaltung und ernsthafter Empfindlichkeit honoriert werden müssten?

Damit muss Schluss sein. Der Sockel, auf dem Hitler immer noch steht, dieser Sockel wird nicht dadurch brüchig, dass man ihn noch ständig zementiert, indem man seine Aussagen mehr noch als seine Taten ernst nimmt.

Hitler allein ist nur eine Witzfigur. Die Leute, die ihn gewählt haben, die Leute, die ihm zugejubelt haben, haben ihm die Macht zur Durchführung seiner Pläne gegeben und sind daher an seinen Taten beteiligt.

Ich lese mit typisch österreichischem Akzent, der sich im Verlaufe des Abends mehr und mehr verflüchtigt. Und das bewusst. Denn auch Hitler hat seine Sprache in seiner zwölfjährigen Schreckenszeit immer wieder überarbeitet. Sein künstlerisches Wesen scheint ihm in all den Jahren erhalten geblieben zu sein. Es gibt mittlerweile einen Bildband zu Hitlers selbstdarstellerischem Talent (*Hoffmann & Hitler* erschienen bei Klinkhardt und Biermann, Düsseldorf).

Diese Fotos von Hitlers Leibfotograf Heinrich Hoffmann wurden lange Jahre von der Nazipropaganda verboten, weil man sie vielleicht für zu menschlich hielt. Heinrich Hoffmann (1885–1957) war ein überzeugter Nationalsozialist und Hitlers persönlicher Porträtist. Er fungierte als wichtigster fotografischer Propagandist der NSDAP, und seine Fotos prägten das Bild Hitlers als »Führer«.

Tatsächlich belegen die Bilder meine Theorie von der schauspielerischen Veranlagung Hitlers.

So waren die Gesten und der Tonfall Hitlers ein einmaliges Spektakel, einstudiert von der ersten bis zur letzten Minute, gepaart mit einem enormen Gespür für rhetorische Feinheiten und dem unbändigen Willen, seine hinterhältige Aussage an den Mann bringen zu wollen.

Wer die Gelegenheit hat, eine Hitler-Rede im Original zu sehen, der sollte sich einmal die Mühe machen, das Ganze ohne Ton zu beobachten. Er wird feststellen, wie perfekt die ganze Show inszeniert ist.

Und wer dann auch noch einmal versucht, das nachzumachen, der wird schon nach wenigen Minuten merken, dass es ungeheuer schwer ist, erstens so zu schreien, zweitens in so ausdauernder Weise sich zusammenzureißen und die Sache auf den Punkt zu bringen. Eine schauspielerische Glanzleistung, die, wäre sie auf anderem Gebiet erfolgt, sicher einen Oscar verdient hätte.

Hitler ist für jeden Schauspieler ein gefundenes Fressen.

Das Einzige, was man wirklich üben muss, ist die Art zu brüllen, das Aggressive, das ständig Zubeißende in Hitlers Duktus. Von null auf Hitler in zwei Sekunden. Ohne Übung kann es sehr schnell passieren, dass man keine Stimme mehr hat, dass man am Ende der Veranstaltung ausgelaugt ist und am nächsten Tag nur noch leise vor sich hin röchelt.

Wenn man sich im Rahmen dieser Rollenstudien mit einer solchen Person beschäftigt, fallen einem die komischsten Sachen auf.

Hitlers Gesicht beispielsweise. Ein Gesicht, das beinah weiche Züge hat. Hilflos. Auf den ersten Blick wirkt er sogar wie ein netter Mensch. Wüsste man nicht um seine Verbrechen.

Es gibt Bilder, besonders aus den Vierzigerjahren, auf denen er angesichts der durch das Attentat vom 20. Juli 1944 verstärkten Parkinson'schen Syndrome schon fast wie ein gebrochener alter Mann wirkt. Einer, der alles hinter sich hat. Einer, den nichts mehr erschüttern kann, den alles zu langweilen scheint. Das Gehabe um seine Person, die speichelleckende Masse, die er immer schon gehasst hat, die den Energie erzeugenden Abscheu in ihm erzeugte, der ihm nun vielleicht abhanden gekommen ist. Dann gibt es wieder Bilder, auf denen er unglaublich schmierig und unausgeschlafen aussieht.

Auch seine Erscheinung muss in Wirklichkeit viel intensiver gewesen sein, als man es von den Bildern erahnen kann. Das mag natürlich auch mit der subjektiven Wahrnehmung des Betrachters zusammenhängen, aber ich glaube, dass es einen Unterschied zwischen Hitler und einem gewöhnlichen Psychopathen gegeben hat.

Was ist also dieses Rätsel? Wo liegt eigentlich der Clou in der Persönlichkeit dieses Menschen? Muss ich das überhaupt verstehen, um diese Rolle spielen zu können? Selbstverständlich muss ich das. Wie kann ich sonst Sätze herausschreien mit einer blinden Wut im Bauch, mit einem alles vernichtenden Hass im Kopf.

Etwas, das ich mehr und mehr zu verstehen beginne.

Ein Misanthrop par excellence war dieser Hitler. Und ich kenne dieses Gefühl, alles und jeden zu hassen.

(Vorsicht: Wenn man Schauspieler ist, sucht man mit der Lupe nach kleinsten Gemeinsamkeiten, die eine Identifikation mit der Rolle ermöglichen. Findet man einen entsprechenden Hinweis, dann vergrößert man das Ganze, bis es schließlich für einen selbst uninteressant, für den Betrachter aber überdimensional sichtbar wird. So sehr, dass im Optimalfall die Rolle und die eigene Person nicht mehr auseinander zu halten sind, obwohl man sich mittlerweile wieder von der Rolle entfernt hat.)

Wenn ich hier also von meinen intimen Erlebnissen mit Adolf Hitler erzähle, so heißt das nicht, dass ich ihn deswegen beneide oder vielleicht sogar bewundere. Aber dass ich ihn verstehen muss, um aus seinem Mund zu sprechen oder aus seinem Kopf zu denken, ist eine Seite meines Berufes.

Ich spiele viele Stücke, und ich möchte mich nicht für die Taten meiner Rollen rechtfertigen müssen. Ob das nun ein Kindermörder oder ein Nazi ist. Der Schauspieler schlüpft in diese Hülle und erweckt sie zum Leben.

Schlechte Schauspieler schaffen es häufig nicht, aus diesem Korsett der Rolle wieder herauszukommen. Sie spielen ihre größten Erfolge an der Theke. Das mag daran liegen, dass es für jeden Menschen eigene Beweggründe gibt, Schauspieler zu werden.

Das denkbar ungünstigste Motiv aber ist, eine Aufwertung der eigenen Identität durch die Schauspielerei erreichen zu wollen.

Solche Leute findet man häufig in ungeheuren Mengen beim Fernsehen, weil es dort weniger auf das Können als auf das Gesicht ankommt.

Leute, für die das Gehabe wichtiger ist als die Aussage, die sie vertreten sollen; Leute, denen es wahrscheinlich an anderen Dingen so sehr fehlt, dass sie die Schauspielerei als Ersatz für ihre eigenen Unzulänglichkeiten betrachten. Jetzt rede ich schon wie Adolf.

Und das passiert mir in letzter Zeit häufiger.

Ich weiß noch nicht einmal, ob meine Sprache schon so sehr von Hitler beeinflusst ist, dass dieses Buch wie ein Verschnitt aus *Mein Kampf* wirkt. Das würde es zwar in seiner Wirkung nicht unbedingt schlechter machen, aber seltsam ist das Gefühl schon.

Natürlich bin ich mittlerweile auch dazu in der Lage, ganze Passagen aus *Mein Kampf* auswendig zu sprechen. Ich mache mir dann oft einen Spaß daraus und zitiere zu mehr oder weniger passenden Gelegenheiten einige Stellen aus dem Buch. Was meinen Sie, wie erzlinke Revoluzzer reagieren, wenn sie nach meinem Zitat sagen: »Stimmt.« und dann fragen: »Wer hat das gesagt?«, und ich antworte »Adolf!«. Da fallen die Jutezahnfüllungen aus den Öko-Gebissen.

Oder ich spreche vor Nazis ein paar Sätze aus *Mein Kampf*, und sie lachen sich kaputt, und ich sage anschließend, dass ihr Führer so eine Scheiße verzapft hat. Da können Sie aber was erleben.

Ich versuche all diese Erkenntnisse in meine Darstellung einfließen zu lassen. Und es gelingt mir dabei vor allem eines: Diejenigen, die Hitler kannten, erkennen ihn wieder, und diejenigen, die ihn nicht kannten, glauben nicht, dass er so übertrieben war.

12. Diskussionen

Im Anschluss an die Lesung gibt es immer eine Diskussion bzw. eine Fragerunde.

Meistens werden die gleichen Fragen gestellt, wie: »Wie kommt man auf so eine Idee?«, »Gab es bisher schon Ärger?« Ich bemühe mich, auf alle Fragen eine ernste und ehrliche Antwort zu geben, obwohl das nach zwei Stunden Programm nicht immer einfach ist.

Wenn etwa ein kahlköpfiger Jugendlicher fragt, ob ich denn nicht Angst hätte, dass mich jemand dafür, dass ich Hitler so veralbere, einmal zusammenschlägt, frage ich ihn: »Machst du dir deswegen wirklich Sorgen um mich?«

Vielleicht denken die restlichen Zuschauer dann, ich hätte nicht ausreichend geantwortet oder wäre zu zynisch.

In diesen Diskussionen kommt es aber auch immer wieder vor, dass sich Zuschauer entlarven als heimliche Befürworter nationalsozialistischen Gedankenguts.

Ich kann in solchen Fällen ohnehin nicht mehr helfen. Doch auch das restliche Publikum hält sich dann oft seltsam zurück.

Ich frage mich, ob das vielleicht eine Art Respekt ist vor jemandem, der sich traut, vor so vielen Andersdenkenden seine Standpunkte zu vertreten, oder ob das eine Art Sprachlosigkeit gegenüber der Dreistigkeit dieser Leute ist, die doch tatsächlich glauben, dass sie mit ihrer Meinung noch irgendjemanden von der Richtigkeit des Geschehenen überzeugen können.

Neben diesen ungeschliffenen Ideologen gibt es noch eine andere, viel gefährlichere, weil uneinschätzbarere Kategorie von Rechtsideologen, die ich »Hightech-Nazis« nenne.

Meistens um die dreißig, Zugang zum Internet, hohes Einkommen, verheiratet, engagiert, deutsch!

»Hightech« deswegen, weil sie eben nicht dem Klischee entsprechend – mit kurzgeschorenen Haaren und nationalistischen Emblemen – daherkommen, sondern weil sie ganz gewöhnlich aussehen, sehr gepflegt sind, meistens teure Anzüge tragen und auch in ihrem Sprachgebrauch den anderen Fragestellern nicht selten überlegen sind.

Normalerweise fällt es mir nicht schwer, diese Leute zu erkennen, und ich versuche, die Diskussion nicht allzu weit abschweifen zu lassen, um kein Podium zu bieten für pseudowissenschaftliche Theorien von internationalen Verschwörungen gegen die Deutschen. Es gibt Mittel und Wege, die Hintergründe dieser Demagogen zu entlarven.

Geht es um die Rechtfertigung nationalsozialistischer Umtriebe, muss es auch um ihre Auswirkungen gehen. Geht es um die Erklärung des »Phänomens« Adolf Hitler, so muss es auch um die Erklärung der programmatischen Vernichtung von Menschen in den Konzentrationslagern der Nazis gehen.

Darf also irgendeine dieser Argumentationen den Massenmord rechtfertigen?

Es bedarf demzufolge nach der zweistündigen Lesung einer umso größeren Aufmerksamkeit während der Diskussion, um persönlich Stellung zu beziehen und seine künstlerische Aussage durch eigenen Anteil zu manifestieren.

Manchmal geht das aber auch gründlich schief.

Dann muss ich verdammt vorsichtig sein, um nichts Falsches zu sagen. Falsches sagen, das ist ohnehin die größte Gefahr bei diesen Diskussionen; denn in diesen zwanzig, manchmal dreißig Minuten wird man für so manches Ideal eingesetzt und verbraten, das die Zuschauer so mitbringen.

Mal ist man der nette Dummkopf, der sich naiverweise mit Themen beschäftigt, von denen er nichts versteht; dann ist man wieder ein Schauspielerschwein, welches mit gemeinsten Tricks der künstlerischen Demagogie den Zuschauern weismachen will, dass Hitler ein Vollidiot gewesen ist. Dann wiederum wird man zum Mittäter, weil man versucht, den Massenmord an Millionen Menschen »lustig zu machen«, indem man über *Mein Kampf* lacht oder dazu anregt.

Es gibt jedoch auch Zuschauer, die sich bei mir bedanken für den Mut und die Ausdauer, die ich aufbringe, um diese Lesereise durchzustehen. Es gibt auch Leute, die vollkommen andere Fragen stellen als solche, die man zunächst im Zusammenhang mit diesem Thema erwarten würde, z.B.: »Was halten Sie von Slobodan Milosevic?«

Dann gibt es Zuschauer, die eine Diskussion einfach nutzen wollen, um ihre eigenen Theorien in den Raum zu stellen. Das ist wirklich anstrengend. Meistens monologisieren diese Leute dann so lange, bis ein Großteil des Publikums resigniert abgezogen ist. Nicht selten sehe ich mich dann dem (zuweilen sogar veröffentlichten) Vorwurf ausgeliefert, die Diskussion nicht ausreichend gelenkt zu haben.

Besonders ärgerlich wird es aber, wenn das Mitteilungsbedürfnis in missionarischen Eifer übergeht, ohne dass sich die Verfasser der Wortbeiträge um Sinn und Unsinn ihrer Statements kümmern.

Häufig werden dann auswendig gelernte Phrasen wiedergeben, wie etwa: «Die Nazis sind doch auch durch die

Industrie an die Macht gekommen«, und prompt sitzt man dann in einem Boot mit ebensolchen Nazis, die genau auf diese einfältige Argumentation hinauswollen, wenn sie gezielt ihre Lügen verbreiten und für eine Aufwertung ihrer absurden Positionen werben.

> Zwar ist es richtig, dass die Machtübertragung an Hitler im Januar 1933 vom Großkapital durchgesetzt wurde, und ebenso richtig ist, dass die großen Konzerne die Hauptprofiteure der zwölfjährigen Nazi-Herrschaft waren.
>
> Doch die Wende der Kapitalistenverbände zur NSDAP fand erst im Herbst 1932 statt, vorher wurde die Hitlerbewegung nur von minoritären Fraktionen der Industrie unterstützt. Die Mehrheit der Besitzbürger stand zwar der Demokratie bis feindlich gegenüber, setzte aber eher auf den klassischen Autoritarismus der Deutschnationalen.
>
> Der entscheidende Durchbruch der NSDAP zur Massenpartei vollzog sich, lange bevor Hitler 1932 die Wirtschaftsführer für sich und seine Ziele gewann: Zwischen 1927 und 1929 versiebenfachte sich die Mitgliedschaft auf 120 000, bis zum Sommer 1930 wuchs sie auf 300 000, bis Anfang 1932 auf 800 000 Mitglieder. Analog vollzog sich die Explosion der Stimmenanteile von 2,6 Prozent (1928) über 18,3 Prozent (1930) bis auf 37,3 Prozent (Juli 1932).
>
> Jürgen Elsässer, *Braunbuch DVU*

Man redet so viel daher, ohne zu wissen, ob es tatsächlich stimmt oder ob man es nur irgendwann einmal im Fernsehen aufgeschnappt hat.

Die wenigsten Leute verfügen über ein fundiertes Allgemeinwissen, aber die meisten Leute haben zu allem etwas zu sagen.

Auch ich habe sicher nicht die allumfassende Kenntnis über die Dinge, die man wissen sollte, wenn man sich zu wissenschaftlicher Argumentation hinreißen lässt. Ich versuche jedoch ständig, mir abzugewöhnen, so zu tun, als wüsste ich alles über *Mein Kampf* und Adolf Hitler. Daher antworte ich mittlerweile auch oft nicht auf Fragen, die ich nicht genau verstehe oder beantworten kann.

Mehr noch aber als all diese genannten Fragesteller fürchte ich die Besserwisser, die Klugscheißer, die sich meistens in den hinteren Reihen verstecken, um dann nach der Lesung die große Aufklärung zu starten.

Dann werde ich schon mal mit Fangfragen so lange malträtiert, bis das Publikum irgendwann keine Lust mehr auf die Diskussion hat und wieder einmal vorzeitig den Raum verlässt oder, wenn es schon nicht so schlimm kommt, einfach nicht mehr zuhört und der Eindruck entsteht, dass die Lesung zerredet wird.

Unter diesen Klugscheißern sind immer wieder auch Soziologen, Schriftsteller oder Historiker, die ihre Diplomarbeit über *Mein Kampf* geschrieben haben oder in ihrer Freizeit Hitler-Forscher sind; Leute, die mit Hitler zur Schule gegangen sind oder seine Oma persönlich kannten, oder solche, deren Väter im Krieg mit dem besten Freund des Bruders von Hitlers Haushälterin mal Fußball gespielt haben und daher aus sicherer Quelle wissen, dass … was denn gleich noch mal? Ich weiß es nicht.

Fast möchte ich sagen, die Diskussion ist sinnlos, weil alles, was ich zu sagen habe, schon während der Lesung gesagt wird.

Aber das würde der Sache Unrecht tun. Denn es geht mir vor allem auch darum, mit den Zuschauern über ihre Fragen zu sprechen, die nicht mit einem Sendungsbewusstsein, sondern aus reinem Interesse oder Engagement in meine Vorstellung gekommen sind, um zu erfahren, wie diese Leute die Brisanz der Thematik einschätzen.

Dabei freue ich mich auch über Zuschauer aus dem rechten Spektrum. Es ist nämlich nicht Sinn der Lesung, sich gegenseitig Übereinstimmung zu versichern, nach Hause zu gehen und zu denken, man habe die Welt verändert. Es geht vor allem auch um einen Dialog. Ist die Bereitschaft für diesen Dialog sogar auf der Seite vorhanden, die aufgrund der zu befürchtenden Verunglimpfung ihrer Ideale und Idole schon Berührungsängste haben müsste, so halte ich das für die effektivste Form der Annäherung, den Beginn einer zwar langwierigen, vielleicht sogar mühsamen, deshalb aber nicht minder viel versprechenden Auseinandersetzung.

Oft gelingt das auch. Aber es ist eben eine Gratwanderung, die auch darin enden kann, dass man hinterher weniger weiß als vorher.

13. Rundschreiben und Briefe

Rundschreiben

Mittlerweile muss ich nicht mehr weit fahren, um meine Erfahrungen zu machen. Selbst zu Hause vor der eigenen Haustür gibt es immer wieder Dinge zu entdecken, die einem nur dann auffallen, wenn man genau hinsieht. Hakenkreuze an Haustüren, das Polizeigebäude in Düsseldorf, welches das ehemalige Gestapo-Hauptgebäude gewesen ist und plumperweise umfunktioniert wurde.

Am Eingang des Polizeipräsidiums hängt auch heute noch der Reichsadler. In seinen Klauen hält er den Kranz – nur das Hakenkreuz ist herausgeschlagen. Stattdessen hat man dem Adler eine Gedenktafel in die Hand gedrückt. Warum man nicht das ganze Ding so hat hängen lassen, wie ursprünglich konzipiert, oder es gleich komplett abgeschlagen hat, das ist unklar.

Sprachgewohnheiten, wie z.B. »bis zur Vergasung geübt« oder Ähnliches, fallen plötzlich auf und zeigen, wie unsensibel man einerseits ist, wenn es um Zweideutigkeiten geht, wie empfindlich man aber andererseits reagiert, wenn Eindeutigkeiten ans Tageslicht befördern werden.

Meine Reise, die auf der Straße begonnen hat, verlagert sich zunehmend in die Köpfe.

Ich sehe ein Netz aus verdrängten und verarbeitet geglaubten Erinnerungen, und es gelingt mir sogar, in dieses Netz einzudringen. Dennoch gestaltet sich die Suche danach weiterhin kompliziert. Was kann ich also noch unternehmen?

Zunächst setze ich ein Schreiben auf. Mehr als 500 Persönlichkeiten aus dem öffentlichem Leben, Politik, Kultur sowie Betroffene, jüdische Verbände, Gedenkstätten, Sinti- und Romavereinigungen stehen auf der Liste.

Nach und nach kommen die ersten Reaktionen. Wenn überhaupt eine Reaktion kommt! Denn bei mehr als drei Viertel aller angeschriebenen Personen verschwindet unser Schreiben aus unerklärlichen Gründen. Im Bundeskanzleramt, aber auch beim Bundespräsidialamt, wo man uns auf erneute Anfrage um eine Stellungnahme ein Schreiben sendet mit vier Exemplaren der Biografie von Roman Herzog.

Es erweist sich als Denkfehler, dass wir davon ausgehen, dass die Menschen sich trauen, öffentlich ihre Meinung zu dieser Sache kundzutun. Offensichtlich hat die Politik große Berührungsängste bei diesem Thema – man denke in diesem Zusammenhang an die Rede des einstigen Bundestagspräsidenten Phillip Jenninger, dessen Formulierung von der Faszination Hitlers ausreichte, ihn den Job zu kosten.

Verständlich also, wenn Politiker nicht ihre Meinung äußern, aus Angst vor Posten- oder Ansehensverlust?

Nur wenige haben den Mut, und ihre Stellungnahmen sind mehr als interessant.

Aber auch wir erhalten Briefe. Im Gegensatz zu den Adressaten unserer Schreiben verbringe ich ausgiebig Zeit damit, diese Anfragen zu beantworten.

Briefe

Zwischendurch ein halber Tag zu Hause. Klamottenwechsel. Erste Antworten auf meine Anfragen.

Es meldet sich unter anderem der Leiter der Gedenkstätte in Bergen-Belsen.

> Grundsätzlich ist Ihre Idee begrüßenswert und sinnvoll, aber nicht zuletzt die legitimen Erwartungen der ehemaligen Häftlinge von Bergen-Belsen und ihrer Angehörigen schließen es doch aus, gerade an diesem Ort, kaum hundert Meter von den Massengräbern entfernt, aus Hitlers *Mein Kampf* zu lesen. (...)

Noch einmal: Diese Stellungnahme ist keine direkte oder implizite Kritik an Ihrem Projekt, das ich gerade auch in pädagogischer Hinsicht für sinnvoll halte, sondern nur eine Begründung dafür, warum ich Bergen-Belsen nicht für den geeigneten Ort einer solchen Lesung halte.

Dr. Thomas Rahe,
Leiter der Gedenkstätte Bergen-Belsen

Ich bin überrascht, denn ich hätte nicht erwartet, dass eine Lesung aus *Mein Kampf* von Leuten für sinnvoll gehalten wird, die aufgrund ihrer Beschäftigung mit den Opfern eigentlich eine berechtigte Aversion gegen meine Form der Verarbeitung mit sich tragen müssten.

Im Gegenteil. Immer wenn wir Kontakt zu Opfern haben, fällt mir auf, dass sie einen entspannteren Umgang mit der Materie suchen. Für viele Juden beispielsweise ist das krampfhafte Schuldbekenntnis der Deutschen verlogener als ein unverkrampftes Lächerlichmachen des Stoffes.

Immer sind es die deutschen Opas und Omas, die nicht darüber lachen können, die meine Vorstellung boykottieren. Es heißt: »So etwas macht man nicht!« oder »Es ist noch zu frisch, um daran erinnert zu werden.«

Von wegen: Es wird ihnen zum ersten Mal klar, von was für einer Pappnase sie sich haben »führen« lassen. Es wird klar, wie sehr sie an der Sache beteiligt gewesen sein müssen, wenn herauskommt, dass die ideologische Grundlage so eine dünne gewesen ist.

In der Theorie wäre nie etwas passiert, wenn *Mein Kampf* gelesen worden wäre?

In der Theorie. In der Praxis ist es passiert, und die Beteiligung derer, die sich für unbeteiligt halten, war größer, als man denkt. Es genügt nicht, den Mund zu halten und sich hinter dem Vorhang zu verstecken.

Es genügt nicht, im Nachhinein zu bekennen, dass man immer dagegen war. Es erforderte Mut zum Risiko und Kampfeswillen, nachher nicht sagen zu müssen, dass man nichts davon wusste.

Ich frage mich, ob die Zuschauer in der ehemaligen DDR deswegen vielleicht entspannter sein werden, weil sie im Gegensatz zu den Wessis eine kleine Revolution zustande gebracht haben und dadurch gezeigt haben, dass sie der Obrigkeit trotzen können.

Der Bundespräsident Roman Herzog schreibt mir. Leider nur eine Absage. Oskar Lafontaine, damals noch Vorsitzender des SPD, schreibt, dass er keine Zeit habe. Ich werde das Gefühl nicht los, dass diese Leute meine Aktion für eine Falle halten. Ob sie wohl denken, dass ich eine positive Stellungnahme nutzen könnte, um sie damit vor der Presse anzuschwärzen?

14. Die Polizei

Ich habe schon erzählt, dass meine Lesung, immer wenn es notwendig erscheint, von der Polizei geschützt wird.

Das ist eigentlich eine witzige Geschichte. Man hat ein Gefühl, als wäre man ein Superstar und hätte seine Bodyguards vor der Tür stehen.

Es ist aber auch ein ziemlich ungutes Gefühl, wenn man überlegt, *weshalb* die Bodyguards vor der Tür stehen.

Manchmal frage ich mich, ob es im Ernstfall wirklich etwas nützt, dass zwei Beamte vor der Tür Wache halten.

Wie schnell können die ihre Leute benachrichtigen? Bis dahin wären wir doch schon Pflaumenmus. Vielleicht hat es einfach eine abschreckende Wirkung. Oder provoziert es womöglich?

Auf alle Fälle aber hat sich mein Polizeibild seither grundlegend verändert.

Immer wieder wird mir bewusst, was diese Leute da eigentlich machen: Sie halten ihren Kopf hin für eine Sache, die mit ihnen überhaupt nichts zu tun hat. Sie bringen sich in Gefahr, weil irgendeine Dienstvorschrift ihnen das aufbürdet.

Dazu gehört wirklich Mut.

Wenn man glaubt, Polizisten wären – so wie oft dargestellt – Dumpfbacken in Uniform, dann wird man sich spätestens nach einer solchen Erfahrung, wie ich sie immer wieder mache, sehr wundern.

In Linz beispielsweise haben wir zwei Beamte in der Vorstellung, die über das Thema besser informiert sind als ich. Meine Geschichten aus Braunau und Berchtesgaden, die ich während der Lesung zum Besten gebe, kennen sie schon.

Einer der beiden erzählt mir ausführlich von der Vernichtungsstrategie der Nazis im KZ in Mauthausen, so detailliert, dass er dabei mit Zahlen und Namen sicherer umgeht als manch ein studierter Historiker. Was für eine oberflächliche Schlussfolgerung, dass Polizisten nicht politisch interessiert sein können.

Ich bin froh, dass es diese Leute gibt.

Natürlich gibt es auch Polizisten, die so ganz dem Klischee entsprechen. Schnauzbart, Ohrring, Vorstadtsheriff.

Niemals ist es allerdings vorgekommen, dass ein Polizist sich geweigert hätte, die Veranstaltung zu besuchen, dass mir ein Polizist etwa Vorwürfe gemacht hätte, warum ich diese Lesung mache, oder die Verantwortung für meine Sicherheit nicht übernommen hätte, weil es doch eine selbst gewählte Gefahr ist, der ich mich aussetze.

Ich habe mich mittlerweile daran gewöhnt, dass immer wieder Polizisten zu meinen Vorstellungen kommen; oft handelt es sich dabei um wirklich nette Leute.

Eine Erkenntnis, die man als »Lager«-Denker in meinem Alter nicht unbedingt hat. Jetzt sehe ich natürlich auch andere Ereignisse in einem anderen Licht; und mir wird bewusst, wie bescheuert Leute sein müssen, wenn sie gegen Atomkraftwerke demonstrieren und dabei Polizisten mit Steinen bewerfen.

Steine muss man (wenn überhaupt!) denen an den Kopf werfen, die Gesetze machen. Wer wirklich Widerstand leisten will, der tut der Sache nicht genüge, wenn er das schwächste Glied in der Kette angreift, der muss entweder den Mut aufbringen, ein richtiger Anarchist zu sein, oder den politischen Willen zeigen, sich auf parlamentarischem Wege zu engagieren. Verletzte Polizisten ändern keine Gesetze.

Dennoch: Die Anti-Bullen-Haltung ist Teil einer Einstellung linker Gruppierungen, die ihr Gemeinschaftsgefühl durch die Propagierung unüberlegter Grundsätze erzeugt. Der Haltung anderer Gruppen nicht unähnlich, die am entgegengesetzten Rand des politischen Spektrums stehen.

Aber das gehört nun einmal dazu.

Meinungen werden häufig nicht gebildet, sie existieren einfach in vorgefertigten Gesamtpaketen.

Das eine zieht scheinbar das andere mit sich: Heißt das, wenn man gegen Atomkraft ist, tendiert man auch automatisch dazu, Vegetarier zu sein? Wenn man Vegetarier ist, neigt man dazu, Buddhismus gut zu finden?

Wenn man Buddhismus gut findet, fährt man nach Indien in Urlaub? Wenn man nach Indien in Urlaub fährt, praktiziert man auch tantrischen Sex? Wenn man tantrischen Sex praktiziert, ist man für die Frauenbewegung? Wenn man für die Frauenbewegung ist, kann man sein Kind allein erziehen? Wenn man allein erziehend ist, verbietet man seinen Kindern Kriegsspielzeug? Wenn man Kriegsspielzeug verbietet, liest man sicher die *taz*? Wenn man die *taz* liest, trinkt man selbstverständlich nur Kaffee aus Nicaragua und kauft im Bioladen ein, raucht man Selbstgedrehte und färbt sich die Haare mit Henna und geht dann auf eine Demo gegen Atomkraft?

Das ist er, der Kreislauf der unpolitischen Meinungsbildung. Kann jemand erklären, warum ein Linker nicht nationalistisch sein kann?

15. Rechts und links

Es gibt Rechte und es gibt Linke. Und es gibt die Mitte. Dann gibt es noch die Extremrechte und die Extremlinke. Und die Extremmitte?

Es gibt viele Richtungen, aber wenige Abweichungen von den großen Bewegungen. Kommunismus, Sozialismus, Liberalismus, Konservativismus, reaktionär, faschistoid, national. Dann gibt es noch Kombinationen wie national-konservativ, republikanisch, christ-demokratisch, ökosozial, marktwirtschaftlich, neoliberal, nationalsozialistisch und erzkonservativ, blablabla …

Was bezeichnen diese Nuancen, diese Abstufungen, Einordnungen und Bekenntnisse?

Sind sie ein Versteck für die eigentliche, härtere Ideologie, oder sind sie Ausdruck einer verzweifelten Identitätssuche, der sich die Träger unterwerfen, um ihre Ansichten konkreter zu machen, um sich durch die Anschaulichkeit der Begriffe selbst zu definieren?

Wer hat überhaupt erfunden, dass man sich ständig nur in eine Richtung zu bewegen hat; warum kann man nicht wechseln, jährlich, monatlich, täglich, stündlich, thematisch?

Es geht nicht.

Um sich ein politisch relevantes Urteil erlauben zu können, um sich überhaupt erst politisch in Bewegung setzen zu können, muss man »Stellung beziehen«, muss man sich entscheiden für das eine oder das andere.

Wer das nicht einhält, ist ein Querdenker, ein Querulant; der ist unberechenbarer, ein Egoideologe, dem man zutraut, für seine eigenen Ideale über Leichen zu gehen.

Vielleicht überspitze ich das Ganze. Aber ich bin nicht angetreten, um ein politisches Buch über ein politisches Buch zu schreiben.

Ich betrachte mich als einen politischen Menschen, ohne mich dabei vor den ein oder anderen ideologischen Karren spannen lassen zu wollen.

Was heißt also, links und rechts?

Wer sind diese obskuren Rechten und wer die Linken? Sind sie sich ähnlich? Welche Ziele verfolgen sie? Warum legen sie sich auf bestimmte Gruppen fest, wenn es um die Definition ihrer politischen Feindbilder geht?

Übereinstimmung der Erfahrungswerte?

Das heißt also, die Gruppe, deren Meinung kongruiert, schließt sich zusammen zu einem Gebilde, das man einer politischen Richtung, eben rechts oder links zuordnen kann?

Ich weiß es schon wieder nicht. Je mehr ich darüber nachdenke, desto klarer wird mir, wie verschwindend gering eigentlich die Unterschiede zwischen den vermeintlichen Gegensätzen sind. Umso deutlicher stelle ich fest, dass jede politische Aussage auch eine persönliche Stellungnahme enthält, auch eine Art Selbstdarstellung erzeugt.

Am klarsten wird dies, wenn ich als Außenstehender versuche, zwischen Skins und Antifaaktivisten zu unterscheiden.

Äußerlich schwer voneinander zu trennen, beschränkt sich die Differenzierung der Gruppen voneinander lediglich auf unterschiedlich gefärbte Schnürsenkel, links oder rechts getragene Ohrringe oder Embleme.

Es erscheint wie ein Gesellschaftsspiel, welches da betrieben wird. Ein Spiel, dessen Spielregeln Außenstehenden verborgen bleiben, solange sie sich nicht zur einen oder anderen Gruppe zugehörig fühlen.

Im wirklichen Leben geht es schon etwas anders zu.

Wachsen wir nicht mit unseren Erfahrungen zu reifen Menschen heran? Wie oft werden einst kühn gebildete Grundsätze zu heißer Luft, wenn die Erfahrung die Überzeugung verdrängt?

Ich meine: Es gibt keine grundsätzliche Haltung zu Dingen. Niemand kann sich festlegen auf eine politisch eindeutige Richtung. Nur seine Werte, nach denen er urteilt (und das immer wieder von neuem), können gerecht, ungerecht, vernichtend oder lebenserhaltend sein. Eine solche Überprüfung des eigenen Gewissens, des Handelns und der Bezugnahme zu den sich verändernden Gegebenheiten des Lebens ist es, was ich von mir selbst und meiner Umgebung – gerade auch im Bezug auf unser Thema – erwarte.

Nachdem ich zu dieser Überzeugung gelangt bin, erschließen sich mir viele Dinge, auf die ich mir ansonsten keinen Reim hätte machen können.

Rechts sein beispielsweise kann Verschiedenes bedeuten. Für die Jugendlichen, die ich kennen gelernt habe, bedeutet es vor allem eine Auflehnung gegen die bürgerliche Gesellschaft, ein Anarchismus gegen das Establishment. »Heil Hitler!«, und alle rennen davon, damit kann man schocken.

Im Grunde genommen ist es austauschbar. Man muss nicht die Symptome ernst nehmen, sondern ihre Ursachen.

Man darf nicht glauben, dass die Nazis von heute den Schergen Hitlers entsprächen, dafür ist diese Klientel zu unpolitisch, dafür ist die Motivation dieser Klientel zu unmittelbar; sie ist nur ein Geschwür an der Oberfläche eines tiefer sitzenden Keims, den es zu bekämpfen gilt.

Leider erstarren wir angesichts der Demonstrationen von Neonazis nur allzu oft in Lethargie.

Wie konservativ wirken in diesen Momenten unsere alteingesessenen Antifaschisten, unsere Aktivisten in Antirassismusgruppen, Antifabewegungen bis hin zu den Wortführern des vermeintlich guten Gewissens, beispielsweise auch den Vertretern der Politik.

Kann man all sein Handeln und Denken abhängig machen von der Maxime des Unvergesslichen, des immer wiederkehrenden Grauens?

Muss man sich nicht lösen von dieser Behinderung, der paralysierten Trotzhaltung, niemals seine vorgegebenen Ideale verlassen zu wollen?

Unsere Zeit, die fortschreitende Entwicklung unserer Gesellschaft schreibt uns einen kosmopolitischeren Umgang mit der Geschichte vor, als das die Lobbyisten der korrekten Vergangenheitskompensation wahrhaben wollen.

Indem sie etwa die Vergangenheitsbewältigung selbst zur ausschließlichen Angelegenheit der Deutschen machen, schließen sie nicht nur andere Nationen von diesem Prozess aus, sie beschränken auch die Bewältigung lediglich auf die Zeit der Täter.

Mehr noch: Sie stilisieren und motivieren somit die rechte Bewegung zur Auflehnung gegen die Gesellschaft und ermöglichen den Tätern dadurch erst das Gefühl, dass sie mit ihrem Handeln etwas erreichen.

Rechts sein ist der Anarchismus der Neunziger. Ähnlich wie die RAF in den Siebzigern oder die Punks in den Achtzigern. Je mehr wir uns von ihnen abwenden und je stärker wir sie ignorieren, desto unberechenbarer werden sie, desto schwieriger wird es sein, sie in unsere Kreise zurückzuholen.

Die Ideen der »Rechten« sind einfach konzipiert, sie basieren auf den gleichen Grundlagen wie die Ideen ihrer Vorbilder. Eine Mischung aus Minderwertigkeitskomplexen, Größenwahn und Rachefantasien. Die Vorstellung von den ewig unterdrückten Deutschen ist dabei ein Leitmotiv, damals wie heute.

Wenn Nazis heute beklagen, dass ihr Lebensraum durch Ausländer eingeengt, ihre Arbeitsplätze geraubt werden, so ist dieses doch nur ein geheuchelter Vorwand, um sich das Handlungsrecht für eine praktische Rache zu verschaffen und zuzuschlagen, wenn die angeblichen Täter erkennbar sind.

Nur wer sich als Opfer fühlt, kann sich revanchieren.

II

Tourneetagebuch

Es wäre unmöglich, über jeden Ort zu berichten, durch den wir auf einer Tournee reisen. Das wäre zudem auch nicht besonders spannend, denn erstens sind sich viele Städte sehr ähnlich und zweitens nimmt man auf so einer Reise irgendwann nicht mehr alles so genau wahr, als dass man unbedingt die Unterschiede zwischen den einzelnen Städten beschreiben könnte.

Mittlerweile ist es mehr als sechs Jahre her, dass die Premiere stattgefunden hat, und immer noch ist das Interesse an der Lesung aus *Mein Kampf* ungebrochen – auch wenn ich seit Mai 2002 bereits mit einem neuen Programm reise: der Sportpalast-Rede von Goebbels.

Mit meiner Lesung aus *Mein Kampf* war ich bislang an vielen Orten: Flensburg, Kiel, Lübeck, Eckernförde, Schwerin, Greifswald, Rostock, Stralsund, Schönberg, Gadebusch, Grimmen, Demmin, Bergen, Sassnitz, Ravensburg, Mölln, Hamburg, Bremen, Bremerhaven, Bremervörde, Berne, Boren, Bad Oeynhausen, Hannover, Porta Westfalica, Luckenwalde, Blankenfelde, Treuenbrietzen, Niedergörsdorf, Jüterbog, Belzig, Rathenow, Eberswalde, Guben, Lauchhammer, Finsterwalde, Forst, Brandenburg, Neuruppin, Wittenberge, Schwedt, Bernau, Strausberg, Ludwigsfelde, Berlin, Potsdam, Nauen, Senftenberg, Cottbus, Beeskow, Frankfurt/O., Angermünde, Pritzwalk, Finowfurt, Eisenhüttenstadt, Oranienburg, Fürstenwalde, Leipzig, Großenhain, Riesa, Saalfeld, Rudolstadt, Bad Salzungen, Zittau, Rosswein, Glauchau, Bautzen, Blankenburg, Bad Langensalza, Worbis, Landsberg, Bad Blankenburg, Leinefelde, Dresden, Wurzen, Frankfurt/M., Kassel, Offenbach, Bad Homburg, Wiesbaden, Mainz, Paderborn, Soest, Lippstadt, Unna, Marl, Saarbrücken, Ottweiler, Homburg, Dudweiler, Illingen, Hemmersdorf, Losheim, Weisweil, Neustadt, Passau, Jena, Gera, Weimar, Bamberg, Langenau, Schweinfurt, Würzburg, Augsburg, Murnau, Bad Aibling, Ingolstadt, Dachau, Traunstein, Rosenheim, München, Reutlingen, Stuttgart, Wiesbaden, Konstanz, Trier, Traben-Trarbach, Koblenz, Bochum, Wuppertal, Köln, Düsseldorf, Linz, Graz, Klagenfurt, Schwertberg, Freistadt, Wien, Aabenraa (Dänemark), Bozen (Italien), Brixen (Italien) und in Liechtenstein, Frankreich, Holland, Brüssel sowie an unzähligen anderen Orten, deren Namen ich schon fast wieder vergessen habe.

Einige Orte und Erlebnisse aber bleiben einem in Erinnerung, und sie bilden so das Gerüst, an welches man sich später erinnert, wenn man über seine Erfahrungen insgesamt nachdenkt.

Leipzig etwa, die erste größere Stadt im Osten, war für mich mit vielen Ängsten verbunden. Wer kommt, und wie werden die Zuschauer reagieren?

Auch wenn man es nicht wahrhaben will, so ist doch der Umgang zwischen den Menschen aus den beiden Teilen Deutschlands immer noch von großen Vorurteilen geprägt. Ich habe im Vorfeld mehr als einmal gehört, dass gerade im Osten die größte Gefahr zu erwarten sei. Ein Vorurteil?

Oranienburg und Weimar: Orte in unmittelbarer Nähe der ehemaligen Vernichtungslager in Sachsenhausen und Buchenwald.

Schweinfurt und Würzburg: Die Vorstellungen werden mir wegen des erbitterten Widerstands der örtlichen Antirassismusgruppen in Erinnerung bleiben.
Saalfeld: Die Stadt, in der sich zahlreiche Skinheads und linke Punks versammelten, um sich gegenseitig die Köpfe einzuschlagen, am selben Tag, an dem ich dort auftreten sollte.
München: Dort sollte ich in direkter Nähe zum Hauptquartier der DVU lesen.
Dresdener Neustadt: ein Zentrum linksautonomer Gruppierungen.
Mölln: Ich habe genau in dem Haus gelesen, das vor einigen Jahren Ziel eines rechtsextremen Brandanschlages war.

Immer bin ich dort, wo es eine Verbindung zum Thema gibt – sei es eine nicht mehr aktuelle, eine gerade neu entstandene oder nur eine unterschwellige. Letztendlich ist jeder Ort auf dieser Welt in irgendeiner Art und Weise mit diesem Thema verbunden. Man muss nur die Verbindung sehen oder besser gesagt sehen wollen.

Dass ich während meiner Lesung auch immer wieder die Erlebnisse aus den einzelnen Städten in meine Erzählungen einbinde, wurde schon heftig kritisiert. Ich würde, so die *Zittauer Zeitung*, durch meinen Vortrag mein eigenes Schicksal zum Mythos stilisieren und somit den Umgang mit dem Thema Nationalsozialismus verharmlosen.

Ein Vorwurf, den mir auch die Antirassismusgruppe Würzburg, wenn auch nicht deutlich ausgesprochen, machte. Ich würde mit meinem Vortrag das Thema Nationalsozialismus verharmlosen und damit Auschwitz vergessen machen. Da war es wieder. Die Verwechslung, der Kampf gegen Windmühlen, sowohl mein eigener als auch der zahlreicher anderer, ebenso engagierter Personen und Gruppen.

Wie soll man anfangen sich zu wehren, wenn man nicht einmal weiß, wo der Feind lauert?

Stürzt man sich auf die erstbeste Assoziation, die sich bietet, oder untersucht man erst einmal den Gegenstand der Kritik, bevor man sie äußert?

Überhaupt scheint die Stellungnahme zu diesem Thema ein Grundbedürfnis der Deutschen zu sein. Jeder glaubt, eine Meinung dazu zu haben, und jeder meint, diese auch öffentlich vortragen zu müssen – ob dabei Unschuldige, Engagierte oder Nichtwissende auf der Strecke bleiben, ist letztendlich egal.

In einer Zeit der schnellen Meinungsbildung (und des ebenso schnellen Meinungsverfalls) zählen nur das unmittelbar Greifbare und die kurzfristige Wirkung auf den Empfänger.

Instantbewältigung, die über eine oberflächliche Auseinandersetzung mit der Materie nicht hinauszugehen vermag und es wahrscheinlich auch nicht will. Denn dafür müsste man sich wahrscheinlich viel zu sehr mit der Thematik beschäftigen, müsste sie verstehen, sie kennen und in die Abgründe seiner eigenen Seele blicken, bevor man die der anderen sucht.

Ein strategischer Vorwurf, der gruppenübergreifend eingesetzt wird, um eigene Unzulänglichkeit zu kaschieren.

Während mich nämlich in Würzburg die Antifaschisten der rechtsnationalen Propaganda beschuldigten, erwartete mich in Bamberg, keine 50 Kilometer von Würzburg entfernt – diesmal war eine Antirassismusgruppe der Veranstalter meiner Lesung –, seitens der Staatsanwaltschaft der Vorwurf der Volksverhetzung wegen unerlaubter Verbreitung rechtsradikalen Gedankengutes. Diesen Vorwurf konnten wir entkräften, und die Staatsanwaltschaft stellte ihre Ermittlungen ein. Dennoch mussten wir für den bereits entstandenen Arbeitsaufwand eine Gebühr zahlen.

Es bleibt wieder einmal nur übrig, eine gesunde Mischung aus Ignoranz und Toleranz zu praktizieren, um nicht in den Sog präjudizieller Halbwahrnehmung hineingedrückt zu werden.

Eine mangelhafte Wahrnehmung, basierend auf gebräuchlichen Wortlauten ungeprüfter Quellen, dem eigenen politischen Ziel dienbar gemacht.

Wie viele »aufrichtige Deutsche« haben beispielsweise gehört, dass es unter den Nazis den Deutschen besser ging, wie viele »Antifaschisten« vergessen, dass in KZs nicht nur Juden, sondern Menschen unterschiedlichster Herkunft, Ideologie oder Veranlagung systematisch gefoltert und umgebracht wurden.

Wie viele fragen nach Hitlers jüdischer Vergangenheit, und wer hat nicht schon alles von seiner angeblichen Homosexualität, seinen amputierten Hoden, der Nähe der Nazis zum Heldentum Wagner'scher Mythologisierung erzählt?

Es ist egal, ob das, was man hört, stimmt oder nicht. Hier genau liegt der Kult, der Reiz der posthumen Mythologisierung, den es aufzubrechen gilt.

Des Deutschen liebstes Steckenpferd – und nicht nur seins – ist eben immer noch das Tausendjährige Reich, in seinem ganzen Abscheu, in seiner geheimnisvollen Grausamkeit, seiner Anziehung und dem Abstoßenden. Etwas, das wie der Mörder den Schauspieler, das Opfer den Täter, die Unwissenden das Wissen fasziniert.

Etwas Verbotenes und doch im Verborgenen Erlaubtes. Und die Spitze dieses Kultes, bei Feind und Freund – sozusagen der Olymp der Deutschenforschung – ist die

Auseinandersetzung mit *Mein Kampf*, mit dem Buch des Führers, mit dem Schinken, der nun alles über das Leben der Leit- und Leidfigur dieses Treibens verraten soll.

Und: Wenn man dieses Buch liest, wird dieser warme Hauch der Geschichte zu einem kalten Furz.

Er bläst einem jedes Mal ins Gesicht, wenn man die zerfledderten Seiten aufschlägt, um darin eine Antwort auf etwas zu finden, was man noch nicht einmal im Leben kennt. Eine Antwort auf ein virtuelles Streben nach Vollkommenheit, eine unerfüllte Sehnsucht nach menschlicher Überlegenheit und doch der egoistischen Hoffnung darauf, dass man selbst nicht zu denen gehört, die man im Grunde genommen verteufelt.

Wie erschreckend ambivalent ist doch diese Erkenntnis, wenn man sie erst einmal gewonnen hat, und wie schwer wird es für den geneigten Betrachter, diese loszuwerden, ohne dabei in den Strudel nationalhüterischer Geschichtsauffassung zu geraten.

Soll man den Mund halten? Soll man den Kopf in den Sand stecken? Soll man auf den Marktplatz gehen und es hinausschreien oder einfach aufschreiben, was man denkt, aber nicht zu sagen wagt?

Wer ist man überhaupt, dass man dazu etwas zu sagen hätte? Kann man das nicht den Historikern überlassen? Soll man nicht die Wissenschaftler mit ihrer Deutung in Ruhe arbeiten lassen? Welche Erkenntnis soll es der Menschheit eigentlich bringen, wenn ein Mensch (dazu noch Schauspieler) erkennt, worum es für ihn in *Mein Kampf* geht?

Während man im Wagen sitzt und die Berge des Hunsrück, die Hügel der Eifel und den Teutoburger Wald an sich vorbeirauschen sieht, hat man sehr viel Zeit, über all das nachzudenken.

Tagein, tagaus gehen einem dieselben Gedanken durch den Kopf, und man findet hin und wieder eine Lösung, die man glücklicherweise am darauf folgenden Tag wieder verwirft. Zwischendurch wird gelesen, dann wird gegessen und geschlafen.

Alltag eben, wie bei jedem anderen Stück, wie bei jeder anderen Tournee auch, nur mit dem Unterschied, dass man im Gepäck ein Buch befördert, für dessen bloßen Besitz man zwar nicht bestraft wird, dessen öffentlicher Vortrag jedoch, so wie ich es Ihnen geschildert habe, einige Schwierigkeiten mit sich bringt.

Während der kurzen Tage zu Hause lässt einen dann das Thema nicht los. Man schreibt darüber, man unterhält sich darüber, man sieht Filme und schreibt Briefe. Auch die Briefe werden zu einer Art Tournee. Mehr und mehr verlagert sich das Erleben auf den Straßen zu einem Erlebnis in der eigenen Vorstellung und in den Köpfen der Menschen, die man abschreckt oder erreicht.

Man stößt dabei die unterschiedlichsten Menschen ab, während man zugleich solche anzieht, bei denen man vorher vielleicht keinerlei Gemeinsamkeiten feststellen konnte.

Politiker verhalten sich auf eine Reihe von weiteren Anfragen zu meinem Projekt weiterhin sehr zurückhaltend. Offensichtlich hat man immer noch Angst, in eine falsche Ecke gedrängt zu werden, obwohl es mittlerweile zahlreiche Publikationen zu meinem Projekt gibt.

Schulen, die sonst nach entsprechenden aufklärenden Angeboten händeringend suchen, stellen sich plötzlich Fragen, die sich kein normaler Mensch stellen würde. Manch einem Lehrer ist das Programm sogar zu didaktisch, will heißen, er hätte es gern etwas nationaler.

Andere Lehrer drücken uns mit feuchten Augen seltene Ausgaben von *Mein Kampf* in die Hand, hinterher versteht sich, und bitten darum, nicht erwähnt zu werden.

Ahnungslose Antiquare entdecken plötzlich Restbestände von *Mein Kampf*, welche sie zu horrenden Preisen ausnahmsweise an Privatpersonen abgeben wollen; und manch einer kramt seelenverloren in der Schublade, bis er plötzlich mit einer persönlich signierten Postkarte des Führers rausrückt. Alles zum Sonderpreis, alles natürlich immer im Sinne der Aufklärung und nicht als Vergötterung, nicht als falschen Mythos – auf keinen Fall! Eine Vermarktung eines schon längst vergangenen Traumas.

1. Neuss, 12.08.1996: Der Tourbeginn

Sachen werden gepackt. Straßenkarten, Handtücher, Pullover, Jacke, Hemden.

Die verschiedenen Ausgaben von *Mein Kampf* werden verstaut.

Ein Buch zur Abwechslung und ein Gameboy für die Leerlaufphasen zwischendurch. Tourneen sind grausam.

Besonders die Stunden zwischen den Aufführungen können schrecklich sein.

Fernsehen ist auf Dauer ungesund für Augen und Gehirn. Für Sightseeing hat man sowieso keine Zeit und auch keinen Sinn. Besuche bei Bekannten und Freunden sind eine Seltenheit. Auch der ehrbare Vorsatz, zwischen den Auftritten Weiterbildung zu betreiben, ist nur ein Lippenbekenntnis mit einer geringen Halbwertszeit.

Am schlimmsten ist das Essen.

Immer die gleiche Pizza oder den gleichen Gyros zu verdrücken nervt und geht vor allem auch auf die Figur.

Die Veranstalter sehen das alles ganz anders. Sie scheinen zu glauben, dass so eine Lesereise, von der ich zu diesem Zeitpunkt noch annehme, dass sie drei Monate dauern wird, ein Vergnügen ist.

Aber als Vergnügung würde ich da schon eher andere, profanere Dinge bezeichnen: morgens sein übliches Frühstück haben zu können. Abends in sein eigenes Bett zu fallen. Klamotten nicht aus dem Koffer, sondern aus dem Kleiderschrank zu beziehen. Das sind die wahren Bedürfnisse des auf sich selbst gestellten Tourneemenschen.

Zum Glück haben wir ein gutes Auto. Mercedes. Gut, dass uns eine große Autovermietung sponsert. Mit einer Minischaukel durch die Lande zu kutschieren, wäre wirklich das Allerschlimmste. Das Sponsoring hat übrigens nichts mit *Mein Kampf* zu tun. Im Gegenteil, wüsste die Autovermietung, wem sie da kostenlos ein Fahrzeug zur Verfügung stellt, gäbe es vielleicht kein Auto. Macht nichts. Man muss nicht immer gleich mit der Tür ins Haus fallen.

Auf Tour sind wir zu zweit, manchmal zu dritt, manchmal fahre ich aber auch allein. Zusammen mit einigen normalen Menschen hat man die Chance, sich nach den Auftritten abzuregen oder im Gespräch das Erlebte noch einmal Revue passieren zu lassen, ohne dass man ständig auf die Förmlichkeiten einer Gastspielsituation achten muss.

Fahren wir also los.

2. Beeskow, 14.08.1996

Es geht los im Osten. Beeskow bei Berlin. Eine märkische Kleinstadt. Man verlässt von Berlin kommend die Autobahn in Richtung Frankfurt/O. und fährt dann über endlos lange Alleen, vorbei an wunderschönen Landschaften und versteckten Seen, tief in die Provinz hinein.

Kurz nach der Wende war ich zum ersten Mal in Beeskow. Damals musste man noch von Frankfurt/O. aus eine fast dreistündige Bahnfahrt in Kauf nehmen, um nach Beeskow zu kommen.

Das Ganze hatte auch seinen Reiz, langsam tuckernd, an jeder kleinen Haltestelle haltend, fühlte man sich wie mit einer Zeitmaschine um Jahrzehnte zurückversetzt.

Beeskow selbst war Anfang der Neunzigerjahre kaum in seiner einstigen Blüte erkennbar.

Überall sah man zerfallene Häuser, grau in grau, Einschusslöcher an den Wänden; und eine hübsche Burg , die wie so viele Relikte der feudalistischen Vergangenheit zu einem Heimatmuseum umfunktioniert worden war.

Über schmale, verbaute Treppen konnte man auf knirschendem Linoleumboden in schwerer Heizungsluft Fotografien aus der schönen alten Zeit bestaunen.

Die wenigen Kunstschätze hingen dicht an dicht, und schnell war man nach Ende des Museumsbesuches davongeeilt, um diesen Teil dieses Pflichtprogramms als abgehakt zu betrachten.

Die Burganlage am anderen Ufer der idyllisch fließenden Spree war beinahe zur Hälfte zerstört. Die meisten Trakte glichen einem Schutthaufen, während der Hauptteil noch benutzbar geblieben war.

Auch in der Innenstadt sah es nicht anders aus. Um einen quadratischen Marktplatz herum gliederten sich zerfallene Häuserreihen, im Schatten einer zerbombten Kirche, deren Inneres ausgehöhlt geblieben war.

Es gab in diesen Anfangsjahren kaum so etwas wie Gastronomie oder die Möglichkeit, sich die Zeit zu vertreiben, einzukaufen oder zu bummeln.

Wollte man nach sieben Uhr abends noch etwas essen, so blieb einem nur der Schwarze Adler am Marktplatz, eine Kneipe, in der Arbeiter vor ihrem Bier saßen und dabei Club- oder F6-Zigaretten rauchten.

Zu essen gab es entweder Broiler, also gegrilltes Hähnchen, oder (wie immer und überall) Soljanka, aber auch Ragout fin und Ochsenschwanzsuppe, hervorgezaubert aus einer im Supermarkt gekauften Büchse.

Wie schnell hat sich doch alles geändert. Rasant entstanden am Marktplatz neue Geschäfte, Restaurants und Kneipen; die Häuser wurden saniert oder abgerissen, die Burg wurde zu ihrer ursprünglichen Form erweitert, und es wuchsen viele neue Gebäude in den Himmel wie etwa das moderne Krankenhaus am Rande der Innenstadt.

Beeskow ist ein Ort, in dem ich schon häufig war. Der einstige Leiter der Burg, welche mittlerweile zu einem Kulturzentrum umgebaut wurde, heißt Herbert S. Er war der letzte Kulturminister der DDR.

Mit ihm kann man sich gut über die verschiedensten Dinge unterhalten. Er spricht offen und frei; man hat nicht das Gefühl, dass er ähnlich zermürbt ist wie ein Großteil seiner Amtskollegen, die den Wechsel der Systeme nur mühsam zu bewältigen scheinen.

Vor allem hat er den Mut, Projekte durchzuführen, die man sonst in der Provinz nicht anbieten könnte. Das lohnt sich: Die Vorstellungen sind fast immer ausverkauft. Und das Publikum ist so aufgeschlossen, dass ich gern neue Stücke dort ausprobiere.

Auf *Mein Kampf* war ich dann besonders gespannt, denn im Osten hatte ich damit bislang noch nicht gelesen und die ostdeutsche Geschichtsauffassung über das Dritte Reich habe ich bis dahin auch nicht kennen gelernt.

Dann der Abend. Ich weiß nicht, ob Nazis kommen. Ich habe schon mal welche in Beeskow getroffen. Am schlimmsten war es 1992 kurz nach der Wiedervereinigung. Nach dem Auftritt sind wir damals in eine Kneipe, um etwas zu essen. Plötzlich steht einer auf und kommt zu mir an den Tisch. Er fragt mich: »Sind Sie Ausländer?« Wenn ich nicht mit Frank, einem gutem Freund (arisch, blond), zusammen dort gewesen wäre, wer weiß, was passiert wäre. Das fällt mir jetzt ein. Aber warum sollen die gerade heute in meine Lesung kommen?

20 Uhr, die Vorstellung ist ausverkauft. Während der ersten Sätze wird gelacht. Dann Stille und andächtiges Lauschen. Die Leute sind anders als in Neuss. Sie lachen über andere Passagen und scheinen überhaupt etwas unbefangener zu sein. Ein interessanter Aspekt. Dabei war doch gerade im Osten das Buch jahrelang streng verboten.

In der ehemaligen DDR wurde *Mein Kampf* vollkommen abgeschirmt von der Öffentlichkeit. Im Gegensatz zu den Nachbarn aus Westdeutschland gab es für die Menschen dort auch nicht die Möglichkeit, über Schwarzmärkte oder andere Quellen an das Buch zu gelangen. Der Besitz des Buches war strafbar und wurde strengstens verfolgt. Lediglich in den Giftschränken einiger Universitätsbibliotheken gab es auf langwierige Anfragen hin die Möglichkeit zur Einsicht in das Buch. Natürlich gab es auch in der DDR »Altlasten«, die man entweder im Familientresor lagerte oder schleunigst vernichtete.

Daher ist heute das Interesse der ostdeutschen Bevölkerung an der Lektüre dieses Phantoms größer als im Westen. Dort hat man nämlich zumindest in Auszügen immer wieder ein wenig von der beklemmenden Absurdität des Buches erfahren können.

Durch den ansteigenden Rechtsextremismus, insbesondere in Ostdeutschland, haben die Lektüre und der Besitz des Buches wieder neuen Reiz erlangt, nicht nur bei denen, die es absichtlich falsch verstehen wollen, sondern auch bei denen, die sich für die geistigen Motive ihrer politischen Gegner interessieren.

Tatsächlich bleibt aber das einzig wirksame Gegenmittel bei der Lektüre dieses Buches, seine Langweiligkeit und die damit verbundene Anstrengung, es zu lesen.

Nach der Aufführung werden spannende Fragen gestellt. Das Gastspiel ist lockerer, als ich erwartet habe. Ich erfahre eine Menge über die Geschichte des Buches. Zum ersten Mal wird mir richtig bewusst, dass DDR- und BRD-Rentner eine gemeinsame Vergangenheit haben. (Zwangsläufig auch ihre Kinder und Enkel.)

Der Umgang mit dieser Geschichte ist gleichzeitig auch der Einstieg in eine neue gemeinsame Gegenwart. Ich empfinde diese Diskussion als Bereicherung.

3. Leipzig, 29.08.1996

Während wir am Abend unsere Sachen packen, denke ich daran, was mir bevorsteht. In Leipzig war ich erst einmal. Kurz nach der Wende am Bahnhof.

Fast sieben Jahre später hat sich einiges verändert. Es gibt eine moderne Einkaufspassage. Bei Mövenpick, der

Schweizer Nobel-Selbstbedienungskette, stehen sich die ausländischen und westdeutschen Touristen die Füße platt, um an bunt dekorierten Theken gegrillte Fleischstückchen zu bestellen und diese anschließend in Gesellschaft Hunderter an einem engen Tisch zu verspeisen. Auch McDonald's und Burger King haben Einzug in die Stadt gehalten. Überall sieht man große Werbeflächen mit saftigen Burgern.

Dennoch ist Leipzig eine sehr schöne Stadt geblieben. Es gibt dieses unerklärliche Phänomen, weshalb man sich in der einen Stadt wohl fühlt, während man in anderen Städten immer ein Unwohlsein verspürt.

Ich scheine eine Affinität zu Leipzig zu besitzen, denn bisher hat es mir dort immer sehr gut gefallen.

Die Straßen sind an diesem Tag voll. Es regnet zwar nicht, aber der Himmel sieht verdächtig danach aus. Straßenbahnen biegen quietschend um die Kurven, Autos quälen sich entlang an endlosen Boulevards verfallener Wohnhäuser, an deren Fassaden die Einschusslöcher aus den Gefechten der letzten Kriegstage noch zu sehen sind.

Wieder frage ich mich, wer wohl zu meiner Lesung kommt.

Leipzig. Hört sich nach einer Menge Nazis an. Die Polizei ist benachrichtigt. Die Lesung findet um 19 Uhr statt.

Wir parken in der Nähe des Auftrittsortes. Der Laden ist riesig. Eine ehemalige Bastei. Alles renoviert. Drei Bühnen, Kneipen und Cafés. Und überall Studenten. Die Organisation ist professionell.

Wir schlängeln uns durch herumstehende Zuschauer zum Veranstalter hindurch. Ein kauziger Typ, eher ruhig. Er erzählt uns, dass der Laden brechend voll sein wird.

Das Interesse im Osten scheint wirklich größer zu sein als bei uns im Westen.

In Beeskow war ich zwar auch im Osten, aber da kannte ich die Leute.

Diese Vorpremiere war also kein guter Test, um herauszubekommen, wie gefährlich das Ganze wirklich ist.

Na ja, wir werden sehen, denke ich dann. Aber wirklich ängstlich bin ich dabei nicht. Es ist mehr wie eine Schärfung der Sinne.

Ich möchte mich nicht überraschen lassen von ein paar Idioten, bloß weil die vielleicht herumkrakeelen oder randalieren und meine Veranstaltung stören.

Wenn ich vorher darüber nachdenke, halte ich mich gespannt für den Abend und alles, was währenddessen auf mich zukommt. Aber dass ich wirklich daran denke, eine auf die Fresse zu bekommen, das kommt selten vor.

Ich glaube, das strahlt man auch aus. Ich habe bisher immer Glück gehabt in dieser Beziehung.

Und so ein Schwächling bin ich auch wieder nicht.

Ich entspreche sicher nicht dem Klischee des sensiblen Künstlers, in dieser Beziehung jedenfalls nicht. Es gab Zeiten, da habe ich mich jeden Tag geprügelt. Klar, dass man dabei hin und wieder was abbekommt. Es hielt sich bei mir in Grenzen.

Gut also, wenn es nötig ist, kloppen wir uns.

Vorstellung. Es ist tatsächlich brechend voll. Vor allem ist auch wieder die Presse zahlreich vertreten. Ich erkenne Kameras und Notizblöcke.

Mittlerweile erlaube ich mir, während der Lesung auch die Leute genauer zu beobachten, denn je mehr das eigentliche Lesen zur Routine wird, umso mehr kann ich unbemerkt mein Gegenüber studieren.

Ich sehe in den hinteren Reihen ältere Herrschaften. Vorn junge Leute, Studenten.

Sind Nazis dabei? Keine erkennbaren. Woran erkennt man die schon? An den Glatzen. Ja, aber Glatzen sehe ich keine.

Während der anschließenden Diskussion meldet sich ein Opa in der hinteren Reihe. Ihm hat der Vortrag »gut« gefallen. Gelächter.

Er wundert sich nur darüber, warum es in Deutschland für alles und jeden ein Denkmal gibt, nur nicht für Adolf.

Ich breche ab. Danke, das genügt, wir wissen welch' Geistes Kind Sie sind.

Mensch, was hat der Kerl für einen Mut. Sich vor so vielen Leuten zu offenbaren.

Na ja, eigentlich besser so, dann weiß man, mit wem man es zu tun hat.

Der Rest läuft ab wie immer.

Nach dem Auftritt der sensibelste Moment: die Rückkehr zum Fahrzeug. Mittlerweile ist es nämlich schon weit nach Mitternacht. Und unser Wagen steht in einer abgelegenen Ecke. Wir beeilen uns. Schnell weg von hier.

4. Erster Exkurs

Türkische Reaktionen

Staatsangehöriger und Staatsbürger

Im Allgemeinen kennt das Gebilde, das heute fälschlicherweise als Staat bezeichnet wird, nur zwei Arten von Menschen: Staatsbürger und Ausländer. Staatsbürger sind alle diejenigen, die entweder durch ihre Geburt oder durch spätere Einbürgerung das Staatsbürgerrecht besitzen; Ausländer sind alle diejenigen, die dieses gleiche Recht in einem anderen Staate genießen. Dazwischen gibt es dann noch kometenähnliche Erscheinungen, die so genannten Staatenlosen. Das sind Menschen, die die Ehre haben, keinem der heutigen Staaten anzugehören, also nirgends ein Staatsbürgerrecht besitzen.

Das Staatsbürgerrecht wird heute, wie schon oben erwähnt, in erster Linie durch die Geburt innerhalb der Grenzen eines Staates erworben. Rasse oder Volkszugehörigkeit spielen dabei überhaupt keine Rolle. Ein Neger, der früher in den deutschen Schutzgebieten lebte, nun in Deutschland seinen Wohnsitz hat, setzt damit in seinem Kind einen »deutschen Staatsbürger« in die Welt. Ebenso kann jedes Juden- oder Polen-, Afrikaner- oder Asiatenkind ohne weiteres zum deutschen Staatsbürger deklariert werden.

Außer der Einbürgerung durch Geburt besteht noch die Möglichkeit der späteren Einbürgerung. Sie ist an verschiedene Vorbedingungen gebunden, zum Beispiel daran, dass der in Aussicht genommene Kandidat, wenn möglich, kein Einbrecher oder Zuhälter ist, dass er weiter politisch unbedenklich, d.h. also ein harmloser politischer Trottel, ist, dass er endlich nicht seiner neuen staatsbürgerlichen Heimat zur Last fällt. Gemeint ist damit in diesem realen Zeitalter natürlich nur die finanzielle Belastung. Ja, es gilt sogar als förderliche Empfehlung, einen vermutlich guten zukünftigen Steuerzahler vorzustellen, um die Erwerbung einer heutigen Staatsbürgerschaft zu beschleunigen.

Rassische Bedenken spielen dabei überhaupt keine Rolle.

Der ganze Vorgang der Erwerbung des Staatsbürgertums vollzieht sich nicht viel anders als der der Aufnahme zum Beispiel in einen Automobilklub. Der Mann macht seine Angaben, diese werden geprüft und begutachtet, und eines Tages wird ihm dann auf einem Handzettel zur Kenntnis gebracht, dass er Staatsbürger geworden sei, wobei man dies noch in eine witzig-ulkige Form kleidet. Man teilt dem infrage kommenden bisherigen Zulukaffer nämlich mit: »Sie sind hiermit Deutscher geworden!« (...)

Aber nicht nur, dass man sich um die Rasse eines solchen neuen Staatsbürgers nicht kümmert, man beachtet nicht einmal seine körperliche Gesundheit. Es mag so ein Kerl syphilitisch zerfressen sein, wie er will, für den heutigen Staat ist er dennoch als Bürger hoch willkommen, sofern er, wie schon gesagt, finanziell keine Belastung und politisch keine Gefahr bedeutet.

So nehmen alljährlich diese Gebilde, Staat genannt, Giftstoffe in sich auf, die sie kaum mehr zu überwinden vermögen.

Adolf Hitler, *Mein Kampf*

Lange Zeit halten sich meine türkische Landsleute mit Reaktionen auf die Lesung zurück. Erst als in der großen Tageszeitung *Hürriyet* ein ganzseitiger Artikel über meine Lesereise erscheint, erhöht sich das Interesse an meiner Lesung.

Freunde rufen mich an und fragen nach Terminen. Selbst meine Eltern, sie sprechen beide besser Türkisch als Deutsch, begreifen zum ersten Mal die Dimension der ganzen Angelegenheit.

Im Gegensatz zu den deutschen Berichten geht es den türkischen Journalisten weniger um den Gefahrenaspekt der Lesereise als vielmehr um einen Vergleich zwischen deutscher und türkischer Tagespolitik.

Die kritische Stellungnahme deutscher Medien zum Kurdenkonflikt empfinden viele Türken als Einmischung in ihre persönlichen Angelegenheiten.

So ist es eine willkommene Chance darauf hinzuweisen, dass es in Deutschland offensichtlich auch Handlungsbedarf bei der Bekämpfung subversiver Elemente gibt.

Mein Kampf selbst ist in der Türkei weitgehend unbekannt. Zwar kann man das Buch in jeder guten und vor allem großen Buchhandlung für einen Spottpreis kaufen. Ich zweifle jedoch stark daran, dass es wirklich jemand aus Interesse liest. Eher geht es wohl darum, den Autor und den Titel im Bücherregal vorzeigen zu können, schließlich lautet der Klappentext der türkischen Taschenbuchausgabe auch sinngemäß: »Eines der großen Werke der antimarxistischen Weltliteratur«, was zwar faktisch richtig, inhaltlich aber zweifelhaft ist.

In der Türkei weiß man, dass es in Deutschland Neonazis gibt.

Spätestens seit den Anschlägen von Mölln und Solingen kommt hinzu, dass das Wissen um diese Existenz mit einer gewissen argwöhnischen Betrachtung der aktuellen Situation verbunden ist. Denn man weiß wohl nicht mehr, ob man als Fremder in diesem Land sicher ist.

Würde sich ein solches Szenario wirklich wiederholen, so ist aber auch nicht klar, ob die hier lebenden Türken in Massen ausreisen würden.

Denn im Laufe der Zeit ist ihre Verbundenheit zu ihrer deutschen Heimat immer größer geworden, von den Kindern ganz zu schweigen, die Türkei ist und bleibt aber das Land der Träume.

Bei mir ist das anders. Ich bin zwar auch Türke, aber was heißt das schon. In erster Linie bin ich Mensch. Der Pass ist meine Identität und an die bin ich zufällig gekommen.

Als mein Vater Anfang der Sechzigerjahre nach Deutschland gekommen ist, war alles noch ganz anders. Die Deutschen im Westen hatten mit dem Aufbau ihrer Wirtschaft zu tun, und dafür brauchten sie die Kraft der ausländischen Arbeiter. Diese kamen in Scharen angereist, verließen ihre Heimat, ihre Familien und ihre Frauen, um für einige Monate hier zu arbeiten.

Dann sollte alles weitergehen wie bisher.

Mein Vater war auch einer dieser Arbeiter.

Nur mit dem Unterschied, dass er es eigentlich nicht nötig gehabt hätte, nach Deutschland zu reisen. Meine Familie war zu jener Zeit zwar nicht reich, aber mein Vater führte immerhin ein kleines Restaurant in Istanbul. Hätte er sich damals nicht mit seinem Kompagnon derart überworfen, dass er ihm in der Küche mit einem lebenden Hummer den Schädel blutig geschlagen hat, wer weiß, wie es mit uns weitergegangen wäre.

Politisch beeinflusst wären wir aber auch in der Türkei gewesen, denn meine Mutter war in dieser Hinsicht sehr engagiert.

Sie zählte sich, wie auch meinen Onkel, welcher Schriftsteller ist und heute in Holland lebt, zu den intellektuellen Kreisen in Istanbul.

Ganz im Sinne Atatürks trugen meine Großmutter und meine Tanten schon seit den Zwanzigerjahren keine Kopftücher mehr. Statt in der Küche zu stehen, trafen sie sich zu Bridgerunden und diskutierten über den Fortschritt der türkischen Frauenbewegung.

Ihre Bücher waren nicht der Koran, sondern Dostojewskis *Schuld und Sühne*, Steinbecks *Früchte des Zorns* oder Leo Tolstois *Krieg und Frieden*.

Ein ideales Umfeld, um als Nachkömmling von diesem rebellischen Geist infiziert zu werden.

Aus der Infektion wurde ein chronisches Leiden.

Aber für welches Land empfindet man die größere Leidenschaft?

Zweifelsohne fühle ich mich in der Türkei sehr wohl. Allein die Tatsache, dass ich meinen Namen nicht ständig buchstabieren muss, gibt mir das Gefühl dazuzugehören, ein Teil dieser Gesellschaft zu sein.

Auch die Hektik der Menschen, ihr Temperament zu streiten, zu diskutieren und zu leiden sind mir nicht fremd, im Gegenteil: Ich erkenne mich zu großen Teilen in ihnen wieder.

Dann aber sehe ich die Unterschiede, meine typisch deutschen Anteile, die in der Türkei fremdartig wirken: das Rationale, der Hang zur Pünktlichkeit, die Reklamationen bei dem kleinsten Haar in der Suppe und die Organisation meiner Tagesgeschäfte.

Ich bin also anscheinend ein Mischwesen, ein Mutant.

Lange Zeit bereitete mir diese Erkenntnis Schwierigkeiten.

Hin- und hergerissen zwischen der Zugehörigkeit zu den Kulturen entschied ich mich mal für die eine, mal für die andere Seite.

Eine Ambivalenz, die sich auch auf die Auswahl meiner Rollen auswirkte.

Immer spielte ich zerrissene Persönlichkeiten: Kafkas Affen Rotpeter, der die Gratwanderung zwischen Tier und Mensch versucht; E. A. Poes William Wilson, der sich mit seinem eigenen Spiegelbild duelliert; Jürgen Bartsch, den Kindermörder, der tagsüber in der Metzgerei seiner Adoptiveltern schuftet und nachts kleine Jungen in eine nahe gelegene Höhle schleppt, um sie zu erwürgen und sich an ihnen zu vergehen.

Je mehr ich jedoch in die Tiefen meines psychologischen Aufbaus eindringen konnte, umso mehr wurde mir bewusst, dass ich eigentlich eine Stärke zur Schwäche machte, dass ich überhaupt nicht wusste, die Vorteile dieser Doppelexistenz zu nutzen.

Statt mich nämlich davon bereichern zu lassen, dass ich zweisprachig aufgewachsen bin, versuchte ich ständig, mich für eine Sprache zu entscheiden.

1992 wurde ich doppelter Staatsbürger.

Ich habe jetzt also sowohl den deutschen als auch den türkischen Pass. Die einfache Tatsache, einen zweiten Pass hinzuzubekommen, bewirkt unendlich viel. Denn auch die zwangsläufige Zugehörigkeit zur türkischen Nation bewirkte in zunehmendem Maße eine Hassliebe zu meiner Herkunft.

Bis zu diesem Zeitpunkt musste ich für jedes Land, in das ich reisen wollte, umständlich Visa beantragen; an jeder Grenze wurde ich herausgewinkt, um in stundenlangen Prozeduren nachzuweisen, dass ich mit guten Absichten einreise.

Zudem hatte ich mich gegen meine eigenen Leute zu wehren, die mir auf den Fersen waren, weil ich wehrpflichtig war und ständig Verlängerungsanträge zu stellen hatte.

Mit dem deutschen Pass entwickelte ich eine neue Sichtweise. Zum ersten Mal konnte ich nach Frankreich reisen (bis dahin nur möglich mit Visum und Nachweis eines Bankguthabens von 4 000,– DM sowie EC-Karte und persönlicher Einladung eines in Frankreich gemeldeten Gastgebers).

Ich sehe aber auch zum ersten Mal, wie ich als Türke im Ausland wahrgenommen werde, welchen Ruf »wir« Türken berechtigterweise oder unberechtigterweise haben. Natürlich war ich schon im Ausland, bevor ich einen deutschen Pass hatte, aber nicht als Tourist, sondern als Durchreisender in einem riesigen Treck von türkischen Autos, der sich von Deutschland durch Österreich, Jugoslawien und Bulgarien in die Türkei zog.

Es gibt einen Komplex. Nach dem Zerfall des Osmanischen Reiches, welches immerhin mehr als dreihundert Jahre die europäische, nordafrikanische und nahöstliche Kultur und Politik beeinflusst hat, sieht man es nicht ungern, dass der »Kranke Mann vom Bosporus« immer noch mit sich selbst beschäftigt ist. Die Vorlage für diesen Hohn liefern die Türken dabei selbst.

Ihr ständiges Ringen nach Demokratie ist im Ursprung der Ausdruck ihrer Unfähigkeit zur selben, denn die Türken waren Demokratie nicht gewohnt. Sie hatten einen Anführer, und der bestimmte, was getan werden musste.

Und nun sollen diese Leute wählen, sollen entscheiden zwischen der Zugehörigkeit zu Ost oder West. Das geht nicht. Zumal die Mittel, mit denen man sie ködert, Wohlstand und Luxus, genauso stark wiegen wie die Argumente, mit denen man sie ablehnt: fehlende Demokratie und Missachtung der Menschenrechte.

Die Deutschen kannten kein Zusammenleben mit Menschen anderer Kulturkreise in diesem Umfang, bevor im Zuge der Aufarbeitung der nationalsozialistischen Vergangenheit Gastarbeiter ins Land geholt wurden. Plötzlich hatte man eine vollkommen neu entstehende multikulturelle Gesellschaft; und außer den Vorteilen wie Pizza und Cevapcici hatten diese neuen Einflüsse natürlich auch geheimnisvolle und unberechenbare Seiten, denen es Widerstand zu leisten galt.

Die Deutsche mussten lernen, sich in ihre eigene neue Gesellschaft zu integrieren. Denn das Land, in dem sie nun nach 1945 lebten, war nicht mehr das Deutschland, das 1920 existiert hatte. Es war ein von den Alliierten errichtetes künstliches Staatsgebilde, dessen einziger Zweck die Verhinderung der Wiederholung des Faschismus auf alle Zeiten war.

Im Laufe der Jahre gewöhnte man sich aneinander. So wie der Deutsche nun regelmäßig seinen Döner kaufte und statt Kohlrabi plötzlich Auberginen mit Knoblauch auf der Speisekarte standen, begannen die türkischen Gastarbeiter, gestrickte Klopapierhüte in den Fond ihres Mercedes zu legen und morgens einen Blick in die *Bild*-Zeitung zu werfen.

Eine ungeheuer fruchtbare und einmalige Assimilation der Kulturen nahm ihren Lauf, und statt sich dieser Zerrissenheit entgegenstellen zu wollen, sie bekämpfen oder gar vernichten zu wollen, empfanden viele dies als Bereicherung, als eine Erweiterung ihres Horizontes und nicht zuletzt als eine Garantie dafür, dass durch das Zusammenleben unterschiedlichster Menschen ein System entstehen würde, welches nie wieder Faschismus ermöglichen würde.

Im Osten Deutschlands blieb es bei einer nahezu ausschließlich deutschen Gesellschaft. Die wenigen ausländischen Vertragsarbeiter arbeiteten, um zu schlafen, und schliefen, um zu arbeiten.

Sie blieben fremd, weil sie die Sprache nicht lernten und ihr Aufenthalt durch Gesetze zeitlich begrenzt war. Die russischen Truppen lebten in Kasernen, aus denen sie in den seltensten Fällen hervorkamen. Beziehungen zwischen Russen und Deutschen waren, abgesehen von staatlichen Verordnungen und Freundschaftsbekenntnissen, Ausnahmefälle.

Es gab zudem auch immer weniger Möglichkeiten, aus dem Land zu kommen, denn um eine Urlaubsreise zu machen, galt es, Visa unter der Gefahr unangenehmer Nachwirkungen zu beantragen.

Die fortschreitende Zeit warf die Menschen im Osten um Jahrhunderte zurück. Denn auch wenn es beim Fall der Mauer so schien, als würden sich Deutsche und Deutsche gegenüberstehen, so war das in Wirklichkeit doch nur ein Trugbild.

1989 war der Westdeutsche ein Vertreter des kapitalistischen Systems. Sein Wohlstand war enorm, er konnte in alle Länder der Welt reisen – und nicht nur einmal im Jahr. Als arm galt derjenige, der nur einmal fahren konnte. Die fast verschwindend geringe Anzahl national orientierter Parteien fand ihre Mitglieder unter Kriegsveteranen und Unbelehrbaren.

Als die ersten Ströme der neuen »Verwandten aus dem Osten« kamen, stieg aber plötzlich die Anzahl der stolz geschwenkten schwarzrotgoldenen Farben wieder. Die Nationalhymne wurden auf und ab gesungen mit vorher nie gekannten pathetischen Untertönen, und wie ein vom Wind herbeigewehter Samen einer längst ausgestorbenen Pflanze keimte aus der wiedergewonnenen nationalen Identität ein Rauschgefühl auf, eroberten »wir« sogar die Welt auf dem Fußballfeld, wurden unter Aufsicht unseres erhaben lächelnden Patriarchen Helmut Kohl Fußballweltmeister. Endlich war man wieder wer. Endlich konnte man wieder stolz auf sein Land sein. Nicht nationalistisch, neeeein, patriotisch. Nicht gegen andere, neeein, nur für sich.

Kaum drei Jahre später brannte das erste Asylantenheim in Rostock. Hatte man etwa Geister gerufen, die man nicht mehr loswerden konnte oder wollte? Was hatte das eine mit dem anderen zu tun?

Man sollte nicht allzu lange Zeit haben, um darüber nachzudenken. Denn mittlerweile hatte sich die deutsche Gesellschaft um ein weiteres Mal verändert.

Während man auf der einen Seite nämlich Gesetze schaffen musste, um Stammtischparolen wie »Das Boot ist voll« gerecht zu werden, holte man auf der anderen Seite Deutsche »heim ins Reich« (Stichwort: Aussiedlerzuwachs). Menschen, die bis dahin in Sibirien gelebt hatten, deren Großväter und Großmütter mit derart unverständlichem Akzent Deutsch sprachen und deren Heimatgefühl wohl eher mit Duschanbe oder Omsk als mit Stuttgart verbunden war, wurden mit Versprechungen von Wohlstand und Glück gelockt. Um eigenes Wählerpotenzial aufzustocken? Denn die Zeichen für die Regierung Kohl standen schlecht.

Noch kurz vor der Wiedervereinigung sah alles nach einem Machtwechsel aus. Und das, obwohl Oskar Lafontaine, der Kanzlerkandidat der SPD, durch ein Attentat stark geschwächt, einen eher mühsamen Wahlkampf betrieb.

Die Wiedervereinigung hatte rasch ihren Effekt verloren, und so blieb anscheinend nichts anderes übrig, als im Eilverfahren deutsche Pässe auszustellen, um neue Wählerstimmen einzufangen.

Wasser auf die Mühlen der neuen Nazis. Die Zahl der Anschläge auf Asylanten und Aussiedlerheime stieg allein in einem Jahr um das Vielfache der Vorjahre an. Die Wahlergebnisse der rechten Parteien verhalfen ihnen zum Eintritt in mehrere Landesparlamente, und der Verkauf obskurer Zeitungen, Devotionalien und der Handel mit rechtem Gedankengut florierte wieder.

Ein Szenario, welches man sich zuvor in seinen schlimmsten Träumen nicht hatte vorstellen können. Deutschland an der Schwelle zur Renaissance nationalsozialistischer Umtriebe.

Wochenlang bestimmten die Ereignisse in Solingen und Mölln auch die Titelseiten der türkischen Tageszeitungen. Da war er wieder: der deutsche Satan. Diesmal richtete sich sein Hass nicht gegen Juden, diesmal waren die Türken an der Reihe. Hatten wir nicht bis dahin zusammengelebt, friedlich und mit überschaubaren Konflikten, gab es nicht zahlreiche Freundschaften, Ehen, ja, sogar Kinder, die das Deutsche besser beherrschten als das Türkische? Jetzt kehrte es sich um. Plötzlich vermischte sich das Elend mit der Auferstehung, plötzlich waren unsere Autos nicht erarbeitet, sondern gestohlen, plötzlich waren wir wieder die Kanaken.

Von außen betrachtet war alles sehr einfach. In Wirklichkeit war es jedoch anders. Die deutsche Gesellschaft war zu stark, um diesem Virus zu erliegen. Sie schaffte es letztendlich, diese Krise zu überwinden, weil die Elemente, die man zu ihrem Schutz in ihr verankert hatte, zu präsent waren. Lichterketten waren nur ein Ausdruck der momentanen Ohnmacht. Das Bewusstsein aber, dass man sich entscheiden muss für das alte oder das neue Deutschland, war ein vorhandener Trumpf im Kampf gegen das Wiederaufkeimen der hohlen Brut.

Dass dabei im Affekt so manches geheuchelt wurde, dass zunächst das Betroffenheitsgetue stärker war als die wirkliche Empörung über das Geschehene, das mag meine subjektive Empfindung gewesen sein.

In jedem Fall aber musste ich erkennen, dass die Berichterstattung über die deutschen Zuschauer in meiner Lesung, insbesondere in den türkischen Medien, von einem falschen Bild ausging. Die Schadenfreude darüber, dass eben »nicht über anderer Leute Dreck gesprochen werden kann, wenn es zu Hause zum Himmel stinkt«, war nicht nur ungerecht, sondern auch ärgerlich. Statt sich der Herausforderung gemeinsam zu stellen und nach gemeinsamen Lösungen zu suchen, versuchte man einen Vorteil aus revanchistischer Absicht zu schlagen und erreichte damit nicht im Geringsten das, was man eigentlich will: die Anerkennung der Gleichwertigkeit.

5. Oranienburg und Sachsenhausen, 12.09.1996

> Es ist eine unter genauer Berechnung aller Menschen gefundene Taktik, deren Ergebnis fast mathematisch zum Erfolge führen muss, wenn eben nicht auch die Gegenseite lernt, gegen Giftgas mit Giftgas zu kämpfen. Schwächlichen Naturen muss gesagt werden, dass es sich hierbei eben um Sein und Nichtsein handelt.
>
> Adolf Hitler, *Mein Kampf*

Einige Wochen nach der Premiere erhalte ich einen Brief aus Oranienburg. Die Leiterin der Bibliothek schreibt in engagiertem Ton, wie sie aus dem *Spiegel* erfahren habe, dass ich aus *Mein Kampf* lesen würde. Für wie wichtig sie die Idee halte, gerade in Oranienburg, in unmittelbarer Nähe des ehemaligen Konzentrationslagers Sachsenhausen, diese Lesung durchzuführen, um damit gegen den wieder aufkeimenden Rechtsradikalismus ein Zeichen zu setzen.

Jeder wird sich denken können, dass mir bei diesem Vorschlag zunächst der Atem wegblieb – in der Nähe eines ehemaligen KZs *Mein Kampf* zu lesen, die Leute zum Lachen zu bringen, wo sie allein durch den geschichtlichen Kontext an alles andere, nur nicht an so etwas denken mögen.

Vielleicht könnte ich eine geänderte Fassung lesen. Aber wozu? Dafür mache ich die Sache nicht. Dann müsste ich immer auf die unterschiedlichsten Empfindlichkeiten Rücksicht nehmen, und das kann man bei einer solchen Lesung nicht, ohne dabei zwangsläufig an Aussagekraft einzubüßen.

Ich habe mir zunächst Bedenkzeit erbeten.

Mit jeder Aufführung und jedem Tag, den wir auf Tournee sind, geraten wir zunehmend in Zusammenhänge, die wir uns vorher so nicht vorstellen konnten.

Die anfängliche Naivität im Umgang mit Hitler, seiner Geschichte und insbesondere mit *Mein Kampf* droht plötzlich einem ängstlichen Versagensmechanismus zu weichen. Wer würde beispielsweise in einer Veranstaltung in Oranienburg alles im Publikum sitzen? Wissenschaftler? Historiker? Politiker? Ehemalige Häftlinge?

Kann man diesen Leuten überhaupt etwas Neues vermitteln, darf man diesen Leuten überhaupt das Angebot und vielleicht sogar den damit verbundenen Vorwurf machen, etwas Neues entdeckt zu haben? Was? Die Absurdität in *Mein Kampf* ist nicht neu; dass Hitler nicht besonders gut schreiben konnte, das wusste er sogar selbst, das erschreckt also nur seine Bewunderer.

Was, verdammt noch einmal, kann also überhaupt interessant sein an dieser ganzen Aktion? *Mein Kampf* kennen die meisten Leute doch schon, die sich mit der Geschichte des Nationalsozialismus auseinander gesetzt haben, erst recht diejenigen, die es aus beruflichen Gründen lesen mussten.

Grundsätzliche Fragen, auf die es wahrscheinlich ebenso grundsätzliche Antworten gibt.

Ist nicht letztendlich einzig und allein die Anzahl der erschienenen Zuschauer entscheidend für die Rechtfertigung dieser Veranstaltung? Ist nicht die einfache Anfrage der Bibliothek – das Interesse an der Lesung, wie auch immer diese sein mag – schon ein Beweis dafür, dass selbst diejenigen Bedarf an einer anderen Auseinandersetzung haben, die sich vielleicht schon so genau mit der Materie auskennen, dass sie glauben müssten, nichts Neues entdecken zu können?

Letztendlich geht es nicht darum, auf Biegen und Brechen etwas Neues kreieren zu wollen; es geht auch nicht darum, die Erwartungen der Menschen dadurch zu befriedigen, das man ständig versucht, sie zu übertreffen.

Es geht um das, was ich selbst will, es geht um meine persönliche Aussage und mein Statement, das für den Zuschauer von Interesse sein muss. Ich bin nicht dazu eingeladen, Theorien zu widerlegen oder gar neue zu schaffen, deren Fundament ich erstens nicht kenne und zweitens auch nicht immer kennen möchte – wie habe ich doch ganz zu Anfang gedacht. Es geht vor allem um meine künstlerische und unprofessionell politische Meinung, der die in der Regel ebenso unpolitische Meinung der meisten Zuschauer gegenübersteht.

Wie konnte ich das vergessen? Ich bin Künstler und nicht Wissenschaftler. Ich brauche doch nicht diesen Leistungsdruck zu spüren, den der Referendar vor seinem letzten Kolloquium zur Zulassung als Lehrkraft verspürt.

Ich sage den Auftritt zu.

Aber was ist denn nun meine künstlerische Aussage? Muss sie filigran sein? Muss sie einfach gehalten bleiben, oder darf sie eine Mischung aus allem sein? *Muss* sie überhaupt etwas? *Darf* sie überhaupt etwas?

Es ist für mich als Schauspieler von großer Bedeutung, dass man mir zuhört, wenn ich auf der Bühne spreche.

Deshalb muss ich auch immer wieder aufs Neue überlegen, was ich erzähle, damit die Menschen mir auch zuhören wollen.

Theater ist ein Gesprächsangebot, also weder ein Monolog noch eine vorgefertigte Antwort.

Mein Kampf ist ein hervorragendes Gesprächsangebot, denn es bewegt die Menschen auch heute noch. Sei es der Großvater, der in der SS war, oder die Großmutter, die im KZ umgekommen ist.

Mein Kampf ist die Spitze eines unüberschaubaren Themenapparates, der für das Medium Schauspiel deshalb so greifbar ist, weil das in ihm enthaltene Material, das Pathos, die Kenntnis um die Verfassung des Autors, die fatale Auswirkung der Fortsetzung der in *Mein Kampf* geäußerten Pläne, die Menschen derart fangen, dass sie eben auch heute noch nach Erklärungen für den Ausbruch dieser Epidemie suchen.

Daher ist es wichtig, ihnen auch im Theater ein Forum zu bieten. Darüber hinaus ermutigt die Form der Lesung, gerade die unwissenschaftliche Herangehensweise, vielleicht sogar denjenigen, sich der Sache zu nähern, der von der akademischen Einsilbigkeit sonstiger Betrachtungen abgeschreckt ist. Die Auseinandersetzung mit dem Thema muss sich nicht auf den Konsum dramatisch inszenierter Fernsehdokumentationen beschränken. Gewappnet mit einer neuen Erkenntnis fahre ich also los. Noch ist mir bei der Sache nicht klar, wie gefährlich die Reise nach Oranienburg ist.

Oranienburg liegt in der Nähe von Berlin. Von Hannover aus kommend, fährt man auf der A 2 in Richtung Berliner Ring, dann weiter in nördliche Richtung und verlässt dann den Ring, um über einige Kilometer Landstraße weiter nach Oranienburg zu gelangen.

Für die Nazis war Oranienburg eine wichtige Stadt. Hier lag das Schaltzentrum des gesamten Organisations- und Vernichtungsapparates.

Heute ist die Stadt, bedingt durch die Vernachlässigung der sozialistischen Staatsführung, ähnlich grau wie viele andere Städte in der ehemaligen DDR auch. Lediglich die Umgebung des etwa 1 Kilometer außerhalb der Innenstadt liegenden Lagers in Sachsenhausen wird im Eiltempo auf Vordermann gebracht, sodass wenigstens die Gedenkstättentouristen auf ihrer Durchreise eine erträgliche Zeit verbringen.

Die Leiterin der Bibliothek erzählt mir später von einem Anziehungspunkt für Ewiggestrige, die in Oranienburg – wohl in Anlehnung an die Präferenzen ihrer Vorbilder – eine Rekonstruktion des Vergangenen, das Wiederauferstehen der nationalsozialistisch durchsetzten Garnisonsstadt nämlich, anstreben.

Aber meine Angst vor der Begegnung mit scheinbar gefährlichen Zuschauern ist geringer als die Neugier auf das Gespräch mit den Zuschauern, die in unmittelbarer Nähe Sachsenhausens eine vielleicht neue Sicht auf die Dinge bringen können.

Denn auch für mich ist das »Theatererlebnis« *Mein Kampf* ein neues Erlebnis. Abgesehen davon, dass ich bei keinem anderen Stück so sehr auf die richtige Übertragung zwischen mir und den Zuschauern angewiesen bin, handelt es sich auch bei jeder Aufführung um ein Unikat, an jedem Abend herrscht sozusagen Premierenatmosphäre.

Das ist für mich immer wieder spannend, und diese Spannung überträgt sich sicherlich auf den Zuschauer.

Auch die Möglichkeit, mit Worten derart zu illustrieren, ohne dabei mit Bühnenbild und Requisiten zu arbeiten, ist eine Ausnahme im Theater.

In *Mein Kampf* steht jedes Wort in einem Kontext. Jeder Satz kann eine tiefere Bedeutung entwickeln, auch wenn die Sätze manchmal so schwachsinnig sind, dass man ihnen nicht zutrauen möchte, mit Sendungsbewusstsein verfasst worden zu sein.

Manchmal sind sogar Sätze dabei, die in einem anderen Zusammenhang harmlos wirken würden, in *Mein Kampf* aber grausam klingen. Binsenwahrheiten, Aufzählungen, Monologe, Abkürzungen und Wiederholungen. Lobhudeleien auf sonst so ehrenhafte Künstler, wie Goethe oder Beethoven, werfen Fragen auf, die man in ihrer Einfachheit oft mit den Aussagen und Ansichten des Verfassers in Einklang bringt. Aber was kann beispielsweise schon Goethe dafür, dass Hitler ihn bewunderte?

Eine andere Dimension stellt sich zusätzlich zu der Bedeutung der Lesung ein: In Sachsenhausen wird mir zum ersten Mal bewusst, was *Mein Kampf* als wirres Pamphlet in seiner Auswirkung auf die Massen anrichten konnte.

Das Gehirn des Psychopathen, in das ich hineingeflogen war, um – wie in einem Museum – zu entdecken, was ich nicht kannte, war plötzlich zur realen Erfahrung geworden, der ich mich nicht mehr ohne weiteres entziehen konnte. Man konnte auf *dem* Boden stehen und gehen, auf dem auch die Menschen gestanden haben, die auf ihr Ende warten mussten, eingebuchtet aus unerklärbaren, ethisch nicht und niemals zu rechtfertigenden Gründen, schlimmer noch als Tiere – so wie man es dem gefährlichsten Verbrecher nicht zumuten würde.

In das Lager hinein geht man vorbei an Bäumen und mit Sand aufgeschütteten Wegen durch ein riesiges Tor. Man befindet sich dann auf einem mehrere Fußballfelder großen, unüberschaubaren Gelände. Am Tage unseres Besuches, den ich auf Einladung der Gedenkstätte abstatten durfte, scheint paradoxerweise – ich fühle mich eher wie ein lang andauernder Monsun – die Sonne. Die Vögel zwitschern, die Natur scheint sich über die wärmenden Strahlen des Leben spendenden Sterns zu freuen, während ich mir vorzustellen versuche, wie es hier vor mehr als 50 Jahren ausgesehen haben mag, welche Geräusche die KZ-Häftlinge an ähnlichen Tagen wahrgenommen haben, welche Gerüche und Gesichter es hier gab.

Plötzlich habe ich das alles vor Augen, und gerade die Widersprüchlichkeit des Erlebens ermöglicht mir eine wirkliche Vorstellung des Gewesenen.

Die Bilder sind nicht schwarzweiß, der Kommentar ist nicht zu hören, nichts ist illustriert mit suggestiver Musik, es findet keine redundante Ästhetisierung des Grauens statt, das KZ wird plötzlich zur ungeschminkten Realität.

Aber jeder Satz, den man sagt, jedes Wort, das man in diesem beeindruckt-bedrückten Zustand von sich gibt, kann nicht beschreiben, was man wirklich fühlt. Jede Phrase wurde schon tausendmal gesagt, und jedes Gefühl schon millionenmal erlebt.

Gilt es aber nicht dennoch, seinen persönlichen Zugang zu dieser Katastrophe zu finden? Erreicht nicht das Erleben eine vollkommen neue Qualität, wenn man es auf sich selbst anwenden kann, weil man plötzlich kein gewertetes, abgestorbenes Produkt vor sich sieht, sondern am eigenen Körper erfahren kann, wie allein die Erkenntnis wirkt, dass Menschen andere systematisch vernichtet haben?

Im gleichen Moment höre ich die Plädoyers derer, die Geschichte vergessen machen wollen, und mir wird bewusst, wie unverschämt diese Forderung angesichts einer so frischen Bluttat sein muss, besonders in den Augen derer, die womöglich das Lager in seiner schlimmsten Zeit kennen gelernt haben.

Ist diese Forderung zugleich ignorant und verletzend, so übersieht sie auch die große Chance, welche in der immer noch präsenten Erkenntnis und dem Nachweisbaren der Tat liegt.

Je weniger wir aber vergessen, desto geringer ist die Gefahr, dass wir von den Monstern unseres Gewissens hinterrücks und kalt erwischt werden.

Jede meiner Lesungen – auch das wird mir in diesem Moment bewusst – ist ein Kampf gegen das Vergessen; jedes Gespräch, jeder Anruf, den ich für dieses Thema führe, und jede Diskussion, die entsteht, ist ein beharrlicher Kampf gegen die Reduktion unserer Erinnerung. Eine Prüfung der eigenen Ausdauer im Streit gegen die Dekompensationsstrategie der nach Begnadigung strebenden Tätergeneration und ihrer unbelehrbaren Nachkommen. Diese vermitteln dabei das Streben nach Absolution viel eindringlicher als den aufrichtigen Willen zur Abtragung der Schuld; wobei doch unser heutiger Staat gerade deswegen existieren darf, weil man das Versprechen gab, dass auch die nächsten Generationen das humanistische Gewissen immer wieder aufs Neue revitalisieren würden. Eine selbstbewusste Schuldakzeptanz vor der minderwertigen Normalisierungspropagierung würde dem Dialog zwischen Opfern und Tätern jederzeit gerechter werden und die Aufarbeitung, deren Anfang in meinen Augen noch nicht einmal gemacht ist, sogar zum gemeinsamen Stückwerk machen. Stattdessen aber wandelt sich durch die Diskussion um ein adäquates Zeitmaß der Schuldbewältigung diese Trotzhaltung zum erneuten Verbrechen gegen die Menschlichkeit.

Sachsenhausen wirklich zu erleben war ein erschreckendes Erlebnis, eine Erfahrung, die mir die Bedeutung der am Abend anstehenden Lesung noch einmal deutlich machte.

Wieder stand die Frage im Raum: Lachen wir über Auschwitz, wenn wir die Lächerlichkeit in *Mein Kampf* erkennen, oder lachen wir über das Unfassbare? Erkennen wir die Unfassbarkeit, ohne darauf eine Antwort geben zu können, ohne dabei unsere innere Haltung zu verlassen?

Was aber am Abend stattfinden wird, ist unabhängig von der Erkenntnis des Tages. Wie kann ich auf der Suche sein, wenn einzelne Schlüssel zu versteckten Fächern nicht existieren, nicht existieren dürfen?

Erst wenn wir unser Haus von oben bis unten, bis in den letzten Winkel hinein kennen, gibt es keine verborgenen Leichen im Keller zu entdecken, dann können wir anfangen, wahrhafte Aufräumarbeiten zu betreiben.

Erst wenn wir unsere Schuld bis in den letzten Winkel verfolgen, können wir mit wahrhafter Schuldbewältigung beginnen.

Ist aber ein Teil dieser Schuld nicht auch die Verblendung gewesen, die man in der Gegenüberstellung zu *Mein Kampf*, dem Banalen in Hitler, wieder entdeckt, die man nicht erklären kann und will, weil gerade dann die Mittäterschaft zu deutlich wird, weil gerade dann nämlich zu deutlich wird, dass es mehr gewesen sein muss als der bloße Hitler, der die Urgroßväter und Großväter (auch der Gewissenslobby) dazu veranlasst haben mag, mitzuschreien, mitzuschreiten und mitzumorden.

Passiv ist in diesem Sinne gleich aktiv. Die gleichen Kreise, die damals nicht in der Lage waren, ihren Widerstand rechtzeitig zu formulieren, argumentieren heute gegen eine Verbreitung von *Mein Kampf*. Sie befürchten, dass durch die auftauchenden Fragen zu der rechtzeitigen Deutung und dem Erkennen von *Mein Kampf* ihre eigene Schuld an der versäumten Verhinderung der Geschichte ans Tageslicht kommen könnte.

Ist Betroffenheit in diesem Zusammenhang dann nicht auch propagierte Verantwortungslosigkeit? Lädt man durch das Wegducken vor der Übernahme der Verantwortung nicht ebenso eine Schuld auf sich wie die, die man ständig zu vergessen sucht, aber nicht vergessen kann? Wenn man sich nach dieser Argumentation als Deutscher mit dem Grauen der Naziherrschaft auseinander setzt, hat man gefälligst ernst, betroffen, den Tränen nah sein oder sich ohnmächtig zu fühlen, sonst rechtfertigt man die Schuld!

Diese Behauptung ist unverschämt und lächerlich. Es ist der Rückschluss von der eigenen Person auf andere.

Vielmehr noch: Sie ist rein pseudowissenschaftlich und stereotyp, ein gebetsmühlenartig wiederholtes und zur Betroffenheitsphrase erstarrtes, geheucheltes Lippenbekenntnis.

Sie entspricht letztlich sogar der Haltung, die es ermöglicht hat, dass eine große Masse sich dem Handeln einer Bestie unterwerfen konnte.

Hitlers größte Macht war und ist, dass er mit seiner Idee so weit kommen konnte, weil man ihn ernster genommen hat, als man ihn hätte nehmen dürfen.

Wäre er als ideologischer Spinner in den Räumen irgendeiner Kunstakademie versauert, wer hätte dann von Hitler gesprochen?

Hitlers mordende Hände sind seine Wähler, sind sein Volk, aber auch seine fehlenden Kritiker gewesen. Und noch immer halten sie dicht und befolgen brav die Befehle ihres geistigen Ziehvaters. Sie sind nicht frei von Schuld und auch nicht frei von Verantwortung.

Wer also nicht über Hitler lachen will, der ist ihm immer noch hörig, der hat Angst vor seiner eigenen Anfälligkeit, der verwechselt Täter und Opfer, weil ihn seine Differenzierung derart im Stich lässt, dass er glaubt, über den Massenmord zu lachen, wenn er über *Mein Kampf* lacht.

Wer sich mit rechten Ideologien wirksam auseinander setzen will, der muss sein eigenes Gewissen immer wieder aufs Neue prüfen, um festzustellen, ob er mit seiner Moralität nicht vielleicht an der falschen Stelle ansetzt, ob die affektierte Zurschaustellung intellektueller Ressentiments nicht dem reinen, unmittelbaren und vor allem zeitgemäßen Engagement weichen sollte. So könnte er vor Ort sein, wenn wirklich Courage benötigt wird; wenn wieder Häuser brennen; wenn in S-Bahnen Menschen angepöbelt werden, weil sie eine andere Hautfarbe haben oder fremd aussehen; wenn versteckte Gewohnheiten ans Tageslicht treten und eine konsequente Haltung einfordern.

Wenn Lichterketten gebildet werden, sind die Menschen meistens tot.

In den Augenblicken, in denen Mut erforderlich ist, ist man allein. In diesen Momenten sind die Konsulare des guten Geschmacks in ihren Häusern versteckt und schreiben politisch korrekte Aufsätze über diejenigen, von denen sie glauben, dass sie die falschen Lösungen anbieten.

Man ist allein. Die Truppen sind abgezogen, die große Staubwolke, die sie aufgewirbelt haben, verzieht sich; und mit Eintritt der Klarheit sieht man sich auf einem riesigen Feld stehen, allein oder mit einigen wenigen, denen es mehr wert ist, präsent zu sein, als präpotent zu scheinen.

Praktische Vergangenheitsbewältigung ist gegenwartsbezogene Handlung und nicht vergangenheitsbehaftete Verdrängungsstrategie.

In Sachsenhausen sieht man das Ergebnis dieses Dogmas vor Augen. Schulklassen ziehen uninteressiert und gelangweilt durch die Baracken, manche Schüler hocken auf dem Boden und spielen Skat. Touristengruppen reisen mit Bussen an und legen ihr Getue und ihr fassungsloses Erstaunen genauso schnell an wie wieder ab und haken damit Sachsenhausen als eine Attraktion neben dem Schloss Sanssouci und dem Brandenburger Tor ab. Wart ihr auch schon in Sachsenhausen? In Buchenwald oder Auschwitz?

Erschreckend. Womit kann man die Leute erschrecken? Wie kann man es erreichen, dass die Hör-, Seh- und Sprechgewohnheiten zigfach reproduzierter Dokumentationen aufgebrochen werden?

Am Veranstaltungsort angelangt, begrüßt uns die Leiterin der Bibliothek. Sie ist sichtlich nervös, denn auch ihr ist nicht ganz klar, was am Abend passieren wird.

Die Polizei ist wie immer informiert, und auch der Bürgermeister hat seinen Besuch angekündigt, um gemeinsam mit seiner Angestellten Farbe zu bekennen für den Fall, dass etwas schief laufen sollte.

Schief gelaufen ist aber im Vorfeld der Veranstaltung bereits die Werbung, wie uns die Dame verkündet. Denn zahlreiche Besucher der nahe gelegenen Gedenkstätte haben im Fenster der Bibliothek das Plakat zu meiner Lesung gesehen und sich darüber gewundert, wie man in unmittelbarer Nähe einer solchen Stätte aus *Mein Kampf* »rezitieren« kann.

Also hat man eilig Leserbriefe an die Zeitung geschrieben und diese zur Sicherheit in Kopie gleich auch an sämtliche andere Medien zugestellt.

Ebenso eilig wurde dann natürlich auch das Plakat entfernt und stattdessen ein neues Plakat gestaltet, welches als politisch korrekter durchgehen würde, für den Fall weiterer Auseinandersetzungen.

Ich weiß nicht, ob diese Besucher des Lagers auch in meiner Lesung zu Gast waren. Gemeldet haben sie sich in der anschließenden Diskussion jedenfalls nicht. Ich glaube allerdings auch nicht, dass sie sich die Mühe gemacht hätten, ihre Empörung genauer zu definieren und zu erforschen, ob sie denn zunächst berechtigt war.

Der Affekt des ungeprüften Gewissens hatte hervorragend gewirkt.

Soll vielleicht dadurch der Eindruck erweckt werden, in Deutschland gebe es keine Hakenkreuze, in Deutschland gebe es kein Buch, das *Mein Kampf* heißt, Deutschland sei sauber?

Die trügerische Sauberkeit eines integren, entnazifizierten Erlebnisparks – allerdings gebaut mit dem Schweiß von Häftlingen, gebettet auf Kissen gefüllt mit

Haaren von Juden, Schwulen, Kommunisten, Staatsgegnern, Frauen, Kindern und zahlreichen anderen menschlichen Ruinen?

Unser Ansehen ist zu retten. Was, wenn jemand denken könnte, wir würden die Verbreitung nationalsozialistischen Gedankengutes fördern? Aber das wird zur Genüge verbreitet.

Nicht die Haltung des Künstlers oder der Stadtbibliothek ist faschistoid, sondern dieses Land hat immer noch ein großes Problem mit seiner eigenen Anfälligkeit für den Faschismus. Alle, die das nicht sehen dürfen, entdecken gerade auch im Verbot von *Mein Kampf* das, was sie suchen, das, was ihr Klischee von den zweigesichtigen Deutschen bestätigt.

Erst zur Kranzniederlegung und dann beim Kaffeekranz über Ausländer herziehen.

Die Aufführung selbst verläuft ziemlich »normal«, d.h., die Leute sind aufmerksam, sie lachen, sie schmunzeln, sie schütteln die Köpfe und schauen auf den Boden, sehen ihren Nachbarn an, und hin und wieder herrscht eisiges Schweigen.

Unter den Zuschauern erkenne ich diesmal mehr ältere Menschen. Ob es sich bei ihnen um ehemalige Häftlinge handelt?

Nach der Vorstellung sprechen mich einige dieser Zuschauer an und erzählen mir tatsächlich, dass sie Sachsenhausen als Häftling erleben mussten, einer zeigt mir seine Tätowierung.

Ich möchte wissen, wie es ihnen während der Lesung ging, möchte wissen, ob sie sich wegen der Form meines Vortrags sorgen, ob sie denken, dass ich die Angelegenheit verharmlose.

Die Meinungen sind durchweg positiv: Diese Menschen mochten die Lesung.

Eine jüdische Zuschauerin – sie ist ungefähr siebzig Jahre alt – sagt, es sei ihr lieber, wenn sie mit Deutschen in einem Raum sitzen und gemeinsam über Adolf Hitler lachen könne, als sich umgeben zu fühlen von einer schweigenden Masse, von der sie nicht weiß, ob sie aus Ehrfurcht oder Beschämung oder sogar Begeisterung schweigt.

Dann spricht sie davon, dass sie einige Freunde in Tel Aviv habe, die auch sicher großes Interesse an dieser Lesung hätten, und sie lädt mich ein, in Israel meinen Vortrag zu wiederholen.

Viele Menschen in Israel würden auch heute noch nicht dem staatlich verordneten Schuldbekenntnis der Deutschen trauen und seien daher sehr dankbar, dass man überhaupt Stellung beziehe. Das sei schließlich das größte Problem, dass auch heute noch so viele Menschen durch ihre Berührungsangst zeigen würden, wie sehr sie wegen ihrer historischen Vorbelastung in Bewegungslosigkeit erstarren.

Es gehe aber doch letztendlich darum, herauszukommen aus diesem Tal der Anschuldigungen und Schuldbekenntnisse, und das sei nur durch gemeinsame Anstrengungen möglich.

Die Aufarbeitung sei also in beiderseitigem Interesse, und deshalb habe sie auch kein Verständnis dafür, dass man den einen oder anderen Bevölkerungsteil von dieser Aufarbeitung ausschließt. Mehr noch: ihm diese Arbeit nicht zumute, weil man ihn womöglich für zu anfällig halte oder letztendlich nur eine rechtliche Handhabe besitzen möchte für den Fall, dass man den Deutschen unterstellen könnte, dass sie auch heute noch machtlos seien gegen die nationalen Umtriebe einiger weniger Menschen.

Ich muss nicht sagen, wie sehr es mich gefreut hat, gerade aus dem Mund einer Betroffenen zu hören, dass unsere Gedanken sich ähnlich sind.

Das ist der Beginn eines Lernprozesses, der mir mehr denn je bewusst macht, dass der entscheidende Maßstab bei der Rezeption meiner Lesung die Opfer und nicht die Täter sein müssen.

Denn ging ich anfänglich davon aus, dass es sich bei Hitler um eine ganz gewöhnliche Rolle handelte, welche ein ebenso gewöhnliches Rollenstudium erforderte, so wurde ich im Verlauf der Tournee immer wieder eines Besseren belehrt.

Diese produktive Selbstreflexion hat an einem entscheidenden Punkt eingesetzt und mir dabei geholfen, den mir bisher versagt geblieben Zugang zum Empfinden der Opfer zu finden.

Zunächst jedoch bin ich damit fast allein geblieben. In der Regel ist man auf dieser Seite des Verständnisses nämlich von allen Freunden verlassen. Auch die Presse ist gelegentlich nicht an diesem Vorgehen interessiert.

Der Vorwurf der Verharmlosung entblößt in diesem Fall nur die wahren Absichten des Kritikers.

Denn wer sich durch seine Ablehnung der ambivalenten Auseinandersetzung als Gegner der Selbstreflexion offenbart, der offenbart sich auch als Kollaborateur der Vernichtungsideologen, deren einziges Ziel nach 1945 bekanntlich die Verwässerung ihrer Zielsetzung war.

Der Auftritt ist vorbei. Wir sitzen anschließend im Arbeitszimmer des Bürgermeisters, der bekennt, das Buch nicht gelesen zu haben. Wir trinken australischen Weißwein und geraten mit zunehmendem Alkoholpegel ins Schwärmen um so viel Hitler'sches Gesülze. Hin und wieder gibt es eine kurze Einlage des ein oder anderen. »Wer hat nicht schon einmal den Führer nachgemacht und dabei große Lacherfolge erzielt?« (*Tagesspiegel* 19.11.1996)

Draußen patrouilliert die Polizei. Es ist zwei Uhr nachts.

Für September ist es ungewöhnlich kalt. Mir graut es vor den wenigen Schritten zurück zum Fahrzeug. Anschließend fahren wir ins Hotel. Es liegt ein paar hundert Meter von Sachsenhausen entfernt. Ich falle ins Bett. Ich träume vom KZ, von *Mein Kampf*, von Hitler und der alten jüdischen Frau.

Wie geht diese Reise wohl weiter?

6. Potsdam, 13.09.1996

Den ersten und letzten physischen, eigentlich gar nicht wirklichen Kontakt zu Nazis haben wir in Potsdam. Am nächsten Tag steigen wir in Oranienburg in den Wagen und fahren los.

Potsdam ist nicht weit von Oranienburg entfernt, und so verbringen wir zunächst noch einige Zeit in Berlin, um nicht schon vorher dem aufgeregten Mitteilungsbedürfnis der Veranstalter ausgeliefert zu sein.

Denn jedes Mal, wenn wir irgendwo ankommen, werden wir zugefaselt.

Die Damen und Herren erklären uns, wie skeptisch sie doch zunächst gewesen seien, bevor es zur Einladung gekommen sei. (Soll damit noch einmal Nachdruck auf die Verantwortung gelegt werden, die ich für den reibungslosen Ablauf des Abends zu haben scheine?) Die Damen und Herren jammern, wie schlimm es für sie gewesen sei, verdächtigt zu werden, als Werbeträger nationalsozialistischer Propaganda missbraucht zu werden, dass sie froh seien, die Polizei vor Ort zu haben, dass sie hoffen würden, dass keine Nazis kämen, oder doch?

Hauptsache, es kommen Zuschauer, denn die Kasse soll ja auch klingeln – genügend Gründe also, sich dem Flächenbombardement geschulter Gesprächskletten zu entziehen und seine Entspannung in der Abwesenheit zu suchen. Schließlich soll ich am Abend gute Leistung bringen.

Potsdam kenne ich schon. Kurz nach dem Fall der Mauer waren wir zum ersten Mal dort und haben uns, so wie sich das gehört, alle Sehenswürdigkeiten angeschaut. Übernachtet haben wir damals in einer Pension im Park Sanssouci selbst, wo man ganz nach DDR-Art eine junge Familie in billigem Wohnraum einquartiert hatte. Heute ist es fast ernüchternd zu spüren, wie wenig damals, schon ein paar Monate nach dem Zusammenbruch der DDR, von ihr übrig geblieben zu sein schien und wie sehr heute gerade diese wenigen Elemente als typisch für diese Zeit im Gedächtnis geblieben sind.

Damals erklärten uns die wendeeuphorisierten Gastgeber, dass sie recht unzufrieden seien mit ihrer Wohnung. Sie wären lieber in eine der fernbeheizten Plattenbausiedlungen am Rande der Stadt gezogen, so aber müssten sie hier auf alten Holzböden in schlecht beheizbaren Zimmern hausen, mit zwei Kindern und einer kranken Oma.

Um wenigstens etwas Gemütlichkeit in den ungeliebten historischen Wohnraum zu bringen – so erzählte uns der Hausherr stolz –, habe man die scheußlichen blauen Kacheln in der Küche herausgeschlagen und stattdessen wunderschöne neue Kacheln in Braungrün angebracht. Die »scheußlichen blauen«, so wurde mir kurze Zeit später bewusst, waren wahrscheinlich aus Delft.

Als Abschiedsgeschenk bekamen wir jedenfalls eine sozialistisch dokumentierte Ausgabe des Museumskataloges, in welche die Gastgeber mit handschriftlicher Förmlichkeit »freundliche Grüße an die zugereisten Brüder aus dem Westen« als Widmung eingekritzelt hatten.

In Potsdam gibt es unendlich viel zu sehen. Die Schlossanlagen im Park Sanssouci, das alte Wasserwerk in Form einer Moschee, die zahlreichen alten Gebäude, das Nauener Tor, das holländische Viertel, das Staatsarchiv, die Filmstadt in Babelsberg und, und, und … Die Stadt hat aber auch etwas sehr Provinzielles. Trotz der Nähe zur Hauptstadt Berlin schließen die meisten Lokale hier um 24 Uhr, trotz zahlreicher Studenten gibt es nicht annähernd so viel Kneipen wie in Tübingen oder Leipzig. Das Ganze hat etwas von einem Museum. Sehr schön, aber eben langweilig. Ohne den Potsdamern Unrecht tun zu wollen: Es gibt sicher hässlichere Städte, deren Atmosphäre aber einladender wirkt.

Natürlich haben wir nicht immer so viel Zeit, dass wir mehr als nur einen oberflächlichen Eindruck von dem Ort mitnehmen können, in dem wir uns gerade aufhalten, manchmal mag das auch aufgrund der eigenen Verfassung ein subjektiver Eindruck bleiben. Dennoch: die Stadt ist sehr schön und sehr preußisch.

Für uns Wessis natürlich bis zum Mauerfall unbekannt und danach wegen seiner üppigen »Bausubstanz« oft und gern gerühmt. Es ist Freitag. Ein guter Tag also für eine Veranstaltung.

Das Wetter entspricht an diesem Tag irgendwie meiner Grundstimmung. Es regnet, wir bewegen uns mit großen Schritten auf den Herbst zu; und alles andere wäre zu diesem Zeitpunkt der Tournee wohl schöner, als in Potsdam zu sein.

Etwa zu Hause vor dem Fernseher zu liegen, vorher in die Badewanne, keine Nazigeschichten, keine Diskussionen, keine Fragen und keine kritischen Gesichter und Augen.

Trotzdem gilt es, Fassung zu bewahren.

Wir erreichen die Bibliothek nach einiger Suche.

Die Leiterin begrüßt uns, wie immer ein wenig offiziell; dann zur Bühne – Aufbau und kurzes Gespräch im Büro. Die Artikel der örtlichen Presse in Kopie werden gezeigt.

Dann die Vorstellung. Es kommen viele Zuschauer. Es müssen zusätzliche Stühle aufgestellt werden. Im Gegensatz zu Oranienburg handelt es sich größtenteils um junge Zuschauer. Ich erkenne einige Punks und Gruftiemädchen mit gefärbten Haaren. Auch ältere Menschen sind wieder dabei. Dann ein Schnösel mit Wollpulli und überstehendem weißen Hemdkragen. Sein Blick ist schon zu Anfang sezierend. Es scheint, als müsse er die Zähne zusammenbeißen, um nicht zwischendurch die Fassung zu verlieren.

Vereinzelt sehe ich Typen mit schwarzen Lederjacken. Na ja, wahrscheinlich die Polizei, denke ich. Nazis? Ich sehe jedenfalls keine. Bei den ersten Sätzen, und das, obwohl ich nicht die Absicht habe, lustig zu sein, gibt es schallendes Gelächter.

Allein die Tatsache, dass ich plötzlich in österreichischem Akzent geifere, erregt die Gemüter derart, dass sie nicht mehr an sich halten können. Ich lese weiter und weiter und weiter. Mittlerweile rasselt sich das Programm von allein durch. Bei den bisher etwa 30 bis 40 Aufführungen stellt sich eine gewisse Routine ein, die zwar der Aussagekraft des Abends nicht schadet, zuweilen aber auch unempfindlich macht für die jeweilige Stimmung. Zu unempfindlich? Oder gerade richtig?

Ich lese weiter.

Den gewaltigsten Gegensatz zum Arier bildet der Jude. Bei kaum einem Volke der Welt ist der Selbsterhaltungstrieb stärker entwickelt als beim so genannten auserwählten.

Als bester Beweis hierfür darf die einfache Tatsache des Bestehens dieser Rasse allein schon gelten. Wo ist das Volk, das in den letzten zweitausend Jahren so wenigen Veränderungen der inneren Veranlagung, des Charakters usw. ausgesetzt gewesen wäre als das jüdische? Welches Volk endlich hat größere Umwälzungen mitgemacht als dieses – und ist dennoch immer als dasselbe aus den gewaltigsten Katastrophen der Menschheit hervorgegangen? Welch ein unendlich zäher Wille zum Leben, zur Erhaltung der Art spricht aus diesen Tatsachen!

Adolf Hitler, *Mein Kampf*

Ich frage mich, ob ich das Judenkapitel heute nicht anders lesen sollte. Vielleicht leise? Oder durchgehend laut, zerhackt, zerstückelt, mit Freude oder Trauer, ängstlich, erschrocken oder mit gemischten Gefühlen? Zurückhaltend, entschuldigend, erhaben, fragend, anklagend, schuldbewusst, erläuternd oder zufrieden, suchend, anbiedernd, verlockend, ermahnend, ernüchternd, nüchtern, vielsagend, nichtsbedeutend, rechthaberisch, geheuchelt, verfolgt, wahnsinnig, neutral, analysierend, gehemmt, gefrustet, genervt?

Ich lese weiter.

Ob es heute Abend ein Lokal gibt, das nachher noch geöffnet ist? Wie spät es jetzt wohl sein mag?

Ich muss daran denken, die Diskussion nicht allzu lang zu machen. Nachher bleibe ich auf meinem Hunger sitzen. Wo übernachten wir noch? Großes Hotel. Ob die nach 23 Uhr noch Küche haben? Pizza. Ich kann keine Pizza mehr sehen. Oder Hamburger. Zum Kotzen.

Wie gern wäre ich zu Hause und würde etwas kochen oder ein Butterbrot verdrücken. Vor dem Fernseher liegen und mir irgendeinen Scheiß reinziehen. Stattdessen Potsdam!

Ich lese weiter und weiter.

Noch zwei Kapitel. Der Schnösel mit dem weißen Hemd hat sich immer noch nicht bewegt. Die Punks lutschen wie debile Säuglinge an ihren mitgebrachten Bierflaschen.

Warum tun wir uns das an?

Ich würde am liebsten auf den Tisch springen und schreien: »Dieser Text ist doch wohl die letzte Scheiße. Deshalb seid ihr in Scharen hierher gekommen? Habt ihr etwa erwartet, dass der Abend spannend wird? Dass euch Hitler überzeugt? Dass ihr eine Erklärung für das Unerklärbare darin findet? Seid doch froh, dass ich zwischendurch ein paar Witze mache. Sonst würdet ihr euch über jede Mark, die ihr dafür ausgegeben habt, doppelt ärgern. *Mein Kampf* ist eine Katastrophe. Und wir sind alle Masochisten! Damit kann man keinen Theaterabend machen. *Mein Kampf* ist nur interessant, weil es verboten ist. Ansonsten ist das ein wirkliches Scheißbuch.«

Ich lese weiter.

Gott sei Dank, letztes Kapitel. Manchmal würde ich dieses Buch am liebsten nehmen und damit denen den Arsch versohlen, die glauben, es stünde etwas Besonderes darin. Auf die Glatzenschädel jeweils eine Geschenkausgabe in Halbleder knallen oder auf den Schädel des Schnösels in der ersten Reihe (meine Güte, schaut der andächtig; wir sind hier nicht in der Kirche, und ich lese auch nicht aus der Bibel, werd locker man! Adolf ist nicht so gefährlich, wie du denkst. Die Fresse, die du ziehst, während ich das lese, die sieht viel gefährlicher aus).

Letzter Absatz. Schluss! Aufstehen, verbeugen, lächeln, noch mal verbeugen, lächeln, hinsetzen, Bücher einpacken. Aus.

Nach der Vorstellung gibt es die übliche Diskussion, der Kragentyp erzählt, dass er Fachmann sei und zufällig gerade ein Buch geschrieben habe, welches er auch genauso zufällig dabeihabe und ebenso zufällig zum Verkauf anbiete – Abbruch!

Dann gibt es noch vereinzelte Gespräche. Ein Schüler fragt nach meiner Adresse, weil er offensichtlich bei der Diskussion nicht den Mut hatte, sich zu melden. Kein Problem. Ich kritzle ihm meine Adresse auf einen Bierdeckel.

Dann rechnen wir unser Honorar ab. Wir verabschieden uns von der Bibliotheksleiterin, die inzwischen ein wenig von ihrer förmlichen Haltung verloren hat.

Sie sagt, dass es ihr gut gefallen habe und dass sie sich besonders über den Besuch von so vielen jungen Zuschauern gefreut habe.

An diesem Abend sind auch Freunde aus Beeskow in der Vorstellung.

Wir beschließen noch, gemeinsam in eine nahe gelegene Kneipe zu gehen.

Als wir das Gebäude verlassen, ist es gegen elf Uhr abends. Es ist niemand mehr auf der Straße. Obwohl Potsdam Landeshauptstadt ist und eigentlich eine Menge los sein müsste, wirkt es jetzt wie ausgestorben.

Unser Wagen steht um die Ecke, ich will noch eben meinen Koffer wegbringen.

Die anderen gehen vor. Als ich durch eine lange Unterführung gehe, höre ich entfernt irgendwelche Geräusche. Ich weiß nicht, ob es sich dabei um ein paar Besoffene handelt, die einfach in der Gegend herumschreien.

Ich mache mir nichts draus und setze meinen Weg fort.

Was aber, wenn wirklich mal etwas passieren sollte? Wie ein Blitz geht mir der Gedanke durch den Kopf.

Ich gehe schneller.

Zwischendurch schaue ich mich um. Weit und breit kein Mensch. War wohl doch falscher Alarm.

Ich bringe die Tasche weg und kehre zu den anderen zurück.

Am nächsten Tag erfahren wir die erschreckende Neuigkeit, dass es sich »bei den Geräuschen« wirklich um das Geschrei von ein paar Nazis gehandelt hat, die am falschen Eingang auf uns gewartet haben.

Da wir jedoch durch den Hinterausgang das Gebäude verlassen haben, blieb den Typen nichts anderes übrig, als die noch vorhandenen Passanten anzupöbeln. Zwei Verletzte und geringer Sachschaden waren das Ergebnis.

Ganz schön knapp, denke ich, während wir im Auto sitzen und weiterfahren.

7. Frankfurt an der Oder, 02.10.1996

Der Frankfurter kann nicht sehr weit zurückdenken. 1945 ist die alte Hanse- und Messestadt eine der letzten Festungen des Deutschen Reiches gewesen. Bei Kriegsende lag sie fast vollständig abgebrannt im Tal der Oder, umgeben von märkischen Kiefern und Mischwäldern. Wo keine Bleibe mehr war, konnten auch die Menschen nicht mehr sein. Abgesehen davon, dass die Teilung der Stadt mitten durch ihre Seele ging, gab es bald kaum noch Einheimische, die sich an die gotischen und barocken Häuser im Zentrum, an den Renaissancebauten und die riesengroßen Messhäuser mit ihren glasüberdachten Innenhöfen erinnern konnten. In den Fünfzigerjahren wurde wieder aufgebaut. Als Erstes entstand die Karl-Marx-Straße.

Das Schicksal von Frankfurt/Oder nach dem Zweiten Weltkrieg ist es gewesen, auf nichts stolz sein zu können. Keinen Selbstwert zu haben, weil es nichts mehr gab. Als die DDR schließlich ein großes Halbleiterwerk baute, gab es 8 000 Arbeitsplätze. 40 000 Menschen zogen nun hierher, drei Neubaugebiete entstanden, und es wurden 36 000 Bäume gepflanzt. Frankfurt hatte eine Mannschaft in der Fußball-Oberliga und einen Armeesportklub. Die Bürger der Stadt konnten, wenn sie von sich sprachen, auf den größten Mikroelektronikstandort der DDR verweisen. Das schlug nicht allzu sehr ein. Der FC Vorwärts brachte es in der Oberliga auch nicht zu Ruhm. Blieben noch die Handballer und Henry Maske. Außerdem Thomas Müntzer, der hier studiert hat, und der kaiserliche Hofmaler, der hier geboren wurde, ein Frankfurter, der in den Westen abgehauen ist und dann den Nobelpreis bekam, sowie der einheimische Architekt Konrad Wachsmann, der der Stadt von New York aus viel Geld vermachte, womit Frankfurt die Straßenbahn saniert haben soll.

Erst Mitte der Achtzigerjahre erstanden im Zentrum ein paar historische Straßenzüge wieder auf. Betrachtet man die Geschichte, wie sie zu betrachten ist, dann war das längst zu spät. Denn die Frankfurter haben nie eine Innenstadt gehabt. Sie verbrachten ihre Freizeit am Helenesee, im Schlaubetal, im Spreewald, oder sie fuhren gleich nach Berlin. In der Woche waren sie mit ihrer Arbeit auf irgendeine Weise an etwas beteiligt, was in ihrem Land für Weltniveau gehalten wurde. Doch mit der DDR starb auch das riesengroße Halbleiterwerk. 180 Leute arbeiten heute noch dort. Fast 20 Prozent der Frankfurter sind arbeitslos. Zum zweiten Mal haben sie verloren, was sie einmal waren.

Geblieben sind ihnen die Kleist-Festtage, der Kleist-Förderpreis und wegen Kleists »Kätchen von Heilbronn« die Partnerstadt im Westen. Das Kleist-Theater jedoch fällt im Sommer den leeren Kassen zum Opfer, dafür wird es ab 2001 ein Kleist-Kultur-und-Kongresszentrum geben.

Auf den Autokennzeichen steht FF. Doch im Gegensatz zur gleichnamigen Metropole am Main erkennt man Frankfurt/Oder erst am zweiten Buchstaben. Erst auf den zweiten Blick. Und das, obwohl seit der Wende über fünf Milliarden Mark in die kleine Stadt gesteckt worden sind.

Fast 80 Prozent der raren Altbauten sind saniert: das mittelalterliche Rathaus, die St. Marienkirche, die Franziskaner Klosterkirche, die Friedenskirche.

Nadja Klinger im *Tagesspiegel* vom 06.02.2000

Die erste Stadt, die ich nach dem Mauerfall im Osten gesehen habe, war Frankfurt/O. Das war 1990. Damals sah die Stadt vollkommen anders aus.

Eine stark befahrene Straße teilte die Innenstadt in zwei Hälften.

Auf dem Marktplatz gegenüber dem Rathaus die Ruine der Marienkirche, seit dem Krieg in zerbombtem Zustand. Gegenüber das Hotel Frankfurt/Oder, rechts davon der riesige Oderturm.

Damals standen auf dem Marktplatz schon die ersten Döner-Buden. Aber das Ganze hatte noch den Charme der ehemaligen DDR.

Die wenigen türkischen Landsleute, meist aus Westberlin angereist, hatten für sich einen neuen Markt entdeckt.

Obst in dieser Fülle kannten die Ossis nicht, jedenfalls keine Bananen, Zucchini und Auberginen – und keinen Döner, den gab es jetzt an jeder Ecke.

Typen mit verwaschenen Jeansjacken mit weißem Kunstpelzkragen und viel zu großen Hornbrillen standen verloren auf dem Marktplatz, während aus mehreren Lautsprechern im Wettstreit Spaßmusik dröhnte und die Umherstehenden halb besoffen ihre prall gefüllten Dönertaschen in der neu gewonnen Freiheit verdrückten.

Aber auch die Dönerfreiheit hatte ihre Nachteile, denn außer den – noch erwünschten – Obsthändlern konnten jetzt auch die einst hermetisch abgeschirmten Nachbarn von der anderen Oderseite aus Polen einreisen.

Mit voll gestopften Plastiktüten, hauptsächlich mit Zigaretten gefüllt, standen die ehemals unerreichbar weit weg geglaubten Klassenkämpfer auf Plätzen in klirrender Kälte, durch vergilbte Schnauzbärte rauchend an Haltestellen vor Supermärkten und bedrängten in bruchstückhaftem Deutsch jeden Passanten, der als Käufer für eine billige Stange Ost-Zigaretten infrage kam.

Da diese Geschäfte illegal sind, war man natürlich auch immer auf der Hut vor der nun gesamtdeutschen, scheinbar unkorrumpierbaren Staatsmacht, die in regelmäßigen Abständen Razzien durchführte, wohl mehr, um ihr Gewissen zu beruhigen, als dem tatsächlich Treiben der Schmugglerbanden Einhalt gebieten zu wollen.

Denn insgeheim profitierten in den Anfangsjahren der neuen Republik auch sie davon.

Für mich waren diese Eindrücke nicht neu.

Schon als Kind bin ich auf der Reise in die Türkei oft im Osten gewesen. Zwar nicht in der DDR, dafür aber in Ungarn, Jugoslawien und Bulgarien. Die Bilder, die ich hier sah, erinnerten mich an die Schwarzmärkte, auf denen wir – unter den Augen der Polizei – Westdevisen oder Zigaretten in einheimisches Geld oder Tankcoupons umtauschen mussten.

Es war nicht unbedingt ein Gefühl der Vertrautheit. Es war aber auch nicht so neu, dass ich es demzufolge als unberechenbar oder gar unangenehm empfunden hätte. Vielleicht hätte ein Westdeutscher, der noch nie im Osten war, größere Probleme damit gehabt als ich.

Wenn ich mich heute an diese Zeit des Wechsels, an diese postrevolutionäre Zeit der Werbetafeln, der Stadtfeste und wechselnden Telefonzellen erinnere, dann werden mir – mehr noch als die Menschen oder Straßen – die Gerüche wieder bewusst.

Für mich hatte der Osten immer einen eigenen Geruch. Manche sagen, dass sei die Kohle gewesen (einige meinen das im wahrsten Sinne des Wortes), die in den Öfen verheizt wurde, aber selbst das Essen und die Getränke hatten diesen schwer zu beschreibenden Geruch von Chemie und Kaugummi.

Und dann die Heizungen. Immer bis zum Anschlag aufgedreht und nicht auszuschalten. Die Duschen, meistens Kabinen im Zimmer, die man vorheizen musste (etwa 20 Minuten), bis das Wasser warm war und dann so schnell wie möglich duschen, damit man nicht Pech hatte und das warme Wasser zur Neige ging, sodass man am Ende kalt duschen musste.

Kaum zu glauben. Nach so kurzer Zeit war Frankfurt zu einer ganz normalen »westdeutschen« Stadt geworden.

Das Hotel gegenüber der Marienkirche war abgerissen. Die Marienkirche wurde saniert (sie ist heute schon fast wieder im alten Zustand), die Döner-Buden waren aus dem Stadtbild verschwunden – stattdessen war der Oderturm ausgebaut zu einer dieser gläsernen Einkaufsgalerien, wie man sie in vielen Städten wieder findet.

Die üblichen Handelsketten eröffneten ihre Filialen und binnen kürzester Zeit war dafür gesorgt, dass sich diejenigen, die vielleicht nicht in ihrer Kindheit als Gast im Osten waren, aber auch nicht diejenigen, die dort ihr bisheriges Leben verbracht hatten, im Geringsten an das Vergangene zu erinnern brauchten.

Oberflächlich betrachtet war der Auftrag der schnellen Assimilation zwischen Ost und West abgeschlossen.

In den Köpfen der Menschen jedoch und vor allem in den Herzen hatte sie gar nicht erst begonnen.

Denn so wie für mich dieses Land immer noch ein fremdes geblieben war – und das ohne eine politische Aversion zu haben –, so musste auch für die dort lebenden Menschen ein Unterschied zwischen der Heimat ihrer Erinnerung und der Heimat ihrer Gegenwart bestehen.

Ich war also mit meiner Lesung im geistigen Ausland. Denn was wusste ich schon über die Geschichtsauffassung der DDR, ihrer Menschen, ihrer Verfechter oder ihrer Kritiker, sofern man dieses gleichsetzen konnte?

Die Art und Weise, wie Zuschauer im Osten *Mein Kampf* wahrnahmen, musste zwangsläufig eine andere sein als im Westen.

Wieder öffnete sich ein schier unüberschaubarer Wissensbereich. Um meine Aussage zu konkretisieren, musste ich also auch die Auffassung meines Gegenübers kennen; ich musste also DDR-Geschichte kennen, um die Rezeption meiner Lesung im Osten einschätzen zu können.

Wie aber sollte das in so kurzer Zeit gehen, zumal die Quellen (noch) nicht existieren bzw. derart belastet sind, dass von einer wertneutralen Betrachtung nicht die Rede sein konnte.

Oder reichte es aus, einfach nur vorzulesen und dabei keinen Unterschied zu machen zwischen den unterschiedlichen Zuschauern?

Die Lesung findet in einem Haus aus der Jahrhundertwende statt, dessen Keller zu einer kleinen Galerie umgebaut wurde. Der Besitzer, ein Wessi, trägt eine Baskenmütze und raucht Pfeife.

Er stammt aus Westberlin und ist nach Frankfurt gekommen, weil im Zuge der Wiedervereinigung sein ehemals enteigneter Besitz wieder auf ihn übergegangen ist. Der Mann redet laut und schnell, seine Stimme ist ein wenig schnarrend, und es scheint, als fühle er sich in seinem Gebäude wie ein kleiner König in seiner Bastion im Niemandsland.

Ein König scheint er wirklich zu sein, denn das Haus ist in einem Zustand wie nur wenige Häuser in Frankfurt.

Die ganze Pracht des Jugendstilgebäudes, seine Verzierungen an der Eingangstür und an der Fassade sind fein herausgeputzt – äußerlich ist das Haus nicht zu unterscheiden von einer noblen Stadtresidenz in Köln, Hamburg oder München. Nur der typische Geruch steckt noch in den Wänden, oder bilde ich mir das ein?

Parallel zu meinem Vortrag findet in der Galerie eine Ausstellung statt. Viele Gäste, die am Abend meine Lesung hören wollen, stehen schon jetzt fast drei Stunden vor Beginn der Veranstaltung vor den Bildern. Einige haben ein Glas Sekt in der Hand, obwohl die Vernissage schon längst gelaufen ist, und mümmeln an einer Scheibe Schwarzbrot, belegt mit Blauschimmelkäse Marke Cambozola, gekauft bei Kaiser's, für denselben Preis wie in Hamburg, München oder Köln.

Ich frage mich, ob die Ausstellung als Beiprogramm zu meiner Lesung läuft oder umgekehrt.

Die Stunden auf Tournee können in solchen Momenten wie Ewigkeiten dauern. Besonders, wenn man nicht die Möglichkeit hat, dem oberflächlichen Geplänkel auszuweichen, sich einfach aufs Bett zu schmeißen und zu dösen oder genüsslich in der Nase zu bohren, wird einem bewusst, wie sehr man in dieser Zeit unter Beobachtung steht.

Der Auftritt am Abend wird dann zum alles bestimmenden Ziel des Tages.

Manchmal komme ich mir dabei vor wie ein dressiertes Tier im Zirkus, abgerichtet darauf, den Adolf zu machen, um nachher kleine Belohungen missmutig zu zerkauen.

Auch wenn es den ein oder anderen überraschen mag: Es macht nicht jeden Tag Spaß, aus diesem Buch zu lesen, obwohl mein Engagement trotzdem gleich bleibend groß sein kann.

Wenn die Vorstellung beginnt, dann wissen die Zuschauer nicht, wie lange ich schon unterwegs bin, ob ich die Diskussion schon einmal ähnlich geführt habe, ob der Veranstalter denselben Bart oder Mundgeruch hatte wie gestern, ob die Pizza mit den gleichen Meeresfrüchten aus der Dose belegt ist, wie die letzten 200 Tage zuvor, ob die Lacher und die Schweiger an denselben Stellen reagieren, ob es die vergangenen drei Monate schon geregnet hat, ob unser Auto einen Schaden hat oder wir selbst, ob ich Magenschmerzen habe oder nicht, ob ich an Weihnachten denke oder an Ostern. Wenn die Vorstellung beginnt, bin ich der Stellvertreter meiner Rolle, meiner Aussage, meines Berufes und meines Engagements, obwohl ich in diesem Moment vielleicht gar nicht die Energie und den Mut dazu habe.

Ich kann dieses Buch nicht schreiben, ohne den Tourneealltag zu erklären. Erst dann wird man verstehen, dass die übersteigerte Wahrnehmung, welche man auf Reisen hat, eine übertriebene und ungerechte, manchmal aber zweckmäßige Wahrnehmung ist.

Schließlich interessiert sich das Publikum am Abend genauso wenig für meine Befindlichkeit wie ich mich für die seinige zu interessieren habe.

Es bleibt letztendlich ein Versuch, zu erklären, dass zwischen dem Anspruch des ewig begeisterten Aufklärers und dem Kämpfer, zwischen Motivation und Resignation nicht die Welten klaffen, die man bei oberflächlicher Betrachtung erwartet.

Theater ist auch eine psychologische Angelegenheit. Die Auseinandersetzung des Schauspielers mit seinen Rollen, bedingt auch immer eine Auseinandersetzung mit sich selbst.

Erst dann sind wir dazu in der Lage, unser Wissen – in Bezug auf die Rollenerfahrung – auch an andere weiterzugeben, ohne dabei ratlos zu sein, wenn es um die Beantwortung ungeklärter, zum Verständnis aber maßgeblicher Fragen geht.

Eine solche Frage ist beispielsweise: Beschäftigt mich *Mein Kampf* so sehr, dass ich tagein, tagaus nur darüber nachdenke?

Die Antwort ist einfach: Nein!

An diesem Tag in Frankfurt jedoch scheint es die einzige Lösung zu sein, sich mit *Mein Kampf* auseinander zu setzen. Die Alternative wäre, an der Vernissage teilzunehmen und unangenehme Fragen in Kauf zu nehmen.

Also setze ich mich in den Wagen und klappe *Mein Kampf* auf und lese wieder einmal in diesem Buch, das mir diese ganze Reise überhaupt erst eingebrockt hat.

Eigentlich müsste ich es dafür hassen, aber was kann das Buch schon dafür. Oder müsste ich es lieben, weil es mir diese Erfahrungen erst ermöglicht? Egal.

> Alle Erfindungen sind also das Ergebnis des Schaffens einer Person. Alle diese Personen selbst sind, ob gewollt oder ungewollt, mehr oder minder große Wohltäter aller Menschen. Ihr Wirken gibt Millionen, ja Milliarden von menschlichen Lebewesen später Hilfsmittel zur Erleichterung der Durchführung ihres Lebenskampfes in die Hand.
>
> Adolf Hitler, *Mein Kampf*

Bei der heutigen Vorstellung handelt es sich um eine geschlossene Gesellschaft, erfahre ich vom Veranstalter.

Die Befürchtungen, dass etwas passieren könnte und die schöne Vernissage durch ein paar grölende Glatzköpfe gesprengt werden würde, waren so groß, dass man nur einer handverlesenen Schar von Kunstliebhabern und integer-entnazifizierten Halbintellektuellen Einlass gewährte, um dem Chaos vorzubeugen.

Hatte man mich gefragt, ob es mir etwas ausmachen würde, vor einer Vernissagengesellschaft zu lesen? Nein.

Jetzt, unmittelbar vor der Lesung, würde sich diese Diskussion sowieso nicht mehr lohnen. Also ignorieren und lesen. »Als glückliche Bestimmung gilt es mir …« Etwa zehn Minuten nach Beginn der Lesung klingelt es an der Tür der Galerie. Jemand ist zu spät und möchte noch herein.

Ich lese weiter. Der verspätete Gast setzt sich in die hinterste Reihe. Während ich lese, sitzt er genau in meinem Blickfeld.

Im weiteren Verlauf des Abends weckt die Reaktion dieses Zuschauers immer wieder mein Interesse, denn während der Rest des Publikums an Stellen lacht, die sonst auch zur Erheiterung beitragen, lacht er nur, wenn keiner lacht, und schüttelt den Kopf, wenn alle sich amüsieren.

Das geht so weiter, bis hin zu heftigeren Reaktionen. Mittlerweile ist der Mann so enthemmt, dass er hin und wieder die Kontrolle über seine Emotionen zum Gesagten verliert und laut irgendetwas von »Stimmt doch!« oder »So was!« vor sich hin brummt.

Ich gehe nicht darauf ein. Schließlich haben wir ja geladene Gäste in der Vorstellung. Nachher mache ich noch etwas falsch, und der Galerist wird sauer auf mich, weil ich ihm seine Kunden vergraule.

Ich beschließe, der Sache in der anschließenden Diskussion auf den Grund zu gehen, und lese zunächst weiter.

In der Tat ist es manchmal schwer herauszubekommen, aus welchen Gründen die Anwesenden wie reagieren.

Es ist auch zu beobachten, dass sich manche Zuschauer »verdächtig« verhalten, indem sie etwa Diktiergeräte laufen lassen, sich Notizen machen oder fotografieren.

Weshalb sollten Nichtjournalisten solch umfangreiche Materialsammlungen betreiben?

Landet mein Bild womöglich in irgendwelchen Nazigazetten? Kommentarlos?

Wozu werden die Aufnahmen sonst verwendet? Beweismittel? Vorführobjekt?

Eine heikle Angelegenheit, denn ist der öffentliche Vortrag von *Mein Kampf* in dieser Form auch nicht strafbar, so bleibt doch bei Verwendung dieser Sekundärmaterialen ein großer Zweifel an der Aufrichtigkeit des Anspruchs der Vervielfältiger, zumal die Aufzeichner, Fotografen und Notizenmacher oft auch nicht um Erlaubnis fragen oder sich im Vorfeld zu erkennen geben.

Die Lesung ist vorbei. Ich weise die Zuschauer darauf hin, dass es im Anschluss eine Diskussion geben wird.

Der verdächtige Mann aber ist schon während des Applauses fluchtartig aus dem Raum gestürmt. Na ja, vielleicht hat es ihm ja nicht gefallen, denke ich.

Nach der Diskussion frage ich den Veranstalter, wer denn der Mann gewesen sei, aber er kann mir keine Antwort darauf geben.

Moment mal, die Lesung war doch eine geschlossene Veranstaltung? Und demzufolge war sie auch nicht angekündigt. Woher aber wusste dieser Mann, der offensichtlich nicht zufällig an der Galerie vorbeikam, dass ich dort lesen würde?

Niemand kennt den Mann. Ich finde das ziemlich unheimlich. War das ein Polizist? Oder hat es sich schon in Nazikreisen herumgesprochen, wo und wann ich auftrete?

Wie kann ein Zuschauer von einer unangekündigten, geschlossenen Veranstaltung erfahren?

Dann erinnere ich mich an die zum Teil heftigen Reaktionen des Mannes. Offensichtlich stimmte er mit meinem Vortrag nicht überein.

War ihm also das Ganze vielleicht doch zu kritisch?

Was würde er mit dieser Erfahrung anstellen. Ein Spion?

Langsam fange ich wohl an, paranoid zu werden. Es kann schließlich auch sein, dass es sich um den Bekannten irgendeines Ausstellungsbesuchers handelt. Schließlich habe ich nicht jeden einzelnen der insgesamt 25 Zuschauer befragt.

Dennoch – das Ganze hinterlässt ein mulmiges Gefühl in mir.

Habe ich mit meiner Lesung wohl Geister gerufen, die ich nicht mehr beherrschen, geschweige denn aus der Masse der mir begegnenden Menschen identifizieren kann?

Anfangs stand die Lesung noch unter großer Beobachtung der Medien. Wäre mir in den ersten Wochen etwas zugestoßen, so hätte es sicher eine gehörige Pressewelle gegeben, schielten doch die meisten Redakteure und Redakteurinnen gerade darauf, dass ein *Mein Kampf* lesender Türke sich zur Zielscheibe rechtsextremer Kreise macht.

Jetzt aber war das alles vorbei. Jetzt hieß es, arbeiten und mit Ausdauer und Selbstüberwindung immer wieder an die Sache herangehen und forschen.

Dass wir diese Arbeit im Stillen machen konnten, wie zu Beginn unserer Recherchen in Braunau, gehörte der Vergangenheit an.

Jetzt wusste jeder, der es wissen wollte, wer ich bin und was ich mache.

Diejenigen, die wir allerdings gebraucht hätten, die waren zurückgeblieben, die waren nicht in Frankfurt/O. oder in Potsdam und Oranienburg gewesen, die waren in der Sicherheit ihrer Redaktionsstuben geblieben und hatten das Thema für sich abgehakt.

Der Kampf mit *Mein Kampf* geht in eine weitere Phase. Er ist aufreibender, als ich dachte. Aber ich bin nicht bereit, mich wegen vordergründiger Ängste um mein persönliches Wohl von dieser spannenden Geschichte und der Auseinandersetzung mit ihr abbringen zu lassen.

Auf keinen Fall, denn dann haben die Erzeuger der Angst ihr Ziel erreicht. Die Einschüchterung.

Es ist also nicht nur ein Anarchismus gegen das Establishment, den die Auseinandersetzung mit *Mein Kampf* beinhaltet, es ist auch der zähe Kampf gegen den Einfluss verdeckt agierender subversiver Personen und Organisationen, deren Hauptmethode zur Einschüchterung der Massen ihre ständige Präsenz ist.

Jetzt geht es darum, diese Präsenz ihrer Unsichtbarkeit zu berauben, denn erst dann werde ich vielleicht wirklich in der Lage dazu sein, die Werkzeuge und Handlungsmethoden dieser Zirkel so verinnerlicht zu haben, dass ich am Ende nicht nur ein realistisches Bild über die Inhalte von *Mein Kampf*, sondern auch über die Befindlichkeit der deutschen Seele in der Gegenwart geben kann.

Ohne es zu merken, habe ich *Mein Kampf* schon längst verlassen, ohne mir dessen bewusst zu sein, habe ich die Belanglosigkeit von *Mein Kampf* akzeptiert, die Unüberschaubarkeit der Mystifizierung des Führerkults jedoch zu meinem neuen Anschauungsobjekt gemacht.

Die Reise mit *Mein Kampf* ist aus der unmittelbaren Hemisphäre des Konkreten in die Welt des Abstrakten eingedrungen.

Etwas, das auch die Nazis vor ihrer Machtübernahme gut und gern praktizierten, wenn es um die Verklärung ihrer Ideale durch apodiktisch-esoterisch formulierte Pseudowissenschaften ging.

> Hitler, der Messias des erlösenden »Bluteinsatzes«, ist in *Mein Kampf* in den Grundzügen ausgebildet. Joachim Fest kommt zu dem Schluss: »Die Vorstellung eines gewaltigen kosmischen Ringens beherrschte alle Thesen und Frontstellungen des Buches, und wie absurd oder fantastisch sie auch erscheinen mögen: Sie verliehen seinen Deutungen metaphysischen Ernst und stellten sie vor einen düster grandiosen Theaterprospekt: Wir können untergehen, vielleicht. Aber wir werden die Welt mitnehmen.« Muspilli, Weltenbrand.
>
> Rudolf Kreis, *Antisemitismus und Kirche*

8. Zweiter Exkurs

Nazis

Wie viele Nazis gibt es eigentlich? Was bedeutet überhaupt das Wort »Nazi«. Gibt es einen Unterschied zwischen national, faschistoid, patriotisch, nationalsozialistisch, chauvinistisch, vaterlandstreu?

Gibt es Übergänge zwischen den einzelnen Ideologien oder sind die Übergänge fließend?

Hat also ein reaktionärer CSU-Mann eher die Veranlagung zum »Nazi«, weil seine Ansichten, national, patriotisch und konservativ, dem Ideal der »Nazi«-Ideologie näher kommen? Oder ist vielleicht der sozialistische Gedanke von der Kraft der Arbeiterschaft und der Idee des Aufstandes des kleinen Mannes gegen die Macht des Kapitals eine Fortsetzung des nationalsozialistischen Glaubensbekenntnisses?

Fest steht: Es gibt viele Nazis, wenn man den Begriff anders anwendet als in seiner ursprünglichsten politischen Form, der Abkürzung für *Na*-tionalso-*zi*-alist.

Heute steht das Wort »Nazi« für eine Kombination aus verschiedenen Eigenschaften und Ansichten. Stellen wir uns vor unserem geistigen Auge also einmal den Prototypen des »Nazis« vor, wie ihn sich wahrscheinlich die meisten vorstellen: Mann, zwischen 60 und 80 Jahre alt, verraucht, vergilbter Oberlippenschnauzbart, an den Schläfen kurz rasierte Haare, braune Cordhose mit einem grauen Pulli, an dessen Ärmeln Lederflicken angenäht sind – aber das kann auch ein Jäger sein.

Nächster Versuch: Mann, zwischen 18 und 30 Jahre alt, enge verwaschene Jeans, Kapuzenshirt, Bomberjacke, Springerstiefel, kurz geschorene Haare – aber das kann auch ein Punk, ein Antifaaktivist oder ein Hooligan sein.

Gibt es also Nazis, die nicht dem Klischee entsprechen, aber trotzdem als solche erkennbar sind?

Schwer zu sagen, denn ein »Nazi« muss zunächst einmal seinen Mund aufmachen und sagen, weshalb er ein Nazi ist, bevor man ihn erkennen kann.

Natürlich ist die Kleidung in der Regel ein Hinweis auf die geistige Haltung des Trägers, sie ist aber nicht zwangsläufig ein Beweis dafür, dass der entsprechende Mensch aus ideologischen Gründen derart gekleidet ist.

Dennoch. Es gibt viele »Nazis«.

In Bussen und Bahnen, auf Straßen. In Lokalen, in Schulen, auf Ämtern, im Fußballstadion, in Deutschland, Belgien, Holland, Frankreich, England, Dänemark und der Türkei; eigentlich überall und jederzeit gibt es Menschen, die einer Ideologie folgen, deren wahrer Inhalt die ethnische Säuberung ist, die Vernichtung von Menschen anderer Hautfarbe, der Hass und die Verachtung einer fremden Kultur gegenüber – in keiner Weise politisch, sondern immer im Affekt entstanden. Eine Mischung aus Minderwertigkeitskomplexen und Größenwahn.

Der einzige wirkliche »Nazi« jedoch, sowohl politisch als auch psychologisch, bleibt Adolf Hitler.

Während alle anderen im Rahmen einer postmortalen Glorifizierung so tun, als besäßen sie ebenso Idee und Motivation, Besessenheit und Fanatismus ihres Vorbildes, so ist doch die einzig erkennbare Gemeinsamkeit die Identifikation mit dem Gesinnungsgenossen, das geteilte Leid, welches man im Schicksal Adolf Hitlers wieder erkennt.

Der Minderwertigkeitskomplex, den Hitler überwunden zu haben schien, ist der Minderwertigkeitskomplex, den seine Bewunderer zu überwinden suchen, wenn sie sich an ihr Vorbild halten. Die Sucht nach Größe und Allmacht ist zugleich auch ein Eingeständnis der Geringfügigkeit, der Nichtsnutzigkeit der eigenen Person. Der Wunsch nach Expansion ist das Spiegelbild einer vorhanden Kontraktion.

Es gibt demzufolge potenziell so viele Nazis, wie es Menschen gibt, die ihre Minderwertigkeitskomplexe nicht auf sich, sondern auf andere übertragen.

Dass man sie dabei als Nazis bezeichnet, ist nur ein Vergleich zu dem Bild von einem Nazi, welches man von Hitler kennt.

Ein inverses Schimpfwort, dessen wahre Bedeutung lauten müsste: Nazi ist derjenige, der seine Minderwertigkeit dadurch überwindet, dass er andere als Minderwertige definiert und anderen die Schuld für seine eigene verkorkste Existenz in die Schuhe schiebt.

Ein wichtiges Motiv nationalsozialistischer Ideen und Wahnvorstellungen ist somit das Recht auf Reaktion.

Denn betrachtet man sich selbst als ein Opfer, sei es der Geschichte oder der gesellschaftlich-politischen Entwicklung, so kann man in der Reaktion auf dieses Unrecht auch sein Handeln zum moralischen Maß aller Dinge stilisieren.

Hermann Göring sagt folglich zum Richter Jackson in den Nürnberger Prozessen am 18. März 1946 zu diesem Thema:

> Ich habe das Führerprinzip für notwendig gehalten, weil der Zustand, wie er vorher war und den wir parlamentarisch oder demokratisch nannten, Deutschland an den Rand des Verderbens gebracht hatte. (...) Das System hatte völlig abgewirtschaftet und nach meiner persönlichen Überzeugung konnte nur eine Organisation einer starken, klaren Führungshierarchie die Dinge wieder in Ordnung bringen. (...) Wir hatten bis dahin genug von Opposition gelebt, und wir hatten bis dahin genug davon. Durch Opposition sind wir vollkommen heruntergekommen. Es war jetzt Zeit, keine Opposition mehr zu treiben, sondern endlich aufzubauen.

Internationaler Militärgerichtshof Nürnberg (Hrsg.),
Der Nürnberger Prozess gegen die Hauptkriegsverbrecher vom 14.11.1945 bis 1.10.1946 in 12 Bänden

Die Nazis also als Wohltäter im Dienste des Deutschen Volkes. Göring, Hitler und Himmler, deren einziges Ziel die Wiederherstellung der durch »parlamentarische Demokratie« heruntergekommenen Gesellschaftsordnung gewesen sein soll?

Nur eine bloße Reaktion auf die Umstände erzeugt Zwang zur Selbstgerechtigkeit?

In der Tat ist das Handlungsmotiv führender Nationalsozialisten nicht ohne die Zusammenhänge zu der deutschen Geschichte zu verstehen. Ein Großteil der Verbündeten Hitlers sowie ein beträchtlicher Teil des deutschen Volkes sahen sich als Opfer der Geschichte, in diesem Fall als Opfer einer gigantischen Verschwörung initiiert von der internationalen Finanzlobby, dem Marxismus, der Arbeiterbewegung, den Gewerkschaften und der internationalen Politik infolge des verlorenen Ersten Weltkrieges. In diesen war man zuvor mit Glanz und Gloria eingetreten und mit ebensolchem Pomp untergegangen. An der Spitze dieser Verschwörergemeinschaft stand angeblich vor allem das internationale Judentum, als Statthalter der alliierten Räteregierung und als Drahtzieher eines Vernichtungsfeldzuges gegen das deutsche Volk, gegen die deutsche Rasse.

Dagegen musste man sich wehren. »Es war jetzt Zeit, keine Opposition mehr zu treiben, sondern endlich aufzubauen.« (Göring, Nürnberger Prozess)

Dass man dabei seine paranoide Weltanschauung in Formulierungen kleidete, die begreiflich machen sollten, dass es sich um eine unumgängliche Aufbauarbeit (gemeint ist eigentlich ›Aufräumarbeit‹) für das deutsche Wohlergehen handelte, war nur eine Methode der perfiden Selbstverleugnung der nationalsozialistischen Führung und ihrer wahren Ziele.

Denn nur wenige Monate nach der Machtergreifung der NSDAP am 30. Januar 1933 – längst waren die anderen Parteien ausgeschaltet und Konzentrationslager zur Inhaftierung politischer Gegner errichtet –, zeigte sich, dass es sich nur um eine Vorbereitung für eine »hohe Idee«, für einen viel absurderen und grausameren Rachegedanken handeln sollte.

In *Mein Kampf* spricht Hitler viele Jahre vorher schon sehr deutlich an, was er im Zuge seiner künstlichen »Demokratisierung« 1933 zunächst verschweigt: den blutigen Kampf um deutsche Erde, hinter dem sich nichts anderes als Hitlers eigennützige Expansionspolitik verbirgt.

> Deutschland hat eine jährliche Bevölkerungszunahme von nahezu 900 000 Seelen. Die Schwierigkeit der Ernährung dieser Armee muss einmal bei Katastrophe enden, falls eben nicht Mittel und Wege gefunden werden, dieser Hungerverelendung rechtzeitig vorzubeugen.
>
> Adolf Hitler, *Mein Kampf*

»Mittel und Wege« wurden schneller und rechtzeitiger gefunden, als man es erwarten durfte.

Kehren wir aber zurück zu den Nazis unserer Tage, die ihre Opferrolle längst auf andere Kreise und Themen übertragen haben.

Wäre es also logisch, dass es in Deutschland keinen Handlungsbedarf mehr gäbe, wenn die irrsinnigen Forderungen der Nachfolgeparteien nationalsozialistischen Gedankengutes erfüllt würden? »Arbeitsplätze erst für Deutsche!« Angenommen, es würde Wahrheit werden, wären diese Leute dann plötzlich ausländerfreundlich, bloß weil sie Arbeit haben und der Vietnamese oder der

Türke arbeitslos ist? »Ausländer raus!« Entwickelt ein Nazi plötzlich Sympathien für Senegalesen, bloß weil diese in Dakar leben anstatt in Berlin oder München?

Natürlich nicht. Denn die Absurdität der Forderung, das Wissen um ihre Unerfüllbarkeit ist letztendlich der Motor ihrer Funktionalität.

Die Anwendung bleibt stets irrational und irrelevant. Vor allem aber bleibt sie weniger politisch als psychologisch motiviert und offenbart somit verblüffende Parallelen zu den einstiegen Forderungen Hitlers und der NSDAP.

Im Laufe unserer Reise hat sich die Einschätzung dieser latenten Gefahr immer wieder verändert. Dachten wir zunächst, es gäbe im Osten mehr Nazis als im Westen, so zeigte sich relativ bald, dass es im Osten nur mehr »erkennbare« Nazis gab.

Im Westen gibt es ebenso viele – wenn nicht sogar mehr! – und vor allem besser organisiertere rechte Gruppierungen.

Während das Hauptaugenmerk der ostdeutschen Nazibewegung bedingt durch seine minoritäre Konzeption(slosigkeit) auf den Kampf gegen das Establishment gerichtet ist, betrachtet sich der Westnazi als Sprachrohr der Allgemeinheit und somit als Vertreter einer großen, schweigenden Mehrheit.

In einem Gespräch mit einem Mitarbeiter des Verfassungsschutzes Heiner B.* in München erfahre ich, dass die militante Skinheadszene im Ruhrgebiet beispielsweise 1997 beinahe ausgeschaltet ist, während der Zuwachs der rechtsextremen Parteien in den letzten Kommunalwahlen unverhältnismäßig angestiegen ist.

* Name geändert. (Anm. des Verf.)

Im Osten dagegen ein anderes Bild. Während die Anzahl rechtsorientierter Jugendlicher wesentlich höher ist als in Westdeutschland, halten sich die Wahlergebnisse der rechten Parteien in Relation dazu in vergleichbar niedrigen Grenzen.

Vor allem die Beweggründe für eine rechte Gesinnung sind je nach Landesteil sehr variabel.

Die rechte Bewegung im Osten existierte auch schon vor dem Mauerfall.

Als Gegenstück zur blühenden Punkerszene hatte sich eine kleine Schar antibürgerlicher Widerständler gegen das verkrustete System gebildet, welche ihre Haltung durch sporadische Gewaltaktionen gegen die wenigen andersfarbigen oder ausländischen Mitbürger zum Ausdruck brachte.

Auch wenn die DDR in ihren Grundstrukturen bourgeoise Geflechte verneinte, so war sie doch im Verlaufe ihrer wechselhaften Geschichte zu einem Abbild der Staatsgebilde geworden, die ihr zuvor als Feindbild dienen sollten.

Die sprichwörtlich kleinbürgerliche Idylle wurde zum Gefängnis für das wechselhafte Gemüt aufbegehrender Jugendlicher. Ihr Mittel zur Terrorisierung des Establishments war, die Angst vor dem Unaussprechbaren auf die Straße zu tragen.

Indem sie freizügig Parolen skandierten, die zur ideologischen Gesinnung ihrer politischen Führung konträr waren, sorgten sie im ersten Moment nicht nur für Irritationen, sie stilisierten durch ihre Bestrafung ihr Handeln auch indirekt zum Märtyrertum gegen die staatliche Diktatur.

Dementsprechend anders war natürlich auch die Akzeptanz dieser Haltung durch Eltern, Lehrer und Freunde.

Verständlicherweise war im Gefüge einer totalitären Staatsmacht ungleich schwieriger zu differenzieren zwischen den variablen Möglichkeiten der Auflehnung.

Zudem wurde der Makel an der weißen Weste des Arbeiter- und Bauernstaates auch im Westen argwöhnisch beobachtet. Die von der Spitze ausgegebene Parole von Einheit und Kollektivismus funktionierte anscheinend nicht mehr.

Ein tiefer Riss ging durch die DDR-Gesellschaft. Sie hatte sich Mitte der Achtzigerjahre derart dürftig auf die Therapie ihrer selbst eingelassen, dass ein völliger Kollaps vorprogrammiert erschien.

Glücklicherweise kam diesem Zusammenbruch der Zerfall der Republik zuvor, denn so wurde die akute Phase dieser Fragestellung zunächst auf einen späteren Zeitpunkt verschoben.

Waren die Ideale der einstigen Ost-Nazis noch irrealer Natur, orientierten sie sich damals vor allem an Vorbildern aus Fernsehen und Sekundärmedien, so konnte man nun im wiedervereinigten Deutschland, im Heimatland des Klassenfeindes und (damit nach Auffassung ihrer Ideologen und Lehrer) in der Brutstätte des Faschismus, praktische Studien betreiben.

Dabei übersah man häufig den Antagonismus im eigenen Verhalten.

Die Skinhead-Bewegung entstand als eine Abspaltung der Punkerszene Ende der Siebzigerjahre in Großbritannien. Auffälligstes Zeichen der anfangs meist unpolitischen Einzelgruppierungen und Organisationen sind die kurz geschorenen »Haut-Köpfe« (englisch: *skin-head*) Bomberjacken und Springerstiefel.

Noch gehören zu den Anfangszeiten der Skinheads Hooligans – also militante Fußballfans mit rechten Tendenzen –, Punker und Skins in eine Gruppe. Bald jedoch kommt es zu Abspaltungen, und man geht eigene Wege.

Die unterschiedlichen Verbände behalten ihr ähnliches Outfit und sorgen so für Verunsicherung. Die immer politischer werdende Haltung drückt sich in der Farbe der Schnürsenkel oder bestimmten Tätowierungen aus.

Ein beträchtlicher Teil der Szene entwickelt eine Affinität zu rechtsnationalen Praktiken. Oberflächliche Gemeinsamkeiten aber bleiben.

Oi, der Schlachtruf der Skins, ist in Punkerkreisen ebenso verbreitet wie bei Skins. Der Ruf hat keine konkrete Aussage. Er drückt ein momentanes Wohlbefinden aus.

Auffälligstes Beispiel der gemeinsamen Entstehungsgeschichte ist ein T-Shirt, welches man auch heute noch in London kaufen kann.

Auf der Vorderseite sieht man Adolf Hitler mit zum Gruß ausgestrecktem Arm, auf der Rückseite steht in gotischer Schrift »Adolf Hitler – European Tour 1939–1945«.

Im Anschluss sind seine »Tourdaten« aufgeführt. Einzig das »Gastspiel« in Stalingrad ist ausgefallen und wird auf einen späteren Zeitpunkt verschoben.

Dieses ursprünglich satirisch gemeinte T-Shirt wurde zuerst 1978 auf Trödelmärkten von Alternativen und Punks in London verkauft. Mittlerweile hat sich der Besitzanspruch auf die Idee verlagert. Häufig findet man das Kleidungsstück auch in rechten Kramläden zwischen Reichsflaggen und »Ich-bin–stolz,-Deutscher-zu-sein«-Stickern.

Fast zehn Jahre nach der Wiedervereinigung haben sich die rechten Haltungen in Ost und West schneller assimiliert als die Lebensumstände. Das beträchtliche militante Potenzial im Osten mischt sich mit einem ebenso beträchtlichen Anteil ideologischer Revanchisten im Westen, die seit geraumer Zeit auf die Renaissance nationaler Umtriebe warten und nun durch die Konkretisierung ihrer Ansprüche eine Möglichkeit zur Anwendung ihrer Vorhaben sehen.

Der Handel mit rechten Hetzschriften boomt. Rechts zu sein ist in, weil gefährlich und gegen Spießer. Selbst die Mode hat diesen Trend erkannt. Springerstiefel und Tarnhosen werden von allen Altersgruppen und Berufsschichten als neue Form martialischer Ästethik anerkannt und halten Einzug in den Alltag des durchschnittlich unpolitischen Deutschen.

Manchmal, wenn ich durch die Straßen laufe und mir vorstelle, wie ein Überlebender des Holocaust zu Besuch in Deutschland die allgegenwärtige Springerstiefelflut und ständige Kommisshosenmentalität in Dunkelbraun wahrnehmen muss, wird mir angst und bange.

Sex und Wahn

Das Verhältnis des Judentums zur Prostitution und mehr noch zum Mädchenhandel selber konnte man in Wien studieren, wie wohl in keiner sonstigen westeuropäischen Stadt, südfranzösische Hafenorte vielleicht ausgenommen. Wenn man abends so durch die Straßen und Gassen der Leopoldstadt lief, wurde man auf Schritt und Tritt, ob man wollte oder nicht, Zeuge von Vorgängen, die dem Großteil des deutschen Volkes verborgen geblieben waren, bis der Krieg den Kämpfern an der Ostfront Gelegenheit gab, Ähnliches ansehen zu können, besser gesagt, ansehen zu müssen. (...) Indem ich den Juden als Führer der Sozialdemokratie erkannte, begann es, mir wie Schuppen von den Augen zu fallen. Ein langer innerer Seelenkampf fand damit seinen inneren Abschluss.

Schon im tagtäglichen Verkehr mit meinen Arbeitsgenossen fiel mir die erstaunliche Wandlungsfähigkeit auf, mit der sie zu einer gleichen Frage verschiedene Stellungen einnahmen, manchmal in einem Zeitraume von wenigen Tagen, oft auch nur wenigen Stunden.

(...) Die Psyche der breiten Masse ist nicht empfänglich für alles Halbe und Schwache.

Gleich dem Weibe, dessen seelisches Empfinden weniger durch Gründe abstrakter Vernunft bestimmt wird als durch solche einer undefinierbaren, gefühlsmäßigen Sehnsucht nach ergänzender Kraft und das sich deshalb lieber dem Starken beugt, als den Schwächling beherrscht, liebt auch die Masse mehr den Herrscher als den Bittenden und fühlt sich im Innern mehr befriedigt durch eine Lehre, die keine andere neben sich duldet als durch die Genehmigung liberaler Freiheit.

(...) Und in welcher Menge dabei dieses Gift erzeugt und verbreitet wurde! Natürlich, je niedriger das geistige und sittliche Niveau eines solchen Kunstfabrikanten ist, umso unbegrenzter ist seine Fruchtbarkeit, bis so ein Bursche schon mehr wie eine Schleudermaschine seinen Unrat der anderen Menschheit ins Antlitz spritzt.

Adolf Hitler, *Mein Kampf*

Um die Jahrhundertwende nähert sich in Wien und auch in anderen europäischen Großstädten der offen propagierte Antisemitismus seinem Höhepunkt.

Dass dabei die Inhalte der zahlreichen Hasstiraden, Verunglimpfungen und Spottreden an Deutlichkeit bereits nichts vermissen lassen und der sprachlichen Aggression recht bald der reale Übergriff folgen wird, liegt in der Luft.

Man bedient sich zwecks seiner Selbstdefinition als Teil einer höheren Rasse allzu oft bereits vorhandener Schriften, Abhandlungen, Symphonien und Theorien, welche allesamt das Bild des bösen Juden zum Inhalt haben: ein vollkommen absurdes, niemals zu bestätigendes und aus der Luft gegriffenes Bild einer Personengruppe, wie es nur in den Köpfen der wahnsinnigen Betrachter zu existieren scheint.

Will man die Motive für diese übersteigerte Haltung finden, so wird man weit vor Hitler in der europäischen Geschichte fündig. Hitler war nicht der erste und er wird sicher auch nicht der letzte Antisemit bleiben. Der Humus, auf dem seine grausame Ideologie gedeihen konnte, wurde schon durch andere vorbereitet.

> Der Wiener Bürgermeister Karl Lueger (1897–1910), ein Charakterkopf wie ein »schwerer Held« am Burgtheater und kommunalpolitisch sehr tüchtig, tat sich im Ausnutzen der erregbaren Stimmungen besonders hervor. Seine jüdischen Mitbürger lernten ihn schätzen durch Auslassungen wie: »Es ist alles eins, ob man sie hängt oder köpft.«
>
> Harald Steffahn, *Adolf Hitler*

1605 verfasst William Shakespeare den *Kaufmann von Venedig*, Heinrich Heine (selbst jüdischer Abstammung) zwei Jahrhunderte später den »Rabbi von Bacharach«. Daniel Schreber fokussiert zu Anfang des 20. Jahrhunderts in irren Aufsätzen seinen gesamten Wahn auf die Präsenz einer jüdischen Satansmacht. Und nicht zuletzt übt der Rassentheoretiker und so genannte Bibelforscher Georg Lanz von Liebenfels mit seinen selbst veröffentlichten Abhandlungen eine magische Anziehungskraft auf den jungen, zur gleichen Zeit in Wien herumstreunenden Hitler aus.

Dort ist Hitler im Frühjahr 1904 eingetroffen, um sich seinen Kindheitstraum zu erfüllen. Er will Maler werden.

Was ihm jedoch in diesem Moment noch nicht bewusst zu sein scheint, ist die Tatsache, dass er aufgrund einer längeren Krankheit die Oberrealschule in Steyr bei Linz nicht ordnungsgemäß abschließen konnte, demzufolge kein Abitur besaß und somit auch über keine Zugangsberechtigung zum Studium verfügte, weswegen er folgerichtig bei seiner Prüfung an der Wiener Kunstakademie auch abgelehnt wurde, zumal seine Zeichnungen nicht auf besonderes Interesse stießen.

> Die Probezeichnungen machten mit ungenügendem Erfolg oder wurden nicht zur Probe zugelassen (...) Adolf Hitler, Braunau am Inn, 20. April 1889, deutsch, kath., Vater Oberoffizial, 4 Realschulklassen. Wenig Köpfe, Probezeichnung ungenügend.
>
> Classifikationsliste der Kunstakademie, aus: Christian Zentner, *Adolf Hitlers »Mein Kampf«. Eine kommentierte Auswahl*

Auch der zweite Versuch Hitlers, sich zu bewerben (diesmal für Architektur), war zum Scheitern verurteilt, denn er wurde gar nicht erst zur Prüfung zugelassen.

Es blieb ihm also nichts anderes übrig, als durch die Wiener Gassen zu ziehen und sich ein Bild von der damaligen Großstadt zu machen, ein Weltbild, welches »zum granitenen Fundament meines derzeitigen Handelns« wurde, wie er später selbst in *Mein Kampf* sagt.

> Als ich einmal so durch die innere Stadt strich, stieß ich plötzlich auf eine Erscheinung in langem schwarzen Kaftan mit schwarzen Locken. Ist dies auch ein Jude?, war mein erster Gedanke. So sahen sie freilich in Linz nicht aus. Ich beobachtete den Mann verstohlen und vorsichtig, allein je länger ich in dieses fremde Gesicht starrte und forschend Zug um Zug prüfte, umso mehr wandelte sich in meinem Gehirn die erste Frage zu einer anderen Frage: Ist dies auch ein Deutscher?
>
> Adolf Hitler, *Mein Kampf*

Dass Hitler, laut eigener Angaben, aufgrund der chaotischen Wiener Verhältnisse zwangsläufig zum Antisemiten werden musste, um zur Einsicht über Gut und Böse zu gelangen, ist eine bewusste Lüge, denn bereits vorher war Hitler maßgeblich geprägt durch die antijüdische Haltung seines Elternhauses und seiner Lehrer. Vielmehr soll in seinen Schilderungen der Eindruck erweckt werden, als gäbe es eine logische Konsequenz aus den Erkenntnissen seiner Wiener Zeit, nämlich die einer notwendigen Rache an allen, die gegen das Wohl des eigenen deutschen Volkes agierten.

Diese Kräfte belegt Hitler mit einem unüberschaubaren Konglomerat aus verschiedensten Begrifflichkeiten.

Immer wieder vermischt sich in *Mein Kampf* die sachliche Abwägung mit der emotionalen Abneigung; stets dient die körperliche Aversion auch zur Kenntlichmachung einer geistigen Verkommenheit des künstlichen Feindbildes.

> Überhaupt war die sonstige und sittliche Reinlichkeit dieses Volkes ein Punkt für sich. Dass es sich hierbei um keine Wasserliebhaber handelte, konnte man ihnen ja bereits am Äußeren ansehen, leider sehr oft auch bei geschlossenen Augen. Abgestoßen aber musste man erst werden, wenn man über die körperliche Unsauberkeit hinaus die moralischen Schmutzflecken des auserwählten Volkes entdeckte.
>
> Adolf Hitler, *Mein Kampf*

Die »körperliche Unsauberkeit« war nicht ausschließlich auf hygienische Aspekte zurückzuführen. Sie hatte auch etwas mit der Sexualität des Gegenübers zu tun.

Nicht umsonst gehen in *Mein Kampf* die Abschnitte »Judenfrage« und »Judentum und Prostitution« fast unmerklich ineinander über.

Warum aber hatte sich der »gesunde Deutsche« überhaupt von der Sexualität des unsauberen Juden zu distanzieren? Wurde er gezwungen, daran teilzuhaben, oder betrachtete er sie als Gegenstück, als Spiegelbild, gar als Konkurrenz?

In diversen antisemitischen Schriften findet Hitler viele Formulierungen, die er später in *Mein Kampf* fast wortwörtlich übernehmen wird.

Stets spielt bei diesen absurden Tiraden eine Unterlegenheit dem Tschandalen (Untermenschen) gegenüber eine wichtige Rolle.

Der Tschandale besitze ein priapeisches Geschlecht. Er sei ein Körpermensch. Bestimmt durch seine Physis schände er mit Vorliebe die zarten arischen Frauen, die sich seiner Begierde nur in der Stunde unbändiger Fleischeslust ergäben und somit Rassenschande ermöglichten.

Der Arier (Herrenmensch) als Pendant besitze ein feines, aber kleines Geschlecht und sei demzufolge auch nicht derart triebgesteuert. Ihm liege es fern, sich seiner animalischen Veranlagung zu ergeben. Im Fleischlichen sehe er die Verkörperung des Satans, in den Ritualen derer, die in Unwissenheit existieren, eine Reinkarnation der jüdischen Verschwörung gegen die Reinheit des christlichen Glaubens.

Solche Theorien fanden zwar in der Bevölkerung keinen reißenden Absatz, jedoch gab es im elitären Umfeld zahlreicher okkulter Organisationen nicht selten sogar prominente Antisemiten und Sympathisanten, deren Gesinnung der Nachwelt teilweise verborgen geblieben ist, wie auch August Strindberg, dessen Dramen bezeichnenderweise oft ähnlich verdeckte Versagensängste thematisieren.

Greifen wir aber einmal diese undeutlich formulierten Penisfantasien auf und versuchen dabei eine kurze Analyse der nationalsozialistischen Sexualitätsethik.

Sollte der Tschandale wirklich ein großes Geschlecht haben, sind große Pimmel etwas Schlechtes oder gar Unmenschliches? Was ist groß? Oder findet man große Pimmel nur schlecht, wenn man selbst einen kleinen hat oder glaubt, dass die eigene Größe gewöhnlichen arischen Frauen nicht genügt?

Ist es verwerflich, Frauen zu »schänden«, wenn die Frauen an der »Schande« beteiligt sind? Oder ist es nur der Neid, dass man mangels Ausstattung nicht dazu in der Lage ist, dasselbe zu tun?

Ist also letztlich nicht die nach außen verteufelte Promiskuität nur ein Ausdruck der eigenen unterdrückten Triebhaftigkeit, deren Komplexität darin liegt, dass man sie aufgrund moralischer Barrieren nicht auszuleben imstande ist?

Mein Kampf ist voll von sexuellen Anspielungen. Im Widerspruch zu den verräterischen Formulierungen Hitlers bleiben seine Moralvorstellungen aber unerfüllt. Das saubere Bild der arischen Familie, wie es durch Joseph Goebbels am eigenem Beispiel scheinheilig inszeniert wurde, war ein Trugbild. Ob Göring, Goebbels oder Hitler – alle hatten sie ihre Affären, und nicht selten ignorierten sie dabei sogar die restriktiven Vorgaben ihrer eigenen Rassentheorie.

So werden sexuelle Einflüsse in der Selbstdarstellung der Nazis nach ihrer Machtübernahme immer deutlicher, bis hin zu Versammlungen und Parteitagen, deren Manier mehr und mehr einer okkulten Messe als einer politischen Veranstaltung gleicht. Hinter dem unterschwelligen Appell an die Triebhaftigkeit der Betrachter ist das eigene Wesen nur unzulänglich getarnt und kommt zuweilen zum Vorschein: wenn im lustvollen Schrei die Hände zittern, in der pathetischen Bewegung der Körper bebt und das glänzend schimmernde Haar mit der angeschwollenen, von Adern durchzogenen Hand liebevoll zur Seite gescheitelt wird. Erinnern die Massenaufmärsche und rauschhaften Führerzeremonien nicht immer auch an einen gigantischen Orgasmus, an einen fast religiösen Akt der Vereinigung zwischen Führer und Volk?

Wer ein erfülltes Sexualleben hat, kümmert sich nicht ernsthaft um die Praktiken der anderen. Die übertriebene

Moral all derer aus Hitlers Umfeld ist so lange geheuchelt, wie sie aus einer defizitären Haltung heraus entstanden ist.

Es wäre jedoch weit hergeholt, wenn man behaupten wollte, dass eine wesentliche Grundlage zur nationalsozialistischen Gesinnung eine gestörte Sexualität, insbesondere der Sexualneid gegenüber anderen, wäre.

Hitlers Schlussfolgerung aus der zunächst gewonnenen sittlichen Erkenntnis geht nicht umsonst über in die Frage der Rassensäuberung zur Erhaltung der Art.

In *Mein Kampf* beschreibt Hitler die Vermischung der Rassen als größte Gefahr für den Fortbestand der arischen Rasse. Als Beispiele greift er im Kapitel »Volk und Rasse«, einem der absurdesten und zuweilen unglaublich idiotisch und komisch formulierten Kapitel, das Paarungsverhalten der Tiere auf und schlussfolgert daraus fälschlicherweise, dass sich im Rahmen einer rassenentsprechenden Paarung auch nur Arier mit Ariern fortpflanzen dürften.

> Jedes Tier paart sich nur mit einem Genossen der gleichen Art. Meise geht zu Meise, Fink zu Fink, der Storch zur Störchin, Feldmaus zu Feldmaus, Hausmaus zu Hausmaus, der Wolf zur Wölfin usw. – der Fuchs ist immer ein Fuchs, die Gans eine Gans, der Tiger ein Tiger usw., und der Unterschied kann höchstens im verschiedenen Maße der Kraft, der Stärke und der Ausdauer der einzelnen Exemplare liegen. Es wird aber nie ein Fuchs zu finden sein, der seiner inneren Gesinnung nach, etwa humane Anwandlungen Gänsen gegenüber haben könnte, wie es ebenso auch keine Katze gibt mit freundlicher Zuneigung zu Mäusen.
>
> Adolf Hitler, *Mein Kampf*

Laut Darwin jedoch, und auf diesen bezieht sich Hitler hier ganz offensichtlich, wäre aber die einzig folgerichtige Einteilung eine Paarung zwischen Mensch und Mensch.

Auch wenn Hitler im Zusammenhang mit Juden immer wieder von »Lebewesen« spricht, die in ihrem Gruppenverhalten eher »einem Rudel Wölfe« oder einer »Rotte von Ratten« ähneln, ihnen also das Menschsein indirekt abspricht, so wird diese Variante jedoch innerhalb zahlreicher anderer Möglichkeiten verschwiegen.

Als Teil des Naturrechts und all seiner Grausamkeit sieht Hitler vielmehr die unbedingte Notwendigkeit, in diesen verdrehten Kreislauf eingreifen zu müssen, um für eine Wiederherstellung der ursprünglichen Verhältnisse zu sorgen. Damit wird nicht nur der christliche Auftrag erfüllt (»indem ich mich des Juden erwehre, kämpfe ich für das Werk des Herrn«), es wird zugleich auch das natürliche Gleichgewicht wiederhergestellt.

In Wirklichkeit bedeutet das nichts anderes als die Legitimation zur Errichtung von Konzentrationslagern.

Was sonst könnte Hitler in *Mein Kampf* meinen, wenn er – schlussfolgernd aus dieser unsachgemäßen Verhaltensweise der Völker – davon spricht, »entweder die Natur wieder entscheiden zu lassen, die Vermehrung des menschlichen Geschlechts wieder einzustellen oder durch Selbsthilfe« für eine Abhilfe des Dilemmas zu sorgen.

Dieses einfach gestrickte Handlungsmotiv, beginnend bei der eigenen Sexualität bis hin zur Betrachtung »entarteter« Formen und der daraus resultierenden Schlussfolgerung, hat sich bis heute erhalten.

Ein Großteil neonationalsozialistischer Anschauungen beschäftigt sich ebenfalls mit der entgleisten Sexualität der Fremden. Deutsche fürchten um die Sicherheit ihrer

Frauen, welche von »Horden braunhäutiger Untermenschen« angepöbelt werden.

Es geht nicht nur um die materielle Existenz des deutschen Volkes, sondern auch um den Fortbestand der reinen Rasse überhaupt.

Aber wäre dann laut Hitler nicht die Natur der einzige Entscheidungsträger, wenn es darum geht, gut und böse, stark und schwach gegeneinander auszuloten? Weswegen bedarf dieser fast taoistisch anmutende Vorgang der Selbstregulierung überhaupt einer Erklärung?

Der Aufklärer wird zum Pseudowissenschaftler, seine Theorie wird zur Selbstanalyse, sein eigenes Leiden zum Leid der Welt.

Was Hitler nicht in der Hose hat, sucht er in seinem Hirn, was ihm im Hirn fehlt, sieht er in den Hosen der anderen.

Eine brisante Mixtur aus Selbstbefriedigung und Vergewaltigung bahnt sich ihren Weg durch die Köpfe der Leidensgenossen; wie von unsichtbaren Magneten angezogen, fühlen sie die Richtigkeit der vorgelebten Erkenntnis. Sie suchen ihr Heil in der Faszination des Bösen und finden sich am Ende vor einem zerbrochenem Spiegel, unfähig, sich in die Augen zu blicken, unfähig zur Aufarbeitung der eigenen Schuld, welche leidenschaftlich begangen auch heute unerklärbar vor ihnen erscheint, wie der Geist aus der Flasche.

9. München, 26.11.1996

Im Frühjahr 1912 kam ich endgültig nach München. Die Stadt selber war mir so gut bekannt, als ob ich schon seit Jahren in ihren Mauern geweilt hätte. Es lag dies begründet in meinem Studium, das mich auf Schritt und Tritt ja auf diese Metropole der deutschen Kunst hinwies. Man hat nicht nur Deutschland nicht gesehen, wenn man München nicht kennt, nein, man kennt vor allem die deutsche Kunst nicht, wenn man München nicht sah. (...) Dazu aber kam noch die innere Liebe, die mich zu dieser Stadt mehr als zu einem anderen mir bekannten Orte fast schon von der ersten Stunde meines Aufenthaltes erfasste. Eine deutsche Stadt!! Welch ein Unterschied gegen Wien! Mir wurde schlecht, wenn ich an dieses Rassenbabylon auch nur zurückdachte. Dazu der mir viel näher liegende Dialekt, der mich besonders im Umgang mit Niederbayern an meine einstige Jugendzeit erinnern konnte. Es gab wohl tausend und mehr Dinge, die mir innerlich lieb und teuer waren oder wurden. Am meisten aber zog mich die wunderbare Vermählung von urwüchsiger Kraft und feiner künstlerischer Stimmung, diese einzige Linie vom Hofbräuhaus zum Odeon, Oktoberfest zur Pinakothek usw. an.

Adolf Hitler, *Mein Kampf*

Eine Woche vor meinen Münchener Gastspielen ruft mich eine Redakteurin der *Süddeutschen Zeitung* an. Wir führen das übliche Gespräch.

Am Tag der Münchener Premiere erscheint dann das ganzseitige Interview in der *Süddeutschen Zeitung* mit der Überschrift »Hitler minus Macht ist eine Komödie, Hitler plus Macht ist grausam«.

Wir können also davon ausgehen, dass der Andrang zu meinen Vorstellungen groß sein wird.

Was ich noch nicht weiß, aber recht bald erfahren werde: Zur gleichen Zeit findet in München die umstrittene

Wehrmachtsausstellung statt. Zum ersten Mal sind wir zeitgleich in einer Stadt. Ob das die Arbeit leichter macht? Oder werde ich mit der Ausstellung in Zusammenhang gebracht? Ich habe inzwischen gehört, dass sie auf großen Widerstand stößt und vor allem auch solche mobilisiert, die wir bisher, Gott sei Dank, nicht kennen gelernt haben.

München ist eine langweilige Stadt. Jedenfalls für mich als Rheinländer ist München schwer zu verstehen mit seiner Behäbigkeit, zwischen der gepflegten Unfreundlichkeit vollbusiger Dirndlkellnerinnen und dem distanziert netten Unterton der älteren Frauen auf dem Viktualienmarkt, welche mehr kühl als bestimmt dazu auffordern, das Obst nicht anzufassen. Bier, Autos, Schickimicki und gute italienische Restaurants, all das fällt einem vielleicht ein, wenn man an München denkt. Aber auch Hofbräuhaus und Sterneckerbräu, vor allem Hitlers erste politische Gehversuche in der Hauptstadt der Bewegung sind Begriffe, die einem zwangsläufig einfallen, wenn man an München denkt.

Hitler geht nach München, um der Einberufung in das österreichische Regiment zu entkommen. »Aus politischen Gründen hatte ich Österreich in erster Linie verlassen.« Hinter diesen ›politischen Gründen‹ verbarg sich Hitlers Absicht, nicht im Habsburgerstaat seinen Wehrdienst abzuleisten. Der Pflicht zur ›Verzeichnung‹ im Herbst 1909 war Hitler nicht nachgekommen. Und obwohl der nun stellungsflüchtige Hitler in Wien ordnungsgemäß gemeldet war, spürten ihn die österreichischen Behörden mithilfe ihrer deutschen Kollegen erst in München auf. Die entsprechende Anfrage aus Linz vom 29. Dezember 1913: »Der Gesuchte ist seit 26.V.1913 Schleißheimer Str. 34/III. bei Popp gemeldet.« Am 18. Januar wurde Hitler von der Münchener Kriminalpolizei mitgeteilt, er habe sich bereits zwei Tage später in Linz zur Musterung einzufinden. Am 19. Januar führte ihn die Münchener Kriminalpolizei dem österreichischen Konsulat in München vor, wo Hitler die für ihn sehr heikle Angelegenheit so geschickt zu arrangieren verstand, dass sowohl die Polizei als auch das Konsulat darauf verzichteten, ihn nach Österreich auszuliefern. Kurze Zeit später erhält er die Aufforderung, sich beim königlich bayerischen Regiment zu melden. »Wie für jeden Deutschen begann für mich die großartigste Zeit meines Lebens.«

Christian Zentner,
Adolf Hitlers »Mein Kampf«. Eine kommentierte Auswahl

Hitler betrachtet sich als Deutschen. Faktisch gesehen ist das nicht richtig, sein Geburtsort Braunau liegt auch damals in Österreich.

In der Grenzregion, in der Hitler aufwächst, gibt es aber ein großes Bestreben nach der Wiedervereinigung »beider deutscher Staaten«. Seine österreichische Herkunft sieht er als formalen Fehler, in Wirklichkeit, so denkt er, ist er ein Deutscher, deshalb zieht es ihn wohl auch in die »deutscheste Stadt«.

In der Tat ist München eine sehr deutsche Stadt. Aber was ist deutsch? Bier und Weißwürste, Männer in Lederhosen mit Gamsbärten auf ihren Filzhüten – das ist das Bild eines Deutschen, wie es sich vielleicht in einem amerikanischem Freizeitpark verkaufen lässt.

Heute sieht der wirkliche Deutsche eher anders aus. Das kann ein Farbiger mit hessischem Akzent sein, das kann der türkische Unternehmer sein oder eine senegalesische Straßenbahnfahrerin.

München ist eher eine museale Miniatur eines Deutschlands, wie es nicht mehr existiert, und die Lederhosenträger sind die letzten Vertreter einer aussterbenden Spezies aus Traditionalisten und Volkstümlern.

Dennoch ist es immer etwas Besonderes, in München zu sein.

Die Antipathie führt nicht dazu, dass man sich abwendet, jedenfalls nicht bei mir, sondern immer wieder versucht herauszufinden, wodurch diese Antipathie zustande kommt.

Als wir nach knapp sechsstündiger Fahrt über die A 3, dann über die A 9 an Nürnberg vorbei in München ankommen, ist es lausig kalt.

Es ist der 26. November 1996, der vierte Monat unserer Tournee. Ich bin jetzt fast durchgehend mit meiner Lesung auf der Reise.

Das Interesse des Publikums scheint nicht abzureißen, die Zuschauerzahlen sind unverändert gut, die Presse schreibt weiterhin fleißig und auch meine eigene Lust am Spiel, an der allabendlichen Überzeugungsarbeit hat eher zugenommen als nachgelassen.

Auf den Straßen liegt bereits eine erste dünne Schicht Schnee.

Das gibt dem Ganzen einen gedämpften und gemütlichen Anstrich. Dennoch ist es einige Grad unter null, sodass jeder Schritt außerhalb des Hotels zur Zitterpartie wird und das kuschelige Hotelbett zur einzigen Wunschfantasie des Tages mutiert.

In der Zeitung lese ich, dass am gleichen Tag eine Demonstration der NPD gegen die Wehrmachtsausstellung stattfinden soll. Ich überlege, ob ich mich im Vorfeld meiner Lesung aufmache, um einige Eindrücke davon mitzunehmen, aber der Veranstaltungsort liegt in Pasing, weit außerhalb der Innenstadt, und ich verwerfe die Idee, weil ich sonst eventuell zu spät zu meiner eigenen Lesung kommen würde.

Außerdem werde ich sicher morgen in der Zeitung lesen, was dort passiert ist, wenn überhaupt etwas passiert, denn meistens handelt es sich bei diesen Aufmärschen um Inszenierungen für die Medien, viel weniger um wirkliche Demonstrationen.

Bisher habe ich selten solche Köpfe in natura gesehen, wie sie gewöhnlich bei solchen Versammlungen im Fernsehen gezeigt werden. Manchmal kommen mir diese Leute vor wie ein kleines Grüppchen von Komparsen, welche man immer dann aus der Schublade zieht, wenn es gerade erforderlich ist.

Mit ihren Trommeln und den tätowierten SS-Zeichen auf der Unterlippe ziehen diese Leute dann durch eine Stadt, umgeben von zahlreichen Fotografen und schützenden Polizisten und steigen nachher wieder ganz brav in ihre schwarzen Ford Fiestas ein, um nach Hause zu fahren.

Bis zu diesem Zeitpunkt habe ich die Wehrmachtsausstellung nicht gesehen.

Ich habe aber oft schon davon gelesen und gehört. Vor allem weiß ich, dass zahlreiche Lobbyisten und Unverbesserliche ihren Kampf gegen die Geschichtsverfälschung in der einseitigen Auslegung der Verbrechen der Wehrmacht bestätigt sehen und ihren Widerstand gegen die Ausstellung als Aufbegehren gegen das falsche Bild vom deutschen Soldaten verstehen.

Betrachtet man aber einmal die meisten Vertreter dieser Position, so stellt man häufig fest, dass es Personen einer bestimmten Altersgruppe sind, die sich da um das Ansehen der deutschen Soldaten Sorgen machen: nämlich ehemalige Mitglieder der Wehrmacht selbst.

Ich weiß nicht, ob mich das Ansehen ehemaliger, zum Teil auch unschuldiger Wehrmachtssoldaten mehr zu interessieren hat als sechs Millionen vergaste Menschen.

Ich weiß nicht, ob mich die eventuell genauso großen Verbrechen der Roten Armee, die Verbrechen der amerikanischen Soldaten gegenüber den Indianern, die der Türken gegen die Kurden oder Armenier, die der Israelis gegen die Palästinenser zu interessieren haben.

Ich erkenne nur immer wieder, dass die Verbindung dieser Begriffe dazu führen soll, das eigene Handeln durch das Handeln der anderen zu relativieren.

Wenn man aber Falsches erkennt, dann ist es durch die Fehler der anderen nicht weniger falsch. Nicht ein Opfer wird wieder lebendig, wenn man andere Verbrechen als Beispiele bemüht. Es wird nur offensichtlich, mit welcher Taktik man versucht, sein Handeln zu verharmlosen.

Es darf keine Relation zu anderen Verbrechen geben. Jedes Verbrechen ist singulär, und jedes singuläre Verbrechen verdient eine ebenso einzigartige Betrachtung – zusammenhanglos und frei von anderen.

Die Strafe muss die gleiche bleiben, die Analyse und die Beweisaufnahme ebenso.

Der Veranstaltungsort ist eine alte Fabrik, direkt in der Nähe des Pasinger Bahnhofs. Ich spiele im Keller. Fassungsvermögen etwa 100 Plätze.

Vor der Lesung stellen sich drei Polizisten vor. Mittlerweile habe ich mich daran gewöhnt. Außerdem sind noch zwei Beamte in Zivil in der Nähe. Ich frage, ob es etwas zu befürchten gebe. Nein, aber man kann ja nie wissen. Im Übrigen, so erfahre ich, wohnt knapp hundert Meter von der Fabrik ein gewisser Herr Dr. Frey, seines Zeichens Vorsitzender der DVU.

Ob der wohl von meiner Lesung weiß? Ob der wohl *Mein Kampf* kennt? Zumindest kenne ich es besser. Also lassen wir uns überraschen. Vielleicht kommen ja einige seiner Handlanger, um zu kontrollieren, was der Türke da mit dem Führer so macht.

Oder sind die etwa alle auf der Demo gegen die Wehrmachtsausstellung? Wir werden sehen. Wie ist München eigentlich regiert? Richtig. Ein SPD-Bürgermeister schlägt doch hier auf dem Oktoberfest das Fass an.

Apropos: Auch die Urheberrechte von *Mein Kampf* liegen in München. Ob vielleicht jemand vom Finanzministerium in die Vorstellung kommt? Wäre ja eigentlich Klasse, dann könnten wir mal fragen, warum die so einen Schrott immer noch verbieten, während anderes erlaubt bleibt.

20 Uhr 30: Vorstellung. Im Gegenlicht erkenne ich etwa 50 Zuschauer. Ein Wunder. Ich dachte, es wäre brechend voll. Vielleicht sind wir zu weit weg von der Innenstadt?

Oder gibt es hier kein Interesse an meiner Lesung? Gerade in München hätte ich mehr Zuschauer erwartet. Immerhin sind 50 Zuschauer auch nicht schlecht. Und noch habe ich drei Vorstellungen vor mir. Vielleicht erscheinen noch einige Kritiken, und es kommen dann mehr Zuschauer. Die Reaktionen sind sehr angenehm. Die Zuschauer sind aufmerksam. Es wird viel gelacht. Insgesamt herrscht eine befreite und lockere Atmosphäre.

Als im Applaus das Saallicht angeht, erkenne ich viele ausländische Zuschauer. Auch sehe ich einige Zeitungsmenschen, erkennbar an den Notizblöcken. Zudem ist während der Vorstellung schon einige Male geblitzt worden. Alles in allem ist der Abend also gut gelaufen.

Nach der anschließenden Diskussion gibt es eine spontane Pressekonferenz. Auch ein Redakteur der türkischen *Sabah* ist anwesend. Er zeigt sich begeistert von der ungewöhnlichen Art der Darstellung. Seine Fragen aber sind die gleichen wie die Fragen seiner deutschen Kollegen. Kein Wunder, wer in Deutschland lebt und in Deutschland zur Schule gegangen ist, der ist auch in seinen Gedanken schon weiter angepasst, als es ihm recht sein könnte.

Auch wenn wir Türken keinen Großvater haben, der in der NSDAP war, auch wenn wir niemanden in der Verwandtschaft haben, der eine braune Vergangenheit hat, so sind wir doch mitverantwortlich für die Aufarbeitung der deutschen Thematik, weil wir keine gemeinsame Gegenwart und Zukunft verlangen dürfen, ohne auch einen Besitzanspruch auf die Bewältigung der deutschen Vergangenheit zu stellen.

An den folgenden Abenden werden es zwar einige Zuschauer mehr sein, die meine Lesung besuchen, einen Zuschauerrekord stellen wir allerdings in München nicht auf.

Eines Tages erhielt ich von der mir vorgesetzten Dienststelle den Befehl, nachzusehen, was es für eine Bewandtnis mit einem anscheinend politischen Verein habe, der unter dem Namen »Deutsche Arbeiterpartei« in den nächsten Tagen eine Versammlung abzuhalten beabsichtige. (...) Als ich abends in das für uns später historisch gewordene »Leiberzimmer« des ehemaligen Sterneckerbräus in München kam, traf ich dort etwa 20–25 Anwesende, hauptsächlich aus den unteren

> Schichten der Bevölkerung. (...) Der Eindruck auf mich war weder gut noch schlecht; eine Neugründung, wie ebenso viele andere auch. Es war gerade damals die Zeit, in der sich jeder berufen fühlte, eine neue Partei aufzumachen, der mit der bisherigen Entwicklung nicht zufrieden war und zu den gegebenen Parteien kein Vertrauen mehr besaß. So schossen denn überall diese Vereine nur so aus dem Boden, um nach einiger Zeit sang- und klanglos wieder zu verschwinden. Die Begründer besaßen zumeist keine Ahnung davon, was es heißt, aus einem Verein eine Partei oder gar eine Bewegung zu machen. So erstickten die Gründungen fast immer von selbst in ihrer lächerlichen Spießerhaftigkeit.
>
> Adolf Hitler, *Mein Kampf*

Am dritten Abend kommen einige schwarz gekleidete Herren in meine Lesung. In der anschließenden Diskussionen entlarven sie sich mit Fragen wie: »Waren nicht die Amerikaner auch daran interessiert, Hitler an die Macht zu bringen?«

Auch das restliche Publikum weiß anscheinend, dass wir es hier mit Nazis zu tun haben. Dementsprechend allergisch ist die Reaktion auf diese Fragen. Es gibt einen handfesten Streit. Einige Zuschauer erheben sich und verlassen empört den Raum. Ich finde die Diskussion spannend.

Überraschend ist für mich dabei lediglich, dass es sich bei den Schwarzgekleideten um intellektuelle und recht junge Menschen handelt, die da den neuen Nationalismus propagieren.

Entgegen der Erwartung, dass es sich bei Neonazis meistens um dumpfe Schlägertypen handelt, wirken diese

Leute eher brav, fast schon sympathisch, wäre da nicht das erbarmungslos hirnrissige Zeug, das sie schwafeln.

Aber es erfüllt offenbar seinen Zweck, denn wieder einmal trägt es dazu bei, dass man mit solchen Aussagen eine Sonderposition einnehmen und sich zum Märtyrer machen kann.

Alles in allem jedoch bleibt das Münchener Gastspiel eine Enttäuschung. Offensichtlich gibt es in den Städten, die Berührungspunkte zum Buch aufweisen, viele Zuschauer, die mit dem Thema nichts mehr zu tun haben wollen.

Vielleicht ist München ja überladen mit solchen Lesungen, wie ich sie veranstalte. Vielleicht ist aber auch der Veranstaltungsort einfach nur schlecht ausgewählt.

Das kann man in solchen Momenten nie wissen.

Es bleibt mir nichts anderes übrig, als diese Enttäuschung abzuhaken und mein Glück in der nächsten Stadt zu versuchen.

Als wir abreisen, stehen in der Zeitung Artikel über die Auseinandersetzungen zur Wehrmachtsausstellung. Ich nehme mir die öffentliche Stellungnahme des Oberbürgermeisters mit. Wer weiß, vielleicht gibt sie ja etwas für eine meiner nächsten Lesungen her.

10. Dritter Exkurs

Tourneedepressionen

Irgendwann, wenn man schon seit geraumer Zeit auf Tour ist, holt sie einen ein. Die Tourneedepression. Der Wunsch, alles stehen und liegen zu lassen und nach Hause zu fahren, wird unbändig groß, die eigene Erscheinung zur Lächerlichkeit, das ganze Anliegen ein einziger Zirkus.

Was hat man in München verloren? Was macht man an einem gewöhnlichen Werktag in Rudolstadt oder Gera. Warum sitzt man abends bei strömendem Regen in einem widerlichen Vorstadtrestaurant und nagt an einer Scheibe Brot, belegt mit derselben Wurst, die es am nächsten Tag zum Frühstück gibt?

Vor allem: Wie verbringt man seine Zeit, wenn man zwischen den Vorstellungen mehrere Stunden Leerlauf hat?

Da es sich bei dieser Reise nicht um Urlaub handelt, schwindet auch die Motivation, sich etwas anzuschauen, von Tag zu Tag; da man ständig mit Leuten reden muss, schwindet auch der Gesprächsbedarf von Stunde zu Stunde. Man wird asozial. Unfähig sich zu unterhalten, unfähig, sein eigenes Essen zuzubereiten und nichtalkoholische Getränke zu sich zu nehmen. Immer in denselben Klamotten – ungepflegt und unrasiert. Abends ins Bett, morgens aufstehen, frühstücken, mittags ins Bett, nachmittags fernsehen, abends spielen, ins Bett.

In den wenigen Stunden und Tagen, die man nicht auf Tour ist, versucht man zu regenerieren, aber meistens hat sich zu Hause der Ärger schon angesammelt und wartet höhnisch lächelnd im Briefkasten.

Dann bleibt nur kurze Zeit, um Telefonate zu führen, Briefe zu schreiben und Faxe zu versenden.

Natürlich geht alles immer nur dann schief, wenn man nicht zu Hause ist.

Ich bin schon froh, wenn ich nach einer längeren Etappe nach Hause komme, auf den Schalter drücke und das Licht geht noch an.

Eine einzige Katastrophe ist das Leben auf Tour. Man wird zum Meckerhannes. Die Leute, die einen nicht kennen oder nur für einen Tag kennen lernen, denken sich wahrscheinlich ihren Teil.

Aber auch das wird einem immer gleichgültiger. Was kümmert es mich, ob irgendein Willi mich arrogant oder nett findet. Ich bin nicht auf Tournee, um mich als Person zu vermarkten. Meine Aufgabe ist es, aus *Mein Kampf* zu lesen und jeden Abend denselben Scheiß zu erzählen, ohne mich oder das Publikum dabei zu langweilen. Weder ist es meine Aufgabe, für anderweitige Unterhaltung zu sorgen, noch bin ein Therapeut oder irgendeine andere Form von Zeitvertreib.

Jetzt sitze ich im Hotelzimmer. Ich kann keine Hotels mehr sehen. Frühstück gibt es zwischen sieben und zehn. Der vordere Schlüssel passt auch für die Eingangstür des Hotels. Wann reisen Sie morgen früh ab? Möchten Sie Kaffee oder Tee zum Frühstück?

Gute Hotels sind meistens teuer. Teure Hotels sind nicht immer gut. Billige Hotels sind oft schäbig, schäbige Hotels sind nicht immer leicht zu erkennen. Ob man neben Gideon-Bibel und Kruzifix schläft, ob der Hotelkanal zwei oder drei Pornofilme anbietet oder die Minibar leer ist, ob das Telefonieren eine Mark pro Einheit kostet, die Heizung nicht an- oder auszuschalten ist, das nervt einen erst, wenn man die zweihundertste Nacht hintereinander in einem Hotel übernachtet, besser gesagt: übernachten muss.

Dabei wäre es so einfach. Man müsste sich als Veranstalter nur die Mühe machen, nicht billig, sondern gut auszusuchen, wo der Gast schlafen soll.

Womit wir bei dem Hauptgrund für die Misere wären.

Die Leute wollen natürlich Geld sparen, und deshalb ist es ihnen auch relativ egal, wo und wie ich übernachte, solange das Zirkuspferd am nächsten Tag bumsfidel aus den Federn hüpft und den Adolf macht.

Aber wehe, es wird gemeckert, dann gibt es so schnell keine Einladung mehr (obwohl man die sowieso nicht annehmen würde), und weitererzählt wird es auch.

Sollte es mir hin und wieder mal nicht ausschließlich um den Transport einer wertvollen Botschaft gehen, so geht es diesen Leuten in solchen Momenten erst recht nicht um irgendwelche Feinheiten.

Lässt sich das Ganze verkaufen? Ist der Künstler billig und anspruchslos? Kommen Zuschauer und stehen wir in der Zeitung?

Das sind die ausschlaggebenden Argumente für eine gute Auftrittsplanung.

Wie konnte ich Hornochse nur denken, es wäre meine Person oder überhaupt ein Mensch, der im Mittelpunkt stehen könnte, bei dieser Angelegenheit.

Der Einzige, für den wir eine wunderbare Promotion machen, der Einzige, der nicht im abgewichsten Hotelbett schlafen und sich von der Hotelbar ernähren muss, ist Adolf selbst.

Ich glaube, ich lasse das mit dieser Tortur. Ich glaube, ich lese wieder Goethe oder Kafka. Es gibt so viele schöne Stücke auf dieser Welt. Lustige und ernste, grausame, bitterböse und ungefährliche. Ohne Gefahr, ohne Beobachtung.

Irgendwo in einem kleinen Keller in irgendeiner kleinen Provinzstadt vor einigen Zuschauern einmal pro Woche spielen, nach Hause gehen und seine zweihundert Mark Gage verjubeln, das wäre doch etwas Schönes.

Ich glaube, ich höre auf mit dieser Reise; ich habe wirklich keine Lust mehr, es kotzt mich wirklich an. Ich werde noch zum (Selbst-)Mörder.

Ich sehe nur noch Gesichter. Kauende Kiefer und sabbernde Münder.

Ich sehe nur noch Augen voller Hass und Angst, höre Stimmen, die lachen; dann höre ich mich selbst schreien, sehe mein Gesicht, wie mir die Adern auf der Stirn herausquellen wie zwei dicke Autobahnen – und alles in Rot; ich sehe meinen Hals, und alles ist angespannt; ich höre Wecker klingeln, frühmorgens um sechs, um fünf, um vier und trinke und pinkle und trinke und esse und liege und stehe und sehe aus dem Fenster.

Draußen liegt Schnee, Autos fahren den Schnee platt, hinterlassen das Profil ihrer Reifen auf der weißen Oberfläche; Zuschauer strömen in den leeren Saal, in ihren Gesichtern blitzt Erwartung auf. Ich weiß, was sie erwarten, aber ich kenne die Show schon; ihre Hände legen sie gefaltet auf ihren Schoß, einige Frauen sehen gut aus, ihre Brüste drücken sich an die Innenseite ihrer Blusen wie falsch geparkte Autos an Garagentore; es riecht nach Benzin, Bier schwappt aus meinem Mundwinkel. Ich bin Adolf Hitler, ich schreie es heraus, auf dem Marktplatz, in der Straßenbahn. »Nehmen Sie mich fest, ich heiße Adolf Hitler.«

Aber niemand legt mir Handschellen an, niemand ist da, wenn ich versuche, mich oder den Nächstbesten zu erwürgen, ich bin allein.

Und als ich mich nass geschwitzt umdrehe, fallen mir rot und hässlich einige Zahlen auf die Netzhaut meiner wahrscheinlich feucht geränderten Augen. 4:17 Uhr.

Morgen geht es weiter. Ich muss fit sein.

Einige Wochen später lese ich in Ludwigsfelde bei Berlin.

Eine Schulvorstellung vormittags um neun in der Stadtbibliothek. Alles läuft so ab wie immer. Nach der Vorstellung trinken wir gemeinsam mit den Mitarbeiterinnen der Bibliothek noch einen Kaffee.

An diesem Tag lerne ich Katrin W., die Geschäftsführerin der brandenburgischen Heinrich-Böll-Stiftung, kennen.

Ich erfahre, dass sie für die Finanzierung der Lesung eingesprungen ist. Es wird eine angeregte und interessante Unterhaltung. Katrin zeigt sich sehr angetan von meinem Projekt, und sie schlägt eine weitere Zusammenarbeit für die nähere Zukunft vor. Mit dem Vorsatz, uns baldmöglichst miteinander in Verbindung zu setzen, verabschieden wir uns.

Die Heinrich-Böll-Stiftung ist die Parteistiftung der Grünen. Im offiziellen Jargon allerdings nennt sie sich nur »Grünen-nah«.

Aufgabe aller Parteistiftungen ist es, Projekte zu initiieren, um für politische Bildung und Aufklärung zu sorgen. Dabei verfolgen die einzelnen Stiftungen der Parteien sowie die verschiedenen Landesverbände innerhalb der Stiftungen unterschiedliche Ziele und handeln nicht selten nach ebenso unterschiedlichen Richtlinien.

Während die CDU-nahe Konrad-Adenauer-Stiftung Referenten zum Thema »Doppelte Staatsbürgerschaft und ihre Risiken für die neue deutsche Gesellschaft« referieren lässt, veranstaltet die SPD-nahe Friedrich-Ebert-Stiftung einen Leseabend mit Gedichten und Liedern von Wolf Biermann oder eine Ausstellung mit Zeichnungen von Günther Grass.

Auch die Projekte der Böll-Stiftung sind programmatisch wie inhaltlich also niemals sehr weit von der grünen Idee entfernt.

Umso interessanter ist es, dass gerade die Böll-Stiftung als Veranstalter im Zusammenhang mit einer Lesung aus *Mein Kampf* auftritt.

Tatsächlich weckt das Engagement der Brandenburger Geschäftsführerin einige Zeit später das Interesse der Medien, und nicht zuletzt im Kreise ihrer eigenen Mitarbeiterinnen herrscht zunächst Skepsis über die Notwendigkeit einer solchen Kooperation.

Für meine Lesung allerdings bedeutet das natürlich eine vollkommen neue Dimension. Zum ersten Mal teilt sich mit mir eine renommierte Institution indirekt die Verantwortung sowie den inbegriffenen Rechtfertigungszwang, den man zwangsläufig bei der Ankündigung meiner Lesung hat.

Abgesehen davon erleichtert die Zusammenarbeit auch einen Großteil der meist aufwendigen logistischen Vorarbeit zur Planung meiner Tournee.

Durch die föderative Gliederung der einzelnen Stiftungen kann sich jeder Landesverband an interessierte Veranstalter wenden; auch die Finanzierung ist größtenteils gesichert, d.h., kleine Veranstalter stehen nicht vor dem Risiko, bei geringer Zuschauerzahl draufzahlen zu müssen. Nicht zuletzt deswegen erreichen wir auch eine ganz andere Klientel als bei selbst organisierten Gastspielen in Kulturzentren und alternativen Theaterschuppen.

Noch allerdings ist es nicht so weit. Denn bis sich Katrin wieder bei mir meldet, vergeht fast ein halbes Jahr.

Diesmal allerdings lohnt sich das Warten. Denn eifrig, wie Katrin nun einmal ist, hat sie gleich eine ganze Brandenburg-Tournee zusammengestellt.

Ich muss erwartungsgemäß nicht mehr machen, als auf die Bühne zu gehen und zu lesen.

Natürlich hat diese Art der Organisation auch den Vorteil, dass man sich viel intensiver mit den regionalen Strukturen und Problemstellungen auseinander setzen kann.

Dass ich weder der Partei der Grünen angehöre noch mich mit den Inhalten der grünen Politik gänzlich identifiziere, spielt in diesem Moment noch keine Rolle.

Auch im weiteren Verlauf der Zusammenarbeit kommt mir zugute, dass die Selbstdefinition der Böll-Stiftung ein Äquivalent zu meiner eigenen Haltung bietet, somit also auch keine konkrete Stellungnahme erfordert.

Dennoch scheint unser Anliegen in wesentlichen Punkten übereinzustimmen, denn sonst wäre es sicherlich nicht möglich, eine derartige Lesung im Rahmen des Stiftungsprogramms durchzuführen.

Katrin W. ist im Osten aufgewachsen. Als die Mauer fällt, ist sie bereits seit einigen Monaten Mitglied der SED, aus dem Wunsch heraus, etwas innerhalb der staatlichen Organisationen ändern zu wollen, wie sie mir später bei einem unserer zahlreichen Gespräche erzählen wird.

Sie sagt all dies ohne den geringsten Ton von Rechtfertigung oder Zurückhaltung. Offensichtlich weiß sie, dass es mich sowieso nur irritieren würde, dass ein derart politischer Mensch wie sie eine solch unpolitische Vorgeschichte haben sollte.

Dass sie allerdings bei der Parteistiftung der Grünen landet und dort als Geschäftsführerin für die Inhalte der Stiftungsarbeit zuständig ist, scheint in ihr zähe Selbstzweifel hervorzurufen.

Zu groß ist die gelegentliche Diskrepanz zwischen ihrem Anspruch, frei und ohne jegliche Vereinsräson zu agieren, und auf der anderen Seite politischen Gremien und dem Alltagsgeplänkel zerfahrener Ausschusssitzungen ausgesetzt sein zu müssen.

Davon abgesehen, ist es für sie auch nicht einfach, zwischen Familie (sie hat zwei fast erwachsene Kinder) und Arbeit die richtige Balance zu finden.

Gibt sie sich zu sehr der Arbeit hin, so verliert sie gleichzeitig auch den Überblick über ihre eigenen Kapazitäten, und nicht selten agiert sie am Rande des Zusammenbruchs, wenn sie dabei die Grenzen des physisch und psychisch Machbaren überschreitet.

Konzentriert sie sich lediglich auf die Erfüllung ihrer Pflicht, so wird ihr Anspruch zur reinen Diensterfüllung degradiert und ihre politische Aussagekraft auf das Niveau von Sesselfurzern und Mandatsträgern herabgestuft.

Eine innere Zerrissenheit zwischen Anspruch und Verwirklichung, zwischen Motivation und Resignation, wie sie ähnlich auch bei mir existiert, nur in anderen Bereichen und in wechselnd unüberbrückbaren Konstellationen.

Als Ossi-Frau in einer Weststiftung ist sie nämlich nicht nur dem Widerstand und Zuspruch ihrer Kollegen ausgeliefert, sie muss zudem auch noch eine gewisse Umerziehung über sich ergehen lassen, die erforderlich ist, wenn man in das Kastensystem von Macht und Demokratie eingewiesen wird.

Mittlerweile sind die Grünen eine etablierte Kraft in unserem Parteiensystem – auch wenn ihre einstigen Turnschuhvertreter zum Teil heute noch so aussehen, als hätten sie ihre dogmatische Abwehrhaltung gegen das, was sie bürgerlich nennen, nicht abgelegt. Der einzige Unterschied zwischen ihnen und den Mitgliedern anderer Parteien besteht darin, dass sie als Alternative vielleicht mal einen Joint gedreht haben, während die anderen noch nicht einmal daran gezogen haben.

Während der Umbruch in der DDR relativ glatt über die Bühne geht und die Veränderungen, die sich durch die Wiedervereinigung bei den großen Volksparteien ergeben, gut bewältigt werden (und selbst die PDS als »einseitige Volkspartei« keine großen Schwierigkeiten in der Umstellung von Sozialismus auf Kapitalismus durchmachte), ist die Lage bei Bündnis 90/Die Grünen weitaus komplizierter, weil ihre Positionen in Ost und West sehr unterschiedlich sind.

Durch den permanenten Druck schwindender Wählerzahlen in den neuen Bundesländern sieht man dringenden Handlungsbedarf; die Bundespartei muss folglich die Grünen-Ost, so weit es geht, sponsern.

Es fehlt auch an entsprechendem Nachwuchs. Denn der entscheidet sich im Osten – und zunehmend auch im Westen – für die frechere Kampagne der PDS.

Eine grüne Basis gibt es nicht. Wo holt man also in der Eile ehemalige Friedensdemonstranten, Antifaaktivisten, Mitglieder der SDAJ oder der Falken her und schult sie auf das unwegsame Gelände der ostdeutschen Tagespolitik um?

Kann man sich dabei auf rein ostdeutsche Eigengewächse verlassen, oder sind diese zu aufmüpfig, zu schnell frustrierbar, alles in allem zu ungeduldig im Durchsetzen mühsamer Zielvorstellungen? Sollte man es so machen wie die anderen Parteien auch, die jedem ostdeutschen Mandatsträger mindestens einen westdeutschen Vormund an die Seite stellen und die hohen Positionen erst gar nicht mit Ostdeutschen besetzen?

Die Wahlergebnisse lassen darauf schließen, dass man gar nichts *macht*, sondern wohl eher *mit sich machen lässt*.

Von Katrin erfahre ich auch etwas über die anderen Stiftungen. Dabei stelle ich fest, dass die ostdeutschen Stiftungen zunächst vorbehaltloser an meine Lesung herangehen. Die ersten Anschlusstourneen an Brandenburg finden in Sachsen, Thüringen, Mecklenburg-Vorpommern und Sachsen-Anhalt statt.

Bald darauf aber folgen auch die ersten westdeutschen Stiftungen, allen voran eine saarländische mit ihrem Geschäftsführer Erich S. (einem äußerst witzigen, ungemein interessanten Gesprächspartner), später Hamburg und Schleswig-Holstein dann auch Berlin, Bayern und Rheinland-Pfalz.

Ein einziges Treffen in Ludwigsfelde hat die Organisation meiner Lesereise um Lichtjahre vorangebracht.

Die Termine folgen plötzlich dicht auf dicht, ich lerne Orte kennen, die ich vorher noch nicht einmal vom Namen her kannte, ich kann mich endlich auf meine Lesung konzentrieren und muss nicht noch tagsüber Veranstalter davon überzeugen, dass ich kein Legat der örtlichen NPD-Fraktion bin.

Endlich. Denn es hing mir beinahe schon zum Hals raus, dieses ewige Rechtfertigen, diese ganze unnötige Kraft für gar nichts aufbringen zu müssen.

Fast anderthalb Jahre nach Beginn meiner Reise beginnt eine neue, viel umfangreichere Tournee, diesmal mit einem Partner an meiner Seite, der mich hoffen lässt, dass wir mit unserer Reise weiterkommen, als ich es mir mit meinen geringen Mitteln jemals hätte vorstellen können.

Viele Kreise schließen sich plötzlich. Jens H. beispielsweise, der Geschäftsführer der sächsischen Böll-Stiftung, ist auch im Vorstand der Wehrmachtsausstellung.

Durch ihn bekomme ich endlich Kontakt zu den Organisatoren, und es wird zunehmend einfacher, meine Lesung im Beiprogramm der Ausstellung unterzubringen.

So lese ich in Konstanz, Graz, Dresden, Hamburg und Saarbrücken zeitgleich zur Ausstellung.

Nicht selten gerate ich in das Visier der durch die Ausstellung aufgebrachten »ordentlichen« Bürger, die ihren Unmut über das Gesehene in meiner Lesung loswerden wollen, wie etwa in Losheim im Saarland, wo empörte Zuschauer vor meiner Lesung derart laut randalieren, dass ich sie bitten muss, entweder den Saal zu verlassen oder eine Demonstration zu organisieren.

Die Lesung parallel zur Ausstellung laufen zu lassen erweist sich jedoch zunehmend als richtige Lösung, denn im Zusammenhang mit den Kontroversen um die Ausstellung entsteht auch eine größere Bereitschaft zur Diskussion um *Mein Kampf*.

Die Zusammenarbeit mir der Böll-Stiftung ermöglicht vor allem auch zahlreiche Lesungen in Schulen, was ansonsten nur sehr schwer finanzierbar wäre.

Zudem ist die Referenz der Böll-Stiftung für viele Lehrer ein Anlass dafür, die Skepsis gegenüber meiner Lesung zu überwinden und den Versuch zu wagen, dieses heikle Thema an die Schüler heranzutragen.

Wie aber reagieren die Schüler?

Meistens lese ich vor Oberstufenschülern und Abiturienten. Auffällig bei den zahlreichen Lesungen ist, dass die Schüler häufig aus eigenem Antrieb kommen und auch nach der regulären Veranstaltung an der Diskussion teilnehmen, obwohl sie sonst vielleicht ein paar Minuten früher zu Hause sein könnten.

Diese Diskussionen – also die einzige Möglichkeit für mich, die Meinung der Schüler zu hören – sind ebenso wie die Abendveranstaltungen je nach Stadt und Bundesland unterschiedlich.

Auch in Schulen zeigt sich der grundlegende Unterschied zwischen Ost und West. Auffälligstes Merkmal dabei ist, dass man im Osten selten ausländische Schüler findet, dafür aber umso häufiger Rechtstendenzen, während der Ausländeranteil an Westschulen mit fünfzig und mehr Prozent wesentlich höher ist, der Anteil der erkennbaren rechten Schüler allerdings viel geringer erscheint.

Schulvorstellungen sind kein Zuckerschlecken. Für einen Schauspieler ist es ohnehin nicht einfach, morgens so fit zu sein, dass man bereits um 8 Uhr 15 oder früher genügend Antrieb hat, eine Lesung – dazu noch aus *Mein Kampf* – an den Mann zu bringen.

Anfangs habe ich mich von Lesung zu Lesung gequält. Immer wenn ich am Vorabend einer Schulvorstellung an den bevorstehenden Aufwand dachte, überkam mich eine Mischung aus Schüttelfrost und Brechreiz. Meine bisherigen Erfahrungen in Schulen waren nämlich alles andere als berauschend.

Bereits 1991 war ich als Gast am Frankfurter Theater mit *Kissing God*, einem Stück von Phil Young über das Leben einer Fixerclique, auf Tour durch deutsche Gymnasien. Gastspiele vor tausend und mehr Schülern waren dabei keine Seltenheit. Abgesehen davon, dass die Inszenierung nicht besonders schülerfreundlich war und mit knapp zwei Stunden Spieldauer auch die Geduld der Schüler überforderte, war auch das Thema nicht besonders geeignet, auf pädagogische Art und Weise Aufklärungsarbeit zu leisten.

Vielmehr fühlten sich die Schüler von der schulmeisterlichen Art unseres Spiels und der aufgesetzten Aussage des Stückes abgestoßen, wodurch wir Schauspieler, als einzig anwesende Vertreter der Inszenierung, dem Unmut der meist akut pubertierenden Kinder ausgesetzt waren.

Mit Grauen erinnere ich mich an einen Auftritt in Wittingen. Schon bei meiner ersten Szene hatte ich binnen weniger Sekunden eine zweite Haut aus feuchten Papierkügelchen, getränkt in Speichel und mit hämischem Grinsen aus McDonald's-Strohhalmen genau auf meine Visage gezielt, auf jeder Stelle meines Körpers.

Dazu wurde auf jedes von uns gesprochene Wort mit lauten Pfiffen, Schreien oder Beschimpfungen reagiert, bis die einzige Aufgabe des Spielenden nur noch darin bestand, sich so auf seine Sätze zu konzentrieren, dass man die Aufführung ohne ernsthaften Schaden überstand.

Bei den insgesamt etwa 50 Gastspielen, alle an Schulen, habe ich so viel gelernt wie niemals zuvor in meiner Schauspiellaufbahn.

Vor allem aber wusste ich jetzt, was es heißt, gegen seinen eigenen und den Willen des Publikums spielen zu müssen, ohne dabei die Contenance zu verlieren.

Wenn ich also an Schulvorstellungen dachte, spukte mir unweigerlich diese Erinnerung an meine einstmals erlebten Misshandlungen im Kopf herum.

Die Schuld für diesen miserablen Ablauf gab ich dabei allerdings immer den Schülern, also weder der Inszenierung noch der Organisation.

Dabei diente mir auch meine eigene Erfahrung als Vorbild. Auch an meiner Schule hatte es gelegentlich Theateraufführungen gegeben. Wir pilgerten dann zusammen mit dem Rest der Schülerschaft oder mit einer handverlesenen Schar von Auserwählten zur Aula und verbrachten dort wohl oder übel zwei Stunden mehr oder weniger interessanten Inhalts.

Ich erinnere mich an eine Aufführung von Max Frischs *Biedermann und die Brandstifter*.

Mein Gott, war das langweilig. Nervös giggelten wir auf unseren Stühlen hin und her, jeder Versprecher wurde mit höhnischem Gelächter bedacht und nur die markantesten Stellen der Inszenierung fesselten für kurze Momente unsere Aufmerksamkeit, während sich unsere Energie wenig später wieder in unkontrollierten »Störarien« entlud.

Die Dialoge zwischen aufgebrachtem Lehrpersonal und einzelnen ertappten, sich laut für unschuldig deklarierenden Schülern gerieten dabei zu wesentlich spannenderen Nebenschauplätzen, ja, sie wurden teilweise sogar provoziert, um hinterrücks unbeliebte Kameraden anzuschwärzen.

Eine Cola-Dose fliegt laut polternd auf die Bühne, die Lehrerin schreit »Wer war das?«, alle zeigen auf ein und denselben Kameraden, es gibt einen Eintrag ins Klassenbuch, die Mitwisser lachen sich ins Fäustchen; vorn läuft das Theaterstück, niemand interessiert sich dafür.

Wenn ich also im weiteren Verlauf meiner *Mein-Kampf*-Tour regelmäßig an Schulen lesen will, ohne dabei zum Psychopathen zu werden, dann muss ich diese Erinnerungen unbedingt verdrängen.

Welche Faktoren sind für die Schüler von Belang, wenn es darum geht, ihre Aufmerksamkeit nicht nur zu wecken, sondern sie auch im Verlauf der Lesung aufrechtzuerhalten?

Die Möglichkeiten, die mir das Textmaterial bietet, sind dabei denkbar schlecht. Welcher Schüler hat schon Lust auf zwei Stunden *Mein Kampf*? Es muss also gerade dieser Unterschied zwischen der offiziellen pädagogischen

Ansprache und dem Videoclip-Niveau sein, welchen die Schüler aus ihrer eigenen Erfahrung kennen.

Die Geschwindigkeit des Vortrages ist dabei entscheidend. Sobald ich beginne, zu dozieren und den Bezug zu meinem Publikum zu verlieren, werde ich mit Ignoranz bestraft werden, das ist sicher.

In Leinefelde lese ich in der Turnhalle. Die Vorstellung beginnt um 10 Uhr 15.

In Treuenbrietzen, etwa 30 Kilometer südöstlich von Berlin, spiele ich um 13 Uhr in der Mensa. Es ist brechend voll, die Schüler hören sehr aufmerksam zu.

In Bremerhaven spiele ich gleich zweimal hintereinander. Es ist ziemlich unruhig während der Lesung. Offensichtlich handelt es sich bei den Schülern um Neunt- und Zehntklässler.

In Bremervörde lese ich vor der versammelten Oberstufe. Obwohl die Lesung in der Pausenhalle stattfindet, ist es außergewöhnlich ruhig. Selbst als der Schulgong ertönt und ich einige Unruhe erwarte, läuft alles zivilisiert ab. Die anschließende Diskussion ist lebhaft. Einige Schüler stellen auffällig gute Fragen. Vor allem scheint wirkliches Interesse an meiner Lesung, an der Auseinandersetzung mit *Mein Kampf* zu bestehen.

Ich frage mich, ob die unterschiedlichen Erfahrungen die ich mache, auf die jeweiligen Schulen, die Schüler oder die Lehrer zurückzuführen sind.

In Berlin lese ich zunächst in einem Gymnasium. Kurz vor der Lesung dringt eine Schülergruppe der zehnten Klasse in die bis auf den letzten Platz besetzte Aula. Ein Mädchen ergreift mein Mikrofon und sagt, dass die zehnten Klassen dagegen protestieren würden, dass sie zu der Lesung nicht zugelassen seien. Ich schlage vor, noch einmal wiederzukommen. Die Schüler ziehen beleidigt ab.

Trotzdem zählt die Lesung in dieser Schule zu den besten überhaupt. Nicht nur die Atmosphäre ist einmalig. Auch in der anschließenden Diskussion, die sehr ruhig, fast ein wenig zu rational abläuft und von hohem Anspruch und guten Vorkenntnissen der Schüler geprägt ist, lerne ich, dass es gewaltige Unterschiede zwischen den verschiedenen Schulen gibt.

In Krefeld lese ich in einer Gesamtschule. Es sind sehr viele Türken anwesend. Nach der Vorstellung kommt einer der türkischen Zuschauer zu mir und sagt, dass er das Buch zwar nicht kenne, aber dafür sei, dass auch in der Türkei einmal ein starker Mann wie Adolf Hitler das Ruder übernehme. Offensichtlich ist der Traum vom Führer kein rein deutscher Traum mehr, denke ich.

In Traben-Trarbach lese ich am Gymnasium. Es sind zwei sehr gute Vorstellungen. Nach der Veranstaltung gehen wir zusammen mit einigen Schülern in ein italienisches Lokal. Dabei erfahre ich von einem der Schüler – er macht gerade sein Abitur – alles über die Geschichte der Skinheads. Er scheint selbst kein Skin zu sein, eher das Gegenteil. Seine Geschichtskenntnis ist beeindruckend. Mit seinem Wissen stellt er so manchen Geschichtsstudenten, den ich auf meiner Reise kennen gelernt habe, in den Schatten.

Wieder in Berlin lese ich in einer kleinen Hauptschule. Es sind ausschließlich Schüler gekommen, denen man sonst die Auseinandersetzung mit *Mein Kampf* nicht zumuten oder zutrauen würde. Die Erfahrung, die ich an diesem Tage mache, zeigt jedoch das Gegenteil. Die Schüler sind sehr aufmerksam und scheinen froh zu sein, dass man sie auch in dieser Hinsicht ernst nimmt und nicht bereits von vornherein ausschließt, weil man etwa davon ausgeht, dass das Bildungsniveau eines Hauptschülers für die Lesung von *Mein Kampf* nicht ausreichen würde.

Dann lese ich wieder in München. Eine Schülerin meldet sich bei der anschließenden Diskussion: Zwar sei sie kein Nazi, aber in gewisser Hinsicht könne sie es verstehen, wenn heute Ausländer angegriffen werden.

Sie selbst werde ständig von pöbelnden Ausländern angemacht, und es sei schon mehr als ärgerlich, wenn man zuweilen in seinem eigenen Land nicht mehr seine Muttersprache hören würde.

Ich frage sie, was der Unterschied zwischen einem kriminellen Ausländer und einem kriminellem Deutschen sei und wie sie Ausländer von Deutschen unterscheide. Ihre Sitznachbarin habe etwa blonde Haare. Woher wisse man, das es sich bei ihr um eine Deutsche und nicht um eine Polin oder Schwedin handelt?

Dann lese ich in Dresden. Diesmal sind sehr viele Glatzen im Publikum. Einige melden sich lautstark zu Wort. Offensichtlich gehen sie davon aus, dass ich nicht dazu in der Lage bin, die Vorstellung abzubrechen.

Sie irren sich. Schon nach wenigen Störungen unterbreche ich die Lesung und bitte den Techniker, das Saallicht anzudrehen. Ich erkenne zwei Milchgesichter, die ihre Köpfe einziehen, wie ängstliche Schildkröten. Ich gehe auf sie zu und begrüße sie mit Handschlag und strammer Anrede. Ich erhalte halb leise Antworten. Dann frage ich, ob es für sie irgendwelche Probleme mit meiner Darbietung gebe und ob sie sich vielleicht auf der Bühne dazu äußern wollten, ob sie etwa eine bessere Idee hätten, wie man aus dem Buch vortragen solle, ob sie das Buch als gute Deutsche überhaupt kennen würden und ob sie nicht Lust hätten, sich zu mir nach vorn zu setzen. Danach lese ich ungestört weiter.

Nach der Vorstellung kommt einer der Milchbubis zu mir und entschuldigt sich für sein Verhalten. Es habe ihm wirklich gut gefallen.

Wieder einmal in Frankfurt/O. lese ich früh morgens in der Mensa des Oberstufenzentrums. Diesmal sind die Glatzen in der Überzahl.

Anfangs skeptisch, später amüsiert, schließlich irritiert läuft der Vortrag aber dennoch genau nach Plan. Was kann diese Leute schließlich mehr überraschen als eine Krummnase wie ich, die dazu noch ganz gut Deutsch spricht, *Mein Kampf* auswendig kennt und den Führer nachmacht?

Der Knick im Weltbild ist perfekt. Es gibt donnernden Applaus. Später werden sie hoffentlich überlegen, warum und für wen sie applaudiert haben.

In Eberswalde sind auch viele Glatzen anwesend. Diesmal aber geht alles schief. Ich komme zu spät. Die Schüler sind ungeduldig. Der Raum ist kalt und ungemütlich, und niemand hat mehr so recht Lust auf meine Lesung. Wieder unterbreche ich und frage eine der anwesenden Glatzen, ob er Türke sei. Das trifft ihn hart. Beleidigt zieht er mit seinen Kameraden ab. Das nutzt mehr als die Hälfte der Anwesenden, um ebenfalls die Lesung zu verlassen. Ich überlege kurzzeitig, ob ich abbrechen soll. Dann entscheide ich mich dafür weiterzumachen. Dennoch merke ich, dass ich mit meinem Vortrag an der Oberfläche bleibe. Auch im anschließenden Gespräch will keine Stimmung aufkommen. Die Lehrer sind enttäuscht. Sie haben erwartet, dass es mir gelingt, den Dialog mit Andersdenkenden herzustellen. Ich aber war offensichtlich überfordert.

Es ist verdammt schwer, sich immer wieder aufs Neue, auf jeden Ort und jede Situation einzustellen und zu motivieren.

Warum die eine Vorstellung gut läuft und die nächste nicht, ist sehr schwer zu sagen. Meistens hat man einen guten Lauf, wenn man über Dinge auch hinwegsehen kann und nicht allzu sehr auf die äußeren Umstände achtet. Manchmal kann man das nicht so ohne weiteres. Dann stören mich die Scheinwerfer, die aufgehende Tür, der Schulgong, Kaugummi kauende Girlies mit hohen Absätzen, Uhrengepiepse und Feuerwehrsirenen in der Ferne.

Glücklicherweise ist aber der Anteil der Vorstellungen, die nicht so gut laufen, eher gering im Vergleich zu den wirklich effektiven Veranstaltungen. Es ist nur schade, dass die Erfahrungen, die Zuschauer in den unterschiedlichen Städten machen, abhängig sind von meiner Tagesform oder den äußeren Umständen. Manchmal würde ich gern die beste Vorstellung konservieren und sie dann auf Knopfdruck immer wieder abrufen. Dann wäre die Angelegenheit aber sicherlich um einiges unpersönlicher.

In Wurzen, der »national-befreiten Zone«, lese ich vor zahlreichen rechten, aber auch vielen neutralen und einigen erkennbaren linken Schülern. Eine ganz normale Veranstaltung, und das, obwohl mir vorher ein Horrorszenario angekündigt wurde.

Überhaupt scheint die Einschätzung mancher Leute auch immer abhängig zu sein von ihrer persönlichen Hysterie und den unbestätigten Gerüchten, die zwangsläufig in diesem Zusammenhang im Umlauf sind.

In Strausberg lese ich in der »Horte«, einem autonomen Jugendklub. Nichts passiert. In Bautzen lese ich im »Steinhaus«, angeblich vor wenigen Wochen Ziel eines Naziüberfalls. Nichts passiert. In Rosswein lese ich in einem Antifaklub, einem ständigen Anziehungspunkt für Schlägerarien. Nichts passiert.

Habe ich etwa immer Glück? Oder gibt es andere Anlässe und Gelegenheiten, die spannender für eine Randale sein könnten als meine Lesung?

Wenn ja, welche Anlässe sind das? Warum kenne ich diese nicht? Obwohl ich doch in unmittelbarer Nähe dieser Kreise lese, scheine ich mit meiner Lesung die Falschen zu provozieren. Wer provoziert hier eigentlich wen? Oder gibt es keine Nazis; zumindest nicht so viele, wie man denkt oder liest, wie behauptet wird oder befürchtet oder gehofft ...?

Kann ich mir dieses Urteil überhaupt erlauben? Kann es wirklich sein, dass die Bilder von wütenden Nazihorden erfunden sind? Oder ist es nur die selektive Wahrnehmung, die einem vorschreibt, welches Feindbild der eigenen Haltung entspricht? Die Zahlen jedenfalls sind relativ. Wenn es viele Nazischläger gibt, dann ebenso viele Hooligans in Fußballstadien. Wenn man als Ausländer abends nicht in Berlin-Lichtenberg, dem Treffpunkt der Ostberliner Neonazis, auf den Bahnsteig gehen sollte, ist es nicht gefährlicher nachts auf dem U-Bahnhof in Kreuzberg auf die letzte Bahn zu warten, weil man von albanischen, türkischen oder vietnamesischen Drogendealern abgestochen werden könnte?

Jede Statistik wird durch ihre Unvollständigkeit ungültig. Jede Auflistung rechtsradikaler Gewalttaten verliert durch entsprechende Vergleichswerte ihre Relation.

Die tatsächliche Gefahr aber, woher sie auch kommt, bleibt so lange uneinschätzbar, wie man für ihre Definition tendenziöse Quellen zurate zieht.

Ist es demzufolge nicht die gleiche Verleumdung, die man anderen gern vorwirft, wenn man Nazis grundsätzlich zu Kriminellen erklärt oder Nazis grundsätzlich für kriminell hält, ohne dabei zu erwähnen, dass die Begrifflichkeit des Kriminellen vor dem Gesetz nicht zwangsläufig eine ideologisierte Form impliziert?

In Fürstenwalde, einem angeblichen Wespennest von Nazis, unterbreche ich wieder die Vorstellung, weil in der hintersten Reihe eine Glatze zu sehen ist. Ich gehe auf ihn zu und gebe ihm die Hand. Ich frage ihn, ob ich vor ihm Angst haben muss. Er antwortet einsilbig. Nach der Vorstellung wirft mir sein anwesender Sozialarbeiter einen zu rigiden Umgang mit seiner Klientel vor. Ich breche fast in Tränen aus vor Mitleid. Ein Nazi, der rigiden Umgang nicht verträgt, ist kein echter Nazi. Wie hätte es dieser junge Bursche damals ausgehalten, wenn ihn sein Gauleiter angebrüllt hätte?

Es passiert viel in diesen Wochen und Monaten. Die Lesungen in Schulen werden immer häufiger zu den wirklich spannenden Erfahrungen.

Vieles ist heute noch in den Köpfen dieser neuen Generation in Bewegung. Die Identitätssuche ist, so scheint es, noch lange nicht abgeschlossen. Die zu tragende Verantwortung ist von den Großvätern an die Söhne und Enkel weitergereicht worden; und solange das Thema totgeschwiegen wird, bleibt es eine heimliche Leidenschaft, sich daran die Zähne auszubeißen.

Noch immer ist der Reiz des Verbotenen dabei größer als die Kenntnis des Vorhandenen, noch immer ist die Abgrenzung von den Vorgaben der Öffentlichkeit ein wesentlicher Aspekt bei der Mobilisierung der geistigen Unbeweglichkeit.

Selten ist jemand aus der näheren Umgebung (schon gar nicht aus der Riege der Pädagogen, Lehrer, Sozialarbeiter, Journalisten, Historiker, Psychologen oder Politiker) dazu in der Lage, diese Sehnsucht nach dem »Ausbrechen« aufzufangen, ihr eine Heimat zu geben, die nicht unberechenbar ist oder sich in ihrer Unberechenbarkeit auf hilflose Ziele richtet.

Am meisten freut es mich, dass mein Gesprächsangebot in der Mehrzahl von den Schülern angenommen wird.

Es ist für mich nicht nur eine bloße Theatererfahrung, der Austausch zwischen Publikum und Schauspieler, sondern es ist auch ein weitaus größerer und aktueller Einblick in den Zustand der deutschen Gesellschaft der Gegenwart und Zukunft.

Die Lesung aus *Mein Kampf* kann nur der erste Schritt zu einer neuen Erkenntnis sein.

Den Mangel an Kommunikationsbereitschaft scheint auch die Böll-Stiftung zu kennen. Je häufiger ich an Schulen lese, desto klarer wird die Notwendigkeit unserer Kooperation, desto sinnvoller wird das gemeinsame Engagement. Ich scheine wirklich Glück gehabt zu haben. Denn hätte ich Katrin nicht an jenem Morgen in Ludwigsfelde kennen gelernt, dann wären mir all diese Vorstellungen und das realistische Bild einer orientierungslosen Jugend vorenthalten geblieben.

Durch einen unsichtbaren Antrieb geleitet, treffe ich im Verlaufe der Tournee auf so viele Menschen, die mich bereichern, die meine Auffassung vervollständigen, Fragen stellen und Antworten geben.

Die Depression ist überwunden. Plötzlich macht alles großen Spaß. Meine Arbeit hat einen Sinn. Ich bin kein Spinner, der sich selbst kasteit und in lausigen Hotelbetten Frust schiebt, weil er das Gefühl hat, die Welt verbessern zu müssen. Ich bin ein ganz normaler Idiot, so wie es ihn tausendfach auf der Straße zu sehen gibt. Und mein Glück ist: Für meine Spinnerei werde ich mit Applaus belohnt.

Theater heute

Überall stoßen wir auf Keime, die den Beginn von Wucherungen verursachen, an denen unsere Kultur früher oder später zugrunde gehen muss. Auch in ihnen können wir die Verfallserscheinungen einer langsam abfaulenden Welt erkennen. Wehe den Völkern, die dieser Krankheit nicht mehr Herr zu werden vermögen!

Solche Erkrankungen konnte man in Deutschland fast auf allen Gebieten der Kunst und Kultur überhaupt feststellen. Alles schien hier den Höhepunkt schon überschritten zu haben und dem Abgrunde zuzueilen. Das Theater sank zusehends tiefer und wäre wohl schon damals restlos als Kulturfaktor ausgeschieden, hätten nicht wenigstens die Hoftheater sich noch gegen die Prostituierung der Kunst gewendet. Sieht man von ihnen und einigen weiteren rühmenswerten Ausnahmen ab, so waren die Darbietungen der Schaubühne derart, dass es für die Nation zweckmäßiger gewesen wäre, ihren Besuch ganz zu meiden.

Adolf Hitler, *Mein Kampf*

Die Zeit verfliegt. Ich bin mit meiner Tour jetzt im dritten Jahr. Auch mein Leben verändert sich zunehmend.

Ich bekomme das Angebot, am Bochumer Schauspielhaus als Gast zu spielen. Peter R., ebenfalls Schauspieler, war in meiner *Mein-Kampf*-Lesung in Weimar. Es hat ihm so gut gefallen, dass er mich weiterempfohlen hat.

Für mich ist das eine aufregende Sache. Bochum ist auch heute noch eines der bekanntesten Theater Deutschlands. Zwar habe ich von der Intendanz des Leander Hausmann viel Schlechtes gehört, aber was heißt das schon?

Solange man nicht weiß, wer diese Gerüchte verbreitet, bleibt einem nichts anderes übrig, als sich sein eigenes Urteil darüber zu bilden.

Ich spiele – wie sollte es im staatlichen Theater anders sein? – den Türken in Botho Strauß' *Groß und Klein* unter der Regie von Christina Paulhofer.

Dass Schauspieler ein komisches Volk sind, wusste ich bereits, denn ich bin selbst einer. Dass sie aber so fernab von allen Dingen existieren und in ihrer Scheinwelt nicht nur den Blick für andere und anderes verlieren, sondern offensichtlich auch zu sich selbst keinen anderen Bezug herstellen können als in einer vollkommen übersteigerten Form eines destruktiven Narzissmus, ist nicht nur frustrierend und kaum auszuhalten, es ist auch ein Schlag ins Gesicht all derer, die berechtigterweise glauben müssten, dass als Sammelpunkt für die intellektuelle Welt das Theater die geeignetste Plattform dieser Erde wäre.

In Wirklichkeit aber ist das subventionierte Theater fast tot. In seiner Agonie zerfleischt es nur noch sich selbst und schaut dabei mit unendlicher Häme auf all jene herab, die sich nicht im gleißenden Licht staatlich-subventionierter Langeweile sonnen dürfen.

Stattdessen wird über alles und jeden geschimpft, über die debilen Kritiker hergezogen, abwechselnd gesoffen, gevögelt, schwadroniert, gemeuchelt und intrigiert, zwischendurch selbstgefällig präsentiert und selten hinterfragt, abgesehen von einer vollkommen unpolitischen Haltung, die sich, wenn überhaupt vorhanden, auf die Marginalien des Alltags beschränkt und eher im Affekt als in der Nachforschung entsteht.

Theater heute ist ein Albtraum zwischen Desillusionierung und der Unverschämtheit dekadent vorgehaltener Geistesblitze.

Mit einem Wort: Es ist Selbstbefriedigung.

Theater heute, das ist aber auch praktisch vollzogener Faschismus in seiner reinsten Form, also ein ideales Forschungsfeld für einen, der sich mit den Folgen von zu viel (oder zu wenig) *Mein Kampf* auseinander setzt.

Es ist auch nicht besonders appetitlich, irgendwelchen allesamt hochverehrten Kollegen in ihrer entblößten, abscheulichen und dieser Welt vollkommen enthobenen Art zu begegnen.

Wenn man aber einmal den Umgangston dieser Menschen auf Proben kennen lernt, dann muss man Adolf Hitler nicht mehr suchen, dann ist er mit einem Mal anwesend.

Da wird geschrien, mit Rausschmiss gedroht, beleidigt, geprügelt, geschlagen, gegeifert und gespuckt, und alles im Dienste der Kunst und alles nur gegen die Bühnenangestellten, die Komparsen, die niederen Gefilde, niemals gegen Respektspersonen und Diven, niemals gegen große Künstler oder gute Freunde.

Die werden schon eher abgeleckt, die werden hofiert und mit enthusiastischem Lachen begrüßt und verabschiedet, die bekommen ein Bier nach dem anderen ausgegeben, die sind der Mittelpunkt der Welt. Und auch die Personen im näheren Umfeld der Theatergötter eignen sich zuweilen die Allüren ihrer Vorgesetzten an.

Wurde gerade noch gebückt, weil der große Regisseur um Aufmerksamkeit bat, so wird im nächsten Moment getreten, weil das Telefonat nervt oder das Anliegen zu unwichtig erscheint.

Sekretärinnen, Dramaturgen, Oberspielleiter und Kostümbildner, alle leben sie in ihrem kleinen totalitären Theater, und wehe dem, der sie hinterfragt, wehe dem, der anfängt, zu nörgeln oder gegen Ungerechtigkeit aufzubegehren.

Es gibt heutzutage wenige Orte, die unpolitischer sind als das Theater. Wie sollten Theaterleute auch ein politisches Bewusstsein entwickeln? Schließlich hängen diese Leute von morgens bis abends aufeinander, und wenn sie einmal Gelegenheit hätten, sich zu informieren, dann sehen sie sich die Stücke der Konkurrenz an.

Darf das sein?

Erfüllt nicht das Theater auch einen Bildungsauftrag? Ist nicht das Theater zugleich auch ein Abbild der geistig-moralischen Verfassung unserer Gesellschaft und damit ein wichtiger Baustein unserer demokratischen Konstitution?

Kann man diese Aufgabe unterentwickelten Vollidioten überlassen? Kann man diese Verantwortung spätpubertären Alkoholikern anvertrauen? Oder ist es ein unumgänglicher Habitus der Boheme, ohne diesen sie nicht produzieren könnte? Gehört nicht diese Unbefangenheit erst recht zur künstlerischen Freiheit?

Ist es aber dafür nicht vonnöten, sich mit den Texten des Theaters zu befassen, beispielsweise mit Botho Strauß, dem viel gescholtenen postnationalen Vertreter der neuen deutschen Nachdenklichkeit? Was aber sagt Botho Strauß? Er besetzt Allgemeinplätze auf sprachlich mehr oder minder hohem Niveau.

Was setzt Botho Strauß dem Tempo eines MTV-Clips entgegen? Ist er bunter, intensiver, lauter, schriller, neuer oder anders?

Botho Strauß ist eigentlich unwichtig. Seine Stücke könnten auch in Honolulu erscheinen, dann würde niemand sie spielen, würde niemand sie lesen. Seine Präsenz ist ein Affekt, und seine Anhänger sind affektiert.

Warum treffen die meisten zeitgenössischen Autoren mit ihren Stücken nicht den Nerv der Zuschauer? Weil sie selbst ausgemergelte Hüllen sind, voll Bedeutungslosigkeit, voller Ignoranz. Wo ist die Sehnsucht, die das Theater braucht? Wo ist der Hass, und wo ist die Liebe?

Wie kann man solch einem Theater Vertrauen schenken, das an solch mangelndem Selbstvertrauen leidet? Wo ist das gemeinsame Leid, das mir als Zuschauer erst die Identifikation mit den Leidenden ermöglicht?

Allein den Anspruch und die Motivation zu besitzen, *zu überzeugen* oder *zu argumentieren*, ist in dieser ziellosen Zeit schon eine Goldgrube.

11. Mölln, 10.12.1998

Nach endlos langen Monaten und Gastspielen in Schulen, Bibliotheken, Volkshochschulen (zunehmend im Namen der Böll-Stiftungen) führt die nächste Station unserer Tournee nach Mölln: die Stadt, in der bei einem feigen nächtlichen Brandanschlag fünf Menschen in den Flammen ums Leben gekommen sind; die Stadt, deren Name für viele wieder aufkeimenden Nationalismus und die Wiederkehr einer hohlen Brut bedeutet.

Es liegt also auf der Hand, dass ich mit meiner Lesung auch und vielleicht gerade dort gastiere. Ganz nebenbei hoffe ich natürlich auch auf einige Einblicke in den aktuellen Stand der Dinge.

Mölln liegt unweit von Lübeck in einer sehr hübschen Landschaft, umgeben von mehreren Seen. Es gibt in Norddeutschland viele Städte, die ähnlich aussehen. Dabei ist Mölln sicher noch eine der schönsten Städte dieser Größenordnung. Leider führt durch die Stadt eine viel befahrene Bundesstraße, sodass man zwar die Gelegenheit hat, schöne Gebäude zu betrachten, sich dabei aber ziemlich schlecht unterhalten kann, weil die Autos mit ihrem Lärm jegliche Idylle im Ansatz zerfahren.

Die Reise nach Mölln findet im Rahmen einer durch die Böll-Stiftung Schleswig-Holstein organisierten Tournee statt. Zuvor habe ich in Kiel, Flensburg, Eckernförde und Lübeck gelesen.

Diesmal ist der Veranstalter der kurz nach dem Brandanschlag gegründete Verein »Miteinander leben e.V.«, den man im hinteren Teil des besagten Gebäudes auf der Mühlenstraße einquartiert hat.

Als wir am frühen Abend in Mölln eintreffen, ist es eisig kalt und auf den Straßen liegt bereits eine dünne Schicht Schnee. Es ist Anfang Dezember, und die Hauptstraße ist vorweihnachtlich dekoriert mit Lichtern, Tannenbäumen und bunten Girlanden. Auf dem Vorplatz der örtlichen Sparkasse spielt eine Dixie-Band, Menschen huschen von einer Straßenseite auf die andere, in ihren Händen tragen sie volle Plastiktüten mit Weihnachtsgeschenken.

Wir fahren zunächst zum Hotel und gehen dann zu Fuß an einem kleinen Bach entlang vorbei an niedlichen Fachwerkhäusern über kopfsteingepflasterte Gassen zum Veranstaltungsort.

Die Mühlenstraße verläuft parallel zur Hauptverkehrsstraße. Dann stehen wir vor dem Haus mit der Nummer 9. Es ist ein ganz normales Haus in einer ganz normalen Straße. Kaum zu glauben, dass noch vor wenigen Jahren Bilder von diesem Haus um die ganze Welt gingen. Im Fernsehen allerdings wirkte alles viel größer. Jetzt sehen die Straße und das zweistöckige weiße Haus ziemlich klein aus.

Das einst niedergebrannte Gebäude ist vollkommen saniert. Innen leuchten Lampen. Man erkennt an der Einrichtung, dass die Bewohner Türken sind. Aus einem offenen Fenster höre ich türkische Wortfetzen.

Je länger ich darüber nachdenke, desto mehr wundere ich mich, wieso gerade dieses unscheinbare Haus zum Ziel eines Anschlags werden konnte. Oder vielleicht gerade deswegen?

Die einzige Besonderheit des Hauses ist eine an der Fassade angebrachte Gedenktafel, auf der Flammen abgebildet sind.

Wir gehen durch eine schmale Gasse in den Hinterhof, wo sich der Veranstaltungsort in den Räumen des Vereins befindet.

Dort werden wir von einer redseligen Veranstalterin begrüßt, die wieder einmal berichtet, welche Schwierigkeiten es bei der Organisation gerade dieser Veranstaltung gegeben habe. *Mein Kampf* in Mölln, von einem Türken gelesen, in dem Haus, in dem vor wenigen Jahren Türken durch einen Brandanschlag ums Leben gekommen sind. Das grenze schon an Provokation und sei gerade im Zusammenhang mit der Zielsetzung des Vereins nicht nachvollziehbar.

Tatsächlich haben wir auf unserem Weg durch die Stadt fast keinen einzigen Hinweis auf die Lesung entdecken können. Allein die Konstellation »Ort–Künstler–Text« scheint auszureichen, um wieder einmal Protest zu bekunden, indem man Plakate oder gleich die ganze Lesung boykottiert. Weshalb allerdings ein Türke Interesse an der Diffamierung von Türken haben sollte, bleibt unklar.

Während wir in einem der oberen, noch nicht ausgebauten Räume unser Catering verdrücken, erzählt uns die Veranstalterin von den großen Mühen, die sie – nicht nur mit den Behörden – bei der Durchsetzung ihrer Ziele und Planungen habe.

Sie erzählt uns von dem riesigen Medienaufgebot in den Tagen des Anschlags und davon, dass sie in vielen Zeitungen und Magazinen erschienen sei, sowie von ihrem gestörten Verhältnis zum Bruder der Opfer, der als verurteilter Krimineller bereits vorher stadtbekannt gewesen sei und damals wie heute durch Zuhälterei und Drogenschmuggel sein Geld verdiene.

Sie erzählt uns mit vorgehaltener Hand auch von der Theorie, dass er womöglich selbst an dem Anschlag beteiligt gewesen sein könne, um auf diese Weise Versicherungsgelder einzustreichen. Das kenne man ja.

Dabei betont sie häufiger als notwendig, dass es ja äußerst schwierig sei, heutzutage diesen Menschen einen Vorwurf zu machen, da man ansonsten auch schnell in Verdacht gerate, ein Ausländerfeind zu sein.

Der ganze Ruf der schönen Stadt sei mit einem Male ruiniert worden, und es scheine, als würde sich dieser Schaden nicht so schnell wieder beheben lassen.

Mit der Gedenkstätte sollte ursprünglich ein Zeichen gegen Ausländerfeindlichkeit gesetzt werden, jetzt stehe sie mit ihrem Engagement häufig allein da, und diejenigen, an die sich ihr Angebot ursprünglich richten sollte, seien vollkommen uninteressiert an einem harmonischen Miteinander.

Nichts Besonderes, erwidere ich, dass ein Zuhälter Türke sein kann und ein Türke Zuhälter, das ändert nichts an der Grausamkeit des Geschehens.

Nein, nein, das nicht. Aber wie der Mann aus dem Leid seiner Familie Profit gemacht habe, das sei nicht mehr schön. Eine Zeit lang habe er ein Fernsehinterview nach dem anderen gegeben, und als er angefangen habe, Geld für seine Antworten zu verlangen, da hätten auch die Fernsehleute erkannt, mit was für einem Menschen sie es zu tun hätten.

Was ändert das an dem Anspruch, eine Gedenkstätte betreiben zu wollen?, frage ich.

Nichts, aber es sei eben doch anders, als sich die meisten Menschen das so vorstellen würden. Da seien ein paar Idioten über die ehemalige Grenze gekommen und hätten in Bierlaune ein Haus abgefackelt, und schon denke die ganze Nation, hier handle es sich um einen Hort von Nazis.

Ich verstehe, dass man mit diesem Ruf lernen muss umzugehen.

Mölln ist ein sichtbar gewordener Beweis für die Existenz der in *Mein Kampf* entstandenen und sich im Verlaufe der Jahrzehnte weiterentwickelten Gespenster unserer Geschichte. Die Zeit drängt. Die ersten Gäste sind bereits zu hören. Nach Sachsenhausen ist dieser der wohl heikelste Auftritt. Wieder einmal stehe ich vor der Frage, ob es angebracht ist, an einem solchen Ort nicht nur zum

Nachdenken, sondern vielleicht auch zum Lachen anzuregen.

Was, wenn die Bewohner des vorderen Hauses uns dabei hören und sich fragen, warum und worüber hier gelacht wird? Sollte man sie nicht einladen?

Ich beginne zu lesen.

Plötzlich stehen einige türkische Kinder im Eingang. Sie wollen wissen, was es mit der Lesung aus *Mein Kampf* auf sich hat. Die Jungen – sie sind zwischen 12 und 15 Jahre alt – zeigen dabei großen Mut. Ihre Frage lässt vermuten, dass es ihnen unklar ist, ob die im Raum befindlichen Personen für sie gefährlich sein könnten. In der Sicherheit ihrer Gruppe aber trauen sie sich nachzufragen. Gehen sie wirklich davon aus, dass sie irgendetwas dagegen tun könnten, wenn wir ihnen ernsthaft schaden wollten?

Auch den Jungen scheint seit den Ereignissen der vergangenen Jahre klar geworden zu sein, dass ein neues Bewusstsein im Umgang mit der eigenen Courage vonnöten ist, wenn es darum gehen soll, eine Renaissance des rechten Spuks zu verhindern. Mehr intuitiv als bewusst geben sie mit ihrer Haltung den einzig richtigen Weg vor. Nämlich zu fragen, wenn Dinge unklar sind, nicht wegzuschauen und darauf zu hoffen, dass schon nichts Böses passieren wird, sondern gerade dann hinzugehen und sich zu zeigen, wenn es am gefährlichsten sein könnte.

Das Auftreten dieser Jungen imponiert mir. Ich sehe, wie einfach es doch sein kann, etwas für die reibungslose Funktionalität unseres Zusammenlebens zu tun. Wie naiv ist ihr Gedanke, und wie effektiv ist letztendlich ihr unüberlegtes Handeln. Während wir uns Tag für Tag und Woche für Woche den Kopf zerbrechen, wie man Widerstand gegen Einschüchterung und Bedrohung leisten kann, geben diese Kids ihre Antwort auf unkomplizierte Weise.

Ich lade die Jungen ein, in meiner Lesung zu bleiben. Sie setzen sich dazu. Während ich lese, merke ich aber, dass ihre Aufmerksamkeit schnell schwindet, und schon nach einigen Minuten beschließen sie, den Raum wieder zu verlassen.

An diesem Abend sind etwa zehn Zuschauer anwesend. Ziemlich wenig dafür, dass die Stadt so einen Ruf hat. Es lag wohl an der fehlenden Werbung. Oder haben die Leute Berührungsängste, sind sie genervt von all dem Trubel in ihrer beschaulichen Idylle? Es ist schwer zu erklären, aber auch die anwesenden Gäste äußern sich überrascht darüber, dass so wenige Zuschauer gekommen sind.

Vielleicht ist aber auch die Wunde noch zu frisch. Vielleicht sind die beiden Themenkomplexe *Mein Kampf* und Mölln in den Augen der Betrachter nicht so miteinander vereinbar, wie ich das vermutet habe.

Dabei sehe ich gerade eine erschreckende Chronologie der Ereignisse: In *Mein Kampf* schildert Hitler das, was er wenige Jahre später durchführen wird. Hitlers Plan endet jedoch nicht mit der Kapitulation 1945. Er vollzieht sich auch in den folgenden Jahren immer weiter. Mölln ist nur ein Indikator für die Anziehungskraft dieser Idee, denn auch ein Brandanschlag im Jahre 1992 hat indirekt mit *Mein Kampf*, mit Hitler, mit der Geschichte zu tun.

Alles ist miteinander verbunden. Diese Erfahrung machen wir auf unserer Reise tagtäglich. Es ist unmöglich, das Ende einer Geschichte zu sehen, ohne den Anfang gekannt zu haben.

Immer wieder werde ich auf meiner Tour gefragt, ob ich an eine Wiederkehr des Naziterrors in Deutschland glaube. Welche Antwort kann besser sein auf diese Frage als Mölln selbst? Ist Hitler nicht präsent genug, wenn seine Theorien immer noch dazu ausreichen, Menschen zu verbrennen aufgrund ihrer Hautfarbe, ihrer Nationalität oder ihres Glaubens?

Wie können wir jemals eine Trennung zwischen Geschichte und Gegenwart vornehmen, wenn die Geschichte noch in der Gegenwart bleibt und die Gegenwart noch lange nicht Geschichte geworden ist?

Mölln ist und bleibt nur eine Stadt. Der Geist ist für kurze Zeit aus der Flasche gekrochen und hat vielleicht zufällig hier sein Unheil angerichtet. Ob er wieder in die Flasche zurückgekehrt ist, wie wir ihn in seiner Flasche gefangen halten und ob es eine Möglichkeit gibt, seinen Spuk zu beherrschen, können wir nur wissen, wenn wir uns auf seine Spur machen. Die Liste seiner Verwüstungen ist lang; sie führt durch viele Länder und zahlreiche Städte, durch Köpfe wie Autobahnen, sie schimmert in Blicken, ist festgehalten auf vergilbtem Zelluloid, sie ist blutig und voller Grausamkeit, aber das Ende ist nicht in Sicht. Ich sehe es nicht. Auch nicht Mölln.

Der Auftritt ist vorbei. Applaus. Wir steigen in den Wagen und fahren weiter auf der Spur des rechten Spuks.

12. Sandbostel/Bremervörde, 11.12.1998

Auf dem Rückweg von Mölln nach Neuss steht uns ein weiteres interessantes Gastspiel bevor. In einer meiner Vorstellungen in München war ein Zuschauer aus Bremervörde. Er erzählt mir, dass es in seiner Heimatstadt einen sehr engagierten Menschen gebe, der sicherlich Interesse an einem Gastspiel hätte und zudem auch noch eine Gedenkstätte für das mir bis zu diesem Zeitpunkt unbekannte, ehemalige Kriegsgefangenlager in Sandbostel in Bremervörde aufgebaut habe.

Klaus V. ist Doktor der Geschichte und arbeitet am städtischen Gymnasium als Lehrer für Geschichte und Politik. Als ich ihn an einem Wochentag abends anrufe, scheint er noch skeptisch zu sein. Es ist ihm – so wie vielen anderen – nicht klar, ob es sich um ein seltsames Angebot einer vielleicht noch seltsameren Gruppe handelt oder einen ernst gemeinten Vorschlag zur Zusammenarbeit.

Ich biete ihm an, einige Unterlagen zu schicken, und bereits wenige Tage später sind wir uns darüber einig, ein Gastspiel an seiner Schule zu organisieren.

Nach unserem Erlebnis in Mölln hatten wir nicht besonders viel Zeit, unsere Eindrücke zu verdauen; die Termine liegen sehr dicht beieinander. Wir sind die ganze Nacht bei dichtem Schneetreiben unterwegs und erreichen unser Hotel erst gegen drei Uhr in der Frühe.

Beim Frühstück begrüßt uns Klaus. Ein schüchterner Mann, mit leiser Stimme, herzensguten blauen Augen und einem verschmitztem Lächeln im Gesicht.

Es bleibt nicht viel Zeit, um zwischen Kaffee und Tee über organisatorische, geschweige denn über private Dinge zu sprechen. Dennoch erzählt uns Klaus davon, welche Mühen und Widerstände er beim Aufbau seiner Gedenkstätte im provinziellen Bremervörde gehabt habe, und weckt damit unsere ohnehin schon vorhandene Neugier. Wir nehmen uns vor, zwischen den Vorstellungen auf das Gelände des ehemaligen Lagers zu fahren.

Gesagt getan. Am späten Nachmittag setzen wir uns in den Wagen und fahren los, um vor Einbruch der Dunkelheit in Sandbostel anzukommen.

Was wir in den nächsten zwei Stunden sehr eindringlich und eindrucksvoll von Klaus erfahren, ist eine unglaubliche Geschichte, die in vielen Dingen unserem eigenen Anliegen, nämlich vor allem dem Kampf gegen das Vergessen, ähnlich ist. Es scheint so, als würde dieser zunächst wortkarge Mensch voll und ganz in seiner Aufgabe als Restaurateur verschollener Erinnerungen aufgehen; sein Gesicht strahlt plötzlich vor Mitteilungsbedürfnis und seine Worte sind bedächtig gewählt, zwar oft wiederholt, aber mit wiederkehrender Prägnanz rekonstruiert.

Klaus erzählt uns von den fast zwölf Kilometer langen Todesmärschen der Gefangenen, meist waren es russische Kriegsgefangene, vom Bahnhof (direkt gegenüber unserem Hotel) bis zum Lager in Sandbostel.

Wir fahren die Strecke mit unserem Wagen ab, und dennoch erscheint es uns wie eine Ewigkeit, bis wir vor der ehemaligen Einfahrt des Lagers ankommen.

Zeitweilig waren 50 000 Menschen in Sandbostel untergebracht. In Baracken für ursprünglich 200 Menschen stapelten sich bis zu 600 Insassen.

Die Menschen wurden sehr unterschiedlich behandelt je nach Nationalität und der damit verbundenen Pflicht zur Einhaltung der Genfer Konventionen, sofern man hier überhaupt nachvollziehen konnte, was eingehalten wurde und was nicht; es gab unterschiedliche Küchen und Verpflegung für Kriegsgefangene und zwischenzeitlich in Zelten einquartierte KZ-Häftlinge, schmale Bunker für Wächter, Arbeitsgebäude – kurz: ein riesiges Areal, welches heute in keiner Form gekennzeichnet ist, lediglich ein Gedenkstein weist versteckt am Eingang auf die makabre Verwendung dieser Baracken hin.

Auch wenn Sandbostel im Vergleich zum KZ in Neuengamme bei Hamburg oder Bergen-Belsen verhältnismäßig unbekannt geblieben ist, so ist es doch eines der eindrücklichsten Beispiele für unseren seltsamen Umgang mit der Geschichte.

Sandbostel ist ein vergessener, mehr noch verdrängter Ort.

In der beschaulichen Idylle des sumpfigen Landstriches zwischen Bremen, Hamburg und Oldenburg vermutet man eher reedgedeckte Fachwerkhäuser als eilig gezimmerte Baracken zur Unterbringung von Kriegsgefangenen.

Fast logisch also, dass die Gemeinde und auch das Land keine großen Mühen in die Rekonstruktion dieses Ortes investieren, um nicht die touristische Anziehungskraft der Region zu zerstören.

Wie sich das Bild der Stadt doch verändern würde, wenn Reisebusse voller »KZ-Besucher« heranpilgern und dabei für einen Augenblick Alt und Neu gedanklich in einen Topf schmeißen würden, einen Moment lang die Stimmen der schreienden Menschen, den Geruch der verscharrten, hastig erschossenen Leichen spüren und aus der Beschaulichkeit einen Horrortrip entspringen sehen und voller Entsetzen den Ort verlassen, um in die eigene Idylle ihrer Heimat zurückzukehren.

Das ehemalige Lager ist heute ein Gewerbegebiet. Neben einem Reiterhof für Ferien auf dem Lande sind in den ehemaligen Baracken eine Holzhandlung und – als Gipfel des Makabren – ein Geschäft für Gasmasken untergebracht. Da man das Areal nicht gänzlich bereinigen konnte, hat man sich auf mehrere Kompromisse geeinigt – in der Hoffnung darauf, dass die scheinbare Bedeutungslosigkeit des Ortes eine ebensolche Arglosigkeit der Verwalter konsolidieren würde.

Aber das Gegenteil ist geschehen. Gerade die Unterbringung scheinbar ganz gewöhnlicher Gewerbe verleiht dem Ort eine unwirkliche und erschreckende Atmosphäre, gerade die unverständliche Ignoranz birgt einen Aspekt von latenter Empfangsbereitschaft für die Wiederkehr ähnlicher Szenarien.

Unser Tag in Bremervörde ist schnell vergangen. Wieder haben wir einen Mitstreiter entdeckt. Als wir am nächsten Morgen in den Wagen steigen, sehe ich durch die halb vereiste Scheibe den traurig winkenden Klaus. Es scheint, als bleibe er allein zurück im Kampf gegen die Windmühlen.

13. Trier, 21.01.2000

Morddrohung in Trier. Gegen 7 Uhr 50 ruft in der Universität, wo ich am Abend auftreten soll, ein Mann an: »Guten Tag, ich rufe an wegen der Veranstaltung heute Abend. Also wenn dieses Türkenschwein unseren Führer verunglimpft, dann ist das seine letzte Vorstellung.«

Der Telefonist versucht den Mann hinzuhalten, denn dummerweise benutzt dieser einen Anschluss mit aktivierter Rufnummerübertragung, seine Nummer ist also auf dem Display des Uni-Telefons sichtbar. Da der Telefonist aber eine Sehschwäche hat, kann er die kleinen Zahlen nur mühsam erkennen.

»Welche Veranstaltung meinen Sie?«, fragt er, um Zeit zu gewinnen.

»Diese Lesung da. Also wenn die wirklich stattfindet, dann knallt's«, lautet die Antwort.

Die Polizei wird verständigt.

Man hat allergrößten Grund zur Besorgnis. Schließlich weiß man nicht, wie ernst eine solche Drohung gemeint sein kann. Es werden Kollegen der Abteilung Terrorismus und Extremismus angefordert.

Ich werde ungefähr drei Stunden vor der Lesung benachrichtigt.

Ich setze mich in den Wagen und fahre los. Komische Situation. Nach mehr als 200 Auftritten fällt mir zum ersten Mal auf, wie oft ich bisher Glück gehabt habe.

Das gerade an diesem Tag in Trier etwas passieren könnte, ist schon ein wenig seltsam. Wie oft war ich in Städten und Orten, die einen wesentlich militanteren und extremeren Ruf haben.

Ist meine Entscheidung, mich nicht einschüchtern zu lassen, immer noch fest genug, um auch solche Momente zu überstehen, ohne dabei in Panik zu geraten oder von meiner Idee abzulassen?

Selbst wenn sie es nicht wäre: Darf ein einziger Anrufer verhindern, dass meine Lesung stattfindet? Oder erreicht solch ein Idiot sein Ziel allein dadurch, dass man seiner Ankündigung Glauben schenkt? Müssten wir sie nicht vollkommen außer Acht lassen und dadurch ins Leere laufen lassen?

Wie aber kann man dabei seine eigenen Befürchtungen ignorieren?

Auf der Bühne ist man über zwei Stunden lang sehr angreifbar. Man sieht weder, wer vor einem sitzt, noch ahnt man, was sich hinter einem abspielt.

Es ist also schon ganz sinnvoll, wenn die Polizei in der Nähe ist und dafür sorgt, dass niemand auf falsche Gedanken kommt.

Die zahlreichen unsichtbaren Psychopathen, von denen ich ganz zu Anfang sprach – es gibt sie in solchen Momenten wirklich.

Offensichtlich ist aber auch die Aussprache von Drohungen ein beliebtes Mittel zur Einschüchterung.

Also gut, dann sterbe ich eben heute Abend auf der Bühne. (Auf keinen Fall vor Angst!) Wollen wir doch mal sehen, ob so eine miese Kröte im Hinterland wirklich den Mut hat, seine Ankündigung wahr zu machen, oder ob er sich als so feige entpuppt, wie es seine großen, scheinbar unverunglimpfbaren Vorbilder waren. Gemessen an deren Courage nämlich wäre es schon eine Sensation, wenn sich so ein Würstchen in das Licht der Öffentlichkeit wagen würde, um seine Gesinnung vor Andersgesinnten zu verteidigen. Außerdem: Bellende Hunde beißen nicht.

Am Veranstaltungsort herrscht eine surreale Atmosphäre. Schon vor meiner Ankunft warnte mich der zuständige Beamte davor, Namen oder Orte am Telefon auszusprechen. Warum? Weil mein Telefon abgehört wird? Ich komme mir vor wie in einem Kriminalfilm.

Vor dem Hotel steht ein Wagen mit zwei Beamten. Ich gehe auf die Herren zu und frage sie, ob sie auf mich warten würden. Aber sie geben sich nicht als Beamte zu erkennen und tun so, als wären sie Hotelgäste (die aus einem unerklärbaren Grund im Auto sitzen). Vielleicht ist das ja hier ein Drive-in-Hotel, denke ich und gehe kurz auf mein Zimmer, um meine Tasche wegzubringen.

Ein paar Minuten später komme ich wieder runter, weil ich jetzt, eine Dreiviertelstunde vor Beginn der Lesung, abgeholt werden soll, um gemeinsam mit dem Veranstalter zur Universität hoch zu fahren.

Der Wagen mit den zwei vermeintlichen Hotelgästen wartet immer noch auf den Zimmerservice. Scheint doch kein Drive-in zu sein.

Wir fahren los, die beiden fahren auch.

Die Universität liegt auf einem Hügel. Einer dieser typischen Bauten aus den Achtzigerjahren mit pastellfarbenen Fenstern, viel Beton und einem künstlich angelegtem Park, der wohl den Eindruck menschenfreundlicher Architektur erwecken soll. Mein Begleiter hat große Schwierigkeiten, sich an die mulmige Situation zu gewöhnen. Ich versuche, ihn zu trösten, und erzähle ihm einige Anekdoten aus Berlin-Adlershof, wo ich einige Zeit zuvor gelesen habe: unter dem Schutz einer rekordverdächtigen Zahl von 36 Polizeibeamten, die mit zwei Mannschaftswagen angekarrt werden mussten.

Das beruhigt den jungen Mann nicht besonders. Er erzählt mir, dass er unterwegs an der Tankstelle vor lauter Aufregung schon vergessen habe zu bezahlen. Es sei eben nicht alltäglich, dass man im idyllischen Trier so einen Stress mit Veranstaltungen habe.

Wir parken vor der Uni und gehen die wenigen Stufen hinauf zum Saal. Dort stehen etwa acht Leute herum und begrüßen mich vorsichtig, weil sie nicht wissen, wen oder was sie hier eigentlich schützen.

Es ist immer das Gleiche. Vor der Lesung teilen mir alle mit, wie zweifelhaft sie eine solche Angelegenheit finden; nachher sind sie erleichtert und erkennen, dass es einen Weg jenseits der vorgeschriebenen Konventionen zur Klärung unaussprechlicher Phänomene gibt. Umso absurder wird der Aufwand, den man betreibt, um die Lesung zu schützen. Denn weder ist meine Absicht, den Führer zu verunglimpfen, noch möchte ich unberechtigterweise ein gutes Haar an ihm lassen. Lieber ist es mir, wenn der Führer sich selbst verunglimpft, was ihm ohnehin allabendlich gelingt. Und lieber wäre es mir, wenn die Gegner dieser Verunglimpfung einmal erklären würden, was denn nicht daran zu verunglimpfen sei, dass »Meise zu Meise« geht?

Respekt vor einem Massenmörder zu haben, weil dieser seine Mordabsichten fanatisch genug formuliert hat, bedeutet, den Massenmord zu respektieren; das bedeutet aber auch, jegliche Form von Logik und ebenso sämtliche ethischen Überlegungen in den Hintergrund zu rücken für ein Ziel, das viel banaler ist, nämlich für den Kampf um die eigene Identität.

Je mehr Menschen man wirklich oder nur »angekündigt« ermordet, umso größer wird diese Identitätsfrage, je mehr man versucht, diese Morde zu rechtfertigen, umso mehr wandelt sich die Frage zu einer wahren Identitätskrise, und je mehr man diese Krise zu bewältigen versucht, desto mehr gerät man in den Strudel eines unaufhaltsamen Teufelskreises aus Selbstvernichtung und ideologischer Verkrampfung.

Die Legitimation dazu ist fernab von politischen Wahrheiten; sie ist erfunden, weil sie ohne eine Anbindung zu moralischen Haltungen stattfindet; sie ist der Ausdruck eines soziologisch-kannibalischen Selbstverständnisses von der Macht des Stärkeren.

Etwas, was vielleicht auf dem Mond praktikabel wäre, auf der Erde aber niemals seine Erfüllung finden wird, solange es Menschen gibt, die den Aufwand betreiben, den Individualismus vor den Totalitarismus zu stellen.

Am Einlass herrschen strengste Sicherheitsvorkehrungen. Jeder Zuschauer wird mit Metalldetektoren abgetastet.

Um das Gebäude herum sind Beamte mit Bombenspürhunden unterwegs. Im Saal haben sich einige Polizisten so positioniert, dass sie gegebenenfalls sofort eingreifen können. Ich sitze oben in meiner Umkleidekabine und versuche, mich zu entspannen. Und das alles wegen Adolf, denke ich.

20 Uhr. Ein Student spricht einige einleitende Worte. Ich setze mich auf meinen Stuhl, klappe das Buch auf und beginne zu lesen. Es erinnert mich ein wenig an die Premiere, wie ich jetzt hier sitze und ins Ungewisse hineinbrülle und lese, schweige und flüstere, speichle und kotze, bitte und hoffe, weine und lache, bete und pruste. Die Minuten vergehen, ich vergesse mehr und mehr, was im Vorfeld geschehen ist.

Ich erreiche plötzlich einen Punkt, an dem es mir wichtiger ist, den nächsten Satz vorzutragen als vor einer Kugel auszuweichen. Ich versuche, den Text so zu setzen, dass der unbekannte Schütze vielleicht noch das Ende hören will, bevor er abdrückt. Ich spiele um die Gunst meiner Feinde.

Ich versuche, den Text neu zu verstehen. Ich versuche, den Text so vorzutragen, als gefiele er mir. Ich versuche, immer mehr an den Rand des Unkenntlichen zu lesen. Ich spiele gegen den Verdacht meiner Freunde.

Ich beginne Ambivalenzen auszureizen, Konsequenzen zu verschweigen, Transparenzen zu verschleiern, Kompetenzen zu verlagern, ich spiele um meine eigene Gunst.

Ich spiele mit dem Text, mit mir, mit der Geschichte, mit den Bedeutungen und den Auffassungen, mit den Empfindlichkeiten und den Empfindungen. Ich sehe in den Lauf gezogener Waffen, ich sehe die Kugeln in den Köpfen, ich sehe viele Verwundete und zahlreiche Täter, ich sehe gar nichts und alles auf einmal. Die Zeit vergeht wie im Flug.

Je mehr ich von der angespannten Situation vergesse, desto mehr gerate ich in eine kreative Verdrängung, die mir neue Zugänge zum Text ermöglicht.

Ich bin dem unbekannten Anrufer plötzlich dankbar.

Er hat mit seiner liebenswürdigen Androhung, mich umbringen zu wollen, frischen Wind in meine Lesung gebracht, er hat sowohl das Publikum auch als mich derart für unsere Veranstaltung sensibilisiert, dass wir noch lange an diese kollektive Angstbewältigung denken werden. Dem Antifaschismus konnte an diesem Abend kein größerer Dienst erwiesen werden.

Auch die Zuschauer vergessen. Sie sind mit mir an diesem Abend so weit in die Materie eingedrungen wie an wenigen Abenden zuvor.

Wir suchen nach Gründen, wir suchen nach Erklärungen, wir staunen über die Ehrfurcht, und wir lachen über das Unfassbare. Den Ansatz zu der Erkenntnis, dass unsere Fragestellung höchst konkret und nicht irreal ist, gibt uns auch hier der anonyme Anrufer. Ein wunderbares Fallbeispiel für die andauernde Funktionalität absurder Theorien.

Applaus, Applaus, der Mythos ist zerstört. Applaus, der Führer hat gesprochen. Applaus, wir sind wieder um eine Erfahrung reicher, wir beklatschen unseren Mut, wir klatschen unsere Angst weit weg von uns, von diesem Ort. Applaus, damit der Führer auf ewig sein geiferndes Maul hält und alle anderen, die denselben Scheiß verzapfen, gleich dazu. Applaus, ihr Nazis dieser Welt. Applaus für eure unbedingte Humorlosigkeit, für eure unerklärbare Selbstverleugnung, eure Selbstüberschätzung, eure verkrampfte Nachgeburt nationaler Schwelgereien. Applaus auch für eure Feinde, die euch so bitter ernst nehmen, denen ihr die Freude bereitet, den Gefallen erweist, die Füße küsst, die ihr bedroht, verfolgt, schlagt, denen ihr näher seid, als ihr glaubt, die ihr in eurem Akt der Selbsterzeugung, Selbstvernichtung, Selbstverleumdung, befruchtet, vergewaltigt, vernichtet, wie ihr hoffentlich eines Tages auch selbst vernichtet sein werdet durch die Konsequenz eurer eigenen Haltung. Stille. Schnitt. Marsch. Blut. Leichen über Leichen. Berge von Leichen. Stacheldrahtzaun. Schnitt. Stille. Applaus. Gesichter. Schwarzweiß. Farbe. Schweiß. Sperma. Speichel. Stille. Wind und Regen. Gigantische Lager, Massengräber, Panzer rollen vor. Stille, Schweigen. Lärm und Applaus, der Führer in cremefarbener Uniform, aus der hinteren Perspektive, das Stadion, die Menschen in Reih und Glied, die Fahnen stehen, sie sind wie in Gips gegossen, ich sehe die Menschen vor mir, ich spüre die Uniform an meinem eigenen Körper, ich versuche, einen der Anwesenden zu erkennen, ich sehe nichts, ich kann durch den Stacheldraht nicht erkennen, wer wirklich vor mir ist, es riecht nach Kadavern und Gas, es riecht nach schlechtem Reinigungsmittel, nach Asbest, obwohl ich gar nicht weiß, wie dieser riecht, ich sehe Menschen aneinander geschweißt, Schrauben durch ihre Köpfe, Nägel an ihren Händen, ich sehe Jesus, Adolf und Mickey Mouse, ich sehe Helmut Kohl und Joschka Fischer, ich sehe die schlechten Zähne eines Besuchers, der mit einem Notizblock winkt, einen Blitz, Fotografen der örtlichen Presse suchen den geeigneten Blickwinkel, ich fühle nichts mehr, es hat mich verlassen, ist die Kugel so problemlos in mich eingedrungen, lebe ich oder bin ich tot?

Jetzt höre ich es wieder. Applaus. Die Veranstaltung ist vorbei. Applaus. Das Saallicht geht an, ich kehre zurück, meine Stimme ist nicht mehr im Kopf, sie ist im Raume hörbar, ich sehe Gesichter voller Zufriedenheit und Erleichterung. Ich sehe, dass diese Reise niemals enden wird.

14. Im Ausland, Februar und März 2000

Nachdem in Deutschland fast jeder Ort abgegrast ist, steht uns ein neuer Abschnitt der Tour bevor. Es geht zum ersten Mal ins Ausland.

Die Premiere meiner kleinen Auslandstournee durch das angrenzende, deutschsprachige Ausland findet im Kulturzentrum Minoriten in Graz/Österreich statt.

Die Österreicher entsprechen in vielerlei Hinsicht dem Bild eines typischen Deutschen. Sie legen Wert auf Tradition, sie sind umgeben von Bergen und tragen Dirndl und Lederhosen, sie sprechen unverständliches Kauderwelsch und trinken aus großen Krügen Bier. Selbstverständlich haben sie auch etwas gegen Fremde. Dennoch sieht es in Wien oder in Graz zuweilen aus wie in Ljubljana oder Zagreb.

Dass die österreichischen Nachnamen oft auf -ic oder -ov enden, ist kein Hinweis darauf, dass sich die »eigentlich Deutschen« mit »niederen Völkern« vermischt haben könnten. Überhaupt ist die offizielle Haltung der österreichischen Politik eine immer noch sehr neutrale.

Es gibt Grund zur Besorgnis, wenn Jörg Haider in einer Ausdrucksweise, die an die Wortwahl der Nazis erinnert, über die Entvölkerung der österreichischen Nation philosophiert. Österreich ist, so scheint es, immun gegen den Einfluss des großen Bruders aus dem Nordwesten, dem man sich im April 1938 nur widerwillig angeschlossen hat. Nur allzu gern würden die Österreicher das Märchen von der zwangsweisen Annexion ihrer Heimat am Leben erhalten, wenn da nicht die zahlreichen Ungereimtheiten und immer wieder auch in größerem Umfang sichtbar werdende Diskrepanzen der österreichischen Gesellschaft erkennbar würden.

Wien, die Stadt, die so vielen als Inbegriff harmloser Fröhlichkeit gilt, als festlicher Raum vergnügter Menschen, ist für mich leider nur die lebendige Erinnerung an die traurigste Zeit meines Lebens.

Auch heute noch kann diese Stadt nur trübe Gedanken in mir erwecken. Fünf Jahre Elend und Jammer sind im Namen dieser Phäakenstadt für mich enthalten. Fünf Jahre, in denen ich erst als Hilfsarbeiter, dann als kleiner Maler mir mein Brot verdienen musste; mein wahrhaft kärglich Brot, das doch nie langte, um auch nur den gewöhnlichen Hunger zu stillen.

(…) Und doch habe ich in dieser Zeit gelernt wie nie zuvor. Außer meiner Baukunst, dem seltenen, vom Munde abgesparten Besuch der Oper hatte ich als einzige Freude nur mehr Bücher.

Ich las damals unendlich viel, und zwar gründlich. Was mir so an freier Zeit von meiner Arbeit übrig blieb, ging restlos für mein Studium auf. In wenigen Jahren schuf ich mir damit die Grundlagen eines Wissens, von denen ich auch heute noch zehre.

Aber mehr noch als dieses.

In dieser Zeit bildeten sich mir ein Weltbild und eine Weltanschauung, die zum granitenen Fundament meines derzeitigen Handels wurden. Ich habe zu dem, was ich mir so einst schuf, nur Weniges hinzulernen müssen, zu ändern brauchte ich nichts. (...)

Es wurde mir damals meist nicht schwer, Arbeit an sich zu finden, da ich ja nicht gelernter Handwerker war, sondern nur als so genannter Hilfsarbeiter und manches Mal als Gelegenheitsarbeiter versuchen musste, mir das tägliche Brot zu schaffen. (...) Dass es da irgendeine Arbeit immer gibt, lernte ich bald kennen, allein ebenso schnell auch, wie leicht sie wieder zu verlieren ist. (...)

Hier rächt sich die Unsicherheit des täglichen Verdienstes schon auf das Bitterste an der ganzen Wirtschaft selber. Der Bauernbursche, der in die Großstadt wandert, angezogen von der vermeintlich oder wohl auch wirklich leichteren Arbeit, der kürzeren Arbeitszeit, am meisten aber durch das blendende Licht, das die Großstadt nun einmal auszustrahlen vermag, ist noch an eine gewisse Sicherheit des Verdienstes gewöhnt. (...)

Meist kommt er mit etwas Geld in die große Stadt, braucht also nicht schon am ersten Tag zu verzagen, wenn das Unglück ihn längere Zeit keine Arbeit finden lässt. Schlimmer aber wird es, wenn er eine gefundene Arbeitsstelle in kurzer Zeit wieder verliert. Das Finden einer neuen ist besonders im Winter häufig schwer, wenn nicht unmöglich. Die ersten Wochen geht es dann noch. Er erhält Arbeitslosenunterstützung aus den Kassen seiner Gewerkschaft und schlägt sich durch, so gut als eben möglich. Allein, wenn der letzte eigene Heller und Pfennig verbraucht ist, die Kasse infolge der langen Dauer der Arbeitslosigkeit die Unterstützung auch einstellt, kommt die große Not. Nun lungert er hungernd herum, versetzt und verkauft oft noch das Letzte, kommt so in seiner

Kleidung immer mehr herunter und sinkt damit auch äußerlich in eine Umgebung herab, die ihn nun zum körperlichen Unglück noch seelisch vergiftet. (...)

So lockert sich der sonst fleißige Mensch in seiner ganzen Lebensauffassung, um allmählich zum Instrument jener heranzureifen, die sich seiner nun bedienen um niederer Vorteile willen. (...)

Diesen Prozess konnte ich an tausend Beispielen mit offenen Augen verfolgen. Je länger ich das Spiel sah, umso mehr wuchs meine Abneigung gegen die Millionenstadt, die Menschen erst gierig an sich zog, um sie dann grausam zu zerreiben.

Wenn sie kamen, zählten sie noch immer zu ihrem Volke; wenn sie blieben, gingen sie ihm verloren. (...)

Ich habe mich seit früher Jugend bemüht, auf richtige Art zu lesen, und wurde dabei in glücklicher Weise von Gedächtnis und Verstand unterstützt. Und in solchem Sinne betrachtet, war für mich besonders die Wiener Zeit fruchtbar und wertvoll. Die Erfahrungen des täglichen Lebens bildeten die Anregung zu immer neuem Studium der verschiedensten Probleme. Indem ich endlich so in der Lage war, die Wirklichkeit theoretisch zu begründen, die Theorie an der Wirklichkeit zu prüfen, wurde ich davor bewahrt, entweder in der Theorie zu ersticken oder in der Wirklichkeit zu verflachen.

So wurde in dieser Zeit in zwei wichtigsten Fragen, außer der sozialen, die Erfahrung des täglichen Lebens bestimmend und anregend für gründlichstes theoretisches Studium.

Wer weiß, wann ich mich in die Lehren und das Wesen des Marxismus einmal vertieft hätte, wenn mich nicht die damalige Zeit förmlich mit dem Kopfe auf dieses Problem gestoßen hätte! (...)

So war mir im Alter von siebzehn Jahren das Wort »Marxismus« noch wenig bekannt, während mir »Sozialdemokratie« und »Sozialismus« als identische Begriffe erschienen. Es bedurfte auch hier erst der Faust des Schicksals, um mir das Auge über diesen unerhörten Völkerbetrug zu öffnen. (...)

Am Bau fand mein erstes Zusammentreffen mit Sozialdemokraten statt.

Es war schon von Anfang an nicht sehr erfreulich. Meine Kleidung war noch etwas in Ordnung, meine Sprache gepflegt und mein Wesen zurückhaltend. Ich hatte mit meinem Schicksal noch so viel zu tun, dass ich mich um meine Umgebung nur wenig zu kümmern vermochte. Ich suchte nur nach Arbeit, um nicht zu verhungern, um damit die Möglichkeit einer, wenn auch noch so langsamen, Weiterbildung zu erhalten. Ich würde mich um meine neue Umgebung vielleicht überhaupt nicht gekümmert haben, wenn nicht schon am dritten oder vierten Tage ein Ereignis eingetreten wäre, das mich sofort zu einer Stellungnahme zwang. Ich wurde aufgefordert, in die Organisation einzutreten.

Meine Kenntnisse der gewerkschaftlichen Organisation waren damals noch gleich null. Weder die Zweckmäßigkeit noch die Unzweckmäßigkeit ihres Bestehens hätte ich zu beweisen vermocht. Da man mir erklärte, dass ich eintreten müsse, lehnte ich ab. Ich begründete dies damit, dass ich die Sache nicht verstünde, mich aber überhaupt zu nichts zwingen lasse. Vielleicht war das Erstere der Grund, warum man mich nicht sofort hinauswarf. Man mochte vielleicht hoffen, mich in wenigen Tagen bekehrt oder mürbe gemacht zu haben. Jedenfalls hatte man sich darin gründlich getäuscht. (...)

Die ersten Tage war ich ärgerlich. Mittags ging ein Teil in die zunächst gelegenen Wirtshäuser, während ein anderer am Bauplatz verblieb und dort ein meist sehr ärmliches Mittagsmahl verzehrte. (...)

Nun wurde politisiert.

Adolf Hitler, *Mein Kampf*

Es gibt auch heute noch eine sehr offen gezeigte und praktizierte Ausländerfeindlichkeit in Österreich. Gepaart mit einem, zwar verstümmeltem, aber in seiner Deformation umso praktikableren Selbstverständnis eines nationales Bewusstseins, ergibt diese Haltung genau die richtige Mischung, die man benötigt, um in die Abgründe unverständlicher Wiederauferstehungshoffnungen zu geraten.

Wenn man außerhalb Wiens durch die verlassenen Ortschaften fährt, wenn man jenseits der größeren Städte die Zusammensetzung der Bevölkerung betrachtet, dann stellt man nämlich fest, dass dieses Land im Herzen Europas im Vergleich zu anderen europäischen Ländern einen verhältnismäßig geringen Ausländeranteil besitzt.

Dennoch sind die österreichischen Ansätze rechter Politik immer wieder auf die Begrenzung des Zuzuges von Ausländern gerichtet. Ob es den Menschen der Alpenrepublik Mühe bereitet, sich an die nahen slawischen Einflüsse zu gewöhnen, ist eine Frage, die unbeantwortet bleibt. Zu Zeiten der K.K.-Monarchie war das Land eng an die umliegenden Staaten gebunden, ja sogar auf deren Mitwirkung am Staatswesen angewiesen. Es scheint mehr so, als hätte sich die Republik immer noch nicht von den verwandten Zielsetzungen der deutschen Vorgaben lösen können, viel mehr noch, zuweilen hat man den Eindruck, dass sich die Österreicher für die besseren Deutschen halten.

Dagegen wäre an sich nichts zu sagen. Allein die Identifikation mit dem Begriff eines Deutschen soll nicht ausreichen für eine Wertung. Leider jedoch bleibt bei dieser Adaption nur die Essenz der negativen Einflüsse, sodass es sich wohl eher um eine Karikatur des »hässlichen Deutschen« dabei handelt.

Als wir an einem zwar eisig kalten, aber dennoch sonnigem Donnerstag gegen 18 Uhr abends in Graz ankommen, haben wir bereits knapp hundert Mark für die Anreise bezahlt, weil die zahlreichen Tunnel und Pässe mautpflichtig sind. Unsere Stimmung ist also nicht besonders österreichfreundlich.

Graz, die Hauptstadt der Steiermark, liegt im äußersten Südosten des Landes. Hier gibt es das berühmte steirische Kernöl, gewonnen aus Kürbiskernen, deftige Würstchen gefüllt mit Käse, auch Käsekrainer genannt, und dazu einen stark gebrannten Obstler.

Die Stadt hat einiges an Sehenswürdigkeiten zu bieten. Eingebettet in eine leichte Hügellandschaft, befinden sich in und außerhalb von Graz zahlreiche kleine und große Ausflugsziele, die es zu besichtigen gilt, wenn man Zeit dafür haben sollte. Nachvollziehbarerweise fehlt uns diese Zeit, denn unsere Gastspielreise führt in knapp zwei Wochen quer durch das Land, schließlich nach Norditalien und dann nach Liechtenstein. Der Auftrittsort ist ein Minoritenkloster aus dem 16. Jahrhundert. Nach einer kurzen Besprechung mit der Veranstalterin, einer promovierten Historikern, begeben wir uns zum Aufbau in den Saal, einem Gewölbe mit gotischen Spitzenfenstern und kunstvoll bemalten Wänden. Die Aussichten für ein ausverkauftes Haus sind schlecht. Es ist Donnerstag. Die Werbung lief nicht besonders gut, und viele erinnern sich noch an die Lesung von Helmut Qualtinger, der vor mehr als zwanzig Jahren in vielen Städten des Landes gastierte und damit für eine gewisse Abnutzung des Themas gesorgt zu haben scheint.

Auch mein »Türkenbonus« scheint hier nicht zu interessieren, dazu ist die Angelegenheit zu ungefährlich und auch nicht spektakulär genug.

Nur in Deutschland, so scheint es, kann ein aus *Mein Kampf* lesender Türke für volle Häuser sorgen. In Österreich ist das nur ein Programmpunkt unter vielen.

Die Veranstalterin erzählt uns von anderen Darbietungen, von Lesungen und Performances; in ihren Erzählungen schwingt ein arroganter Unterton mit, der bedeuten will, dass die deutschen Künstler es sich mit ihren Exporten in die österreichische Diaspora immer sehr einfach machen. Viele scheinen zu denken, dass der Anspruch der Alpenländler auf Schuhplattler, debile Kabarett- und Comedydarbietungen beschränkt sei; wenige trauen ihnen zu, dass sie auch anspruchsvolle und witzige Produkte erzeugen, die eben nicht mit dem Klischeebild eines Peter-Alexander-/Roy-Black-Hotels am Wörthersee zu verbinden sind. Knapp an der Grenze zum Minderwertigkeitskomplex bleibt aber noch ein gewisses Fünkchen an kosmopolitischem Interesse, und so lädt man hin und wieder schon einmal einen Künstler aus dem Norden ein, um zu sehen, was denn »da oben« so alles getrieben wird.

Da meine Lesung in den großen deutschen Tageszeitungen besprochen wurde, ging man wohl zunächst davon aus, dass man diesen Werbeeffekt für sich nutzen könne. Bald darauf aber haben sich der eigene Anspruch und die finanzielle Kalkulation als unvereinbar entlarvt, und so bleibt die Veranstaltung ein Appendix inmitten eines engagierten sowie durch und durch organisierten Œuvres oststeirischer Prägung.

Zu unserer Überraschung stehen am Abend doch einige Gäste an der Kasse. Insgesamt etwa dreißig Zuschauer, fast so viele wie bei der Premiere in München, sitzen in dem lang gezogenen Raum und lauschen meiner Lesung aus dem Buche ihres berühmten Landsmannes.

Es ist für mich kein wesentlicher Unterschied zwischen den Reaktionen zu erkennen, zumal ich heute beim Lesen auch mehr mit mir selbst beschäftigt bin. Und durch die besonderes hellen Scheinwerfer geblendet kann ich auch nur wenige Regungen im Zuschauerraum erkennen. Zum ersten Mal lese ich nämlich in Österreich mit österreichischem Akzent. Auch wenn das sonst vielleicht unerheblich zu sein scheint, so gehen einem in diesem Moment solch banalen Sachen nicht aus dem Kopf. Die Ausschnitte, die ich vortrage, sind in Deutschland vielleicht gut ausgewählt, wer aber sagt mir, dass die deutsche Auffassung zum ein oder anderen Kapitel der österreichischen Auffassung entspricht oder sie sogar in gleichem Maße betrifft?

Ich halte es so wie bei allen anderen Unklarheiten. Ich springe ins kalte Wasser und hoffe, dass sich die Fragen von selbst aufklären.

Und so ist es auch richtig. Denn als die Lesung vorbei ist, bleiben viele der Gäste noch da, um in der anschließenden Diskussion ihre Meinung bzw. ihre Fragen loszuwerden.

Es wird dabei deutlich, dass die Zuschauer, entgegen meiner Erwartung, einen direkten Kontext zwischen dem Erstarken der National-Liberalen unter Jörg Haider und den nationalsozialistischen Ideen in *Mein Kampf* sehen, wie es ebenso auch zahlreiche Berührungspunkte zwischen österreichischem und deutschem Antisemitismus und Fremdenhass und seiner Fortführung in der Neuzeit zu geben scheint.

Die Diskussion läuft, ob der Ruhe der ehemaligen Klostermauern, entspannt ab, entspannter als bei den deutschen Gastspielen, und ich bilde mir ein, dass diese Gelassenheit vielleicht sogar etwas mit dem geringeren Anteil des empfundenen Schuldbewusstseins zu tun hat.

Betrachten sich die Menschen hier als beteiligt an der Vernichtungspolitik der Nazis, oder sehen sie sich als Opfer derselben?

Ich lerne dabei ziemlich schnell, dass der Anteil der interessierten Zuschauer, die in meine Lesung kommen, dem Anteil der Menschen zu entsprechen scheint, die sich überhaupt mit dem Thema in dieser Weise auseinander setzen.

Demzufolge habe ich es also hier mit einer nichtrepräsentativen Gruppe von Österreichern zu tun, deren Meinung wohl eher einer Minderheitsmeinung entspricht als der Auffassung des Durchschnittsösterreichers.

Also frage ich, wie die Anwesenden über die derzeitige Konstitution der hiesigen Gesellschaft denken, und erfahre, dass meine anfänglichen Ressentiments gar nicht so unangebracht waren. Entsprechen die Antworten, die ich auf meine Frage erhalte, doch im Wesentlichen den Antworten, die ich mir zuvor selbst geben musste.

In Wirklichkeit ist Österreich nämlich alles andere als neutral. Auf *Mein Kampf* bezogen heißt das: Während in Deutschland ein Pro-forma-Verbot existiert, welches die Grundlage für eine Strafverfolgung im Falle einer nichtlegalen Verwendung des Buches bieten soll, geistert *Mein Kampf* in Österreich viel offener durch die Regale und die Köpfe der anfälligen Personenkreise, als man das zunächst sehen konnte. Denn auch wenn die propagierte

Neutralität des Landes faktisch existent ist, auch wenn die große Katastrophe, welche sich im Namen des Führers wie ein Band über ganz Europa und Teile der Welt gezogen hat, zwar von Österreich ausging, aber dort zunächst nicht in dieser Form initiiert werden konnte, so blieb die Verbundenheit zwischen beiden Völkern eine wichtige Grundlage für die Katapultwirkung der großdeutschen Wahnvorstellung, so blieb ihr Ursprung als Keim erhalten, der sich nur zu mehren brauchte, sobald entsprechender Dünger auf ihn gegeben wurde.

Es wäre dabei absurd zu glauben, dass die gewalttätige Form der nationalen Umtriebe ein rein deutsches Exponat geblieben wäre.

Auch in Österreich gibt es Nazis, und zwar nicht wenige und oft solche, die ihre Überzeugung mit handfesten Argumenten deutlich machen wollen. Man erinnere sich an die Briefbombenattentate gegen die dunkelhäutige Fernsehmoderatorin Arabella Kiesbauer und den damaligen Wiener Bürgermeister Helmut Zilk. Man betrachte aber auch die bereits erwähnte Gleichgültigkeit der österreichischen Politik, wenn es um die Stilisierung etwaiger Wallfahrtsorte wie Braunau am Inn geht.

Der Habitus des Unantastbaren rettet niemanden – auch heute nicht – davor, sich darauf überprüfen zu lassen, wo in seiner Mitte das Übel seinen Platz eingenommen hat.

In Österreich wird man schnell fündig, wenn man unversteckte Relikte der Nazivergangenheit suchen will. Dr. Karl Lueger beispielsweise, eines der großen Vorbilder Hitlers, ist auch heute noch ein hochverehrter Mann.

Das Wiener Burgtheater liegt auf dem Dr.-Karl-Lueger-Ring; es sind Plätze nach ihm benannt und auch Denkmäler existieren.

Weiß man etwa nicht, dass Lueger ein ausgesprochener Antisemit war? Hitler selbst erwähnt ihn mehrmals in *Mein Kampf*. Möchte man so tun, als wäre dieser Teil der österreichischen Vergangenheit getrennt zu betrachten von dem, was jenseits der Grenzen daraus gemacht wurde?

Ähnlich sieht es mit den Stimmenanteilen der FPÖ aus. Fragt man in Österreich jemanden danach, wie er zu den Aussagen Haiders steht, so hört man in der Regel nur Abfälliges. Dennoch entsprechen die Wahlergebnisse nicht dem Anteil der Fürsprecher, die man bei solchen Hinterfragungen trifft.

Ob ganz offen gezeigt oder versteckt angekreuzt. Es gibt in diesem Land eine ungeheuer große Grauzone, weil es viel weiter weg ist vom Fokus der öffentlichen Aufmerksamkeit, weil es sich solche Neigungen und Ausfälle leisten kann, weil es weiterhin ungeniert und ungestört davon träumen kann, eine politische Kultur des Fremdenhasses erfunden zu haben, viel schlimmer, die Kultur auch noch begründen zu können durch zweckentfremdete Gedanken, gespeist aus monarchistischer Wehleidigkeit und national-»sozialistischer« Schludrigkeit.

In Österreich vereinigt sich zudem auf nahezu perfekte Weise die wesentliche Voraussetzung des Faschismus, nämlich der zum Größenwahn mutierte Minderwertigkeitskomplex, mit der schmerzhaften Erinnerung an eine glorreiche Vergangenheit. Der ganze morbide Charme der Hauptstadt Wien, die ganze sprichwörtlich zeitlupenhafte Fortentwicklung der österreichischen Gesellschaft nach dem Zusammenbruch der Monarchie, steht bezeichnenderweise für ein Staatswesen, das seine Identität zwischen der Annäherung an ein multinationales Europa und der Selbstdefinition als ureuropäische Kulturnation zu finden sucht.

Im weiteren Verlauf der kleinen Alpentournee verdichtet sich das neu gewonnene Bild. Am nächsten Tag fahren wir über Judenburg (eine Stadt in Kärnten) nach Klagenfurt, der Hauptstadt Kärntens, der Heimat Jörg Haiders.

Plötzlich ist es ein vollkommen anderes Gefühl, durch die wunderschöne Landschaft zu fahren und in den Menschen keine Anhängsel eines ästhetischen Erlebens zu sehen, sondern in ihnen auch eigenständige Meinungen zu entdecken, ihren hässlichen Alltag kennen zu lernen und zu erkennen, wie weit die Sicherheit bunt bevölkerter Gesellschaften deutscher Großstädte wie München, Köln oder Berlin von diesen Orten entfernt ist. Plötzlich sieht man einzelne Menschen anderer Hautfarbe, umgeben von einer Mehrheit Andersdenkender, hoffnungslos ausgeliefert einer nichtvorhandenen Gastfreundlichkeit, geduldet und gehasst, verfolgt und beobachtet, fernab von jeglicher Kontrolle, weit weg von jeglichem Selbstregulationseffekt.

Ich lese in einem kleinen Theater in der Innenstadt. Wieder ein Gewölbe. Langsam komme ich mir vor wie eine Assel.

Das Gespräch läuft heute sehr schleppend an. Und so nutze ich die Gelegenheit und stelle selbst die Fragen an die wohl eher zufällig erschienenen Zuschauer (insgesamt sind es sechs an der Zahl), die sie an mich stellen sollen. Die Gäste sind wieder sehr gut im Bilde. Über die deutsche Situation wissen sie genauso Bescheid wie über die Wahrnehmung der politischen Lage Österreichs im Ausland. Die Wiederkehr ungestümer Programmatiken hinterlässt bei ihnen Entsetzen und Machtlosigkeit. So scheint es eine willkommene Abwechslung zu sein, dass jemand kommt, um darüber zu referieren, dass es vor mehr als fünfzig Jahren auch in Deutschland einen Menschen gab, der in schwachsinnige Ideen verstrickt, für katastrophale Zustände sorgen konnte.

Aber war dieser Herr nicht Österreicher? Das schon, aber er hat deutsche Politik betrieben und diese nicht aus österreichischer Sicht begriffen. Während in Deutschland die einzige Hoffnung bleibt, dass nicht aus den eigenen Reihen ein solches Monster entspringen konnte, so reicht man jenseits der Alpen das Besitzrecht an dem ungeliebten Sohn wieder an diejenigen zurück, die dem Gekrächze der lahmen Kröte begeistert zugejubelt haben.

Wem gehört er denn jetzt? Keiner will ihn haben. Aber irgendwer muss die Verantwortung wohl übernehmen? Wir können uns an diesem Abend auf keinen Kompromiss einigen.

Nach der Vorstellung sitzen wir bei McDonald's, nuckeln an einer Cola und verdrücken Pommes und Hamburger. Nach all dem lokalen Geschwafel brauchen wir ein wenig Abwechslung, ein Stück Amerika, ein Teil Freiheit; und wenn es nur der Biss in das halb feuchte weiche Brötchen ist, zwischen dessen beiden Hälften ein von Asylantenhand gegrilltes Stück Hackfleisch vor sich hin dümpelt, bis es sich in unserer Magensäure auflöst wie unsere Gedanken und Gastspiele in dem Dunst der vergangenen Tage, Monate und Jahre.

In den darauf folgenden Tagen erleben wir bis auf eine Ausnahme in Schwertberg, in der Nähe des ehemaligen Lagers in Mauthausen, wo die Vorstellung ausverkauft ist, wenig Neues.

Mein Kampf hat in Österreich keine Brisanz. Entweder ist der Inhalt noch zu praktikabel, oder es gibt keinen Bedarf an einer Mythologisierung, weil in der Gegenwart genug vorhanden ist, was man anhimmeln könnte. Jetzt vermisse ich plötzlich Deutschland. Seine ganze Zerrissenheit, die Gesprächsbereitschaft der Menschen, die viel gerühmte deutsche Nachdenklichkeit – und sei es auch nur der offen gezeigte Komplex oder das versteckte Schuldgefühl. Wie angenehm und erlebnisreich war dort unser kleiner Mikrokosmos, in dem wir uns bewegten wie Fische im Wasser. Wie hart und ernüchternd ist diese andere Welt, deren hässliches Gesicht wir hinter der Fassade des Urlaubsdunstes entdecken konnten.

Die Unvereinbarkeit der Begrifflichkeiten erzeugt einen unangenehmen Beigeschmack. Hat man uns hier überhaupt nötig? Ist es nicht eine unverschämte Anmaßung, mit einer solchen Lesung hierhinzukommen und unterschwellig anzuklagen? Fahren wir schnellstens nach Hause und vergessen das Ganze, oder hoffen wir auf ein Resümee, jenseits von persönlicher Empfindlichkeit und Frustbewältigung.

Da kommt es wie gerufen, dass wir für unser nächstes Gastspiel die Grenze überqueren und nach Italien fahren müssen.

Vielleicht erfahren wir ja hier andere Dinge, vielleicht treffen wir hier auf neue Ansichten oder erfahren gar eine Bereicherung, eine Veränderung unserer Wahrnehmung?

Tatsächlich, als wir die Alpen in unserem Rückspiegel sehen, beginnt mit einem Schlag das Thermometer zu steigen. Binnen weniger Minuten finden wir uns in einer blühenden Frühlingslandschaft aus Palmen und Akazien, aus verschiedenfarbigen Blumen und dem angenehmen Duft von Zitrusblüten und Orangen, und das, obwohl es gerade einmal Anfang März ist.

Eine mediterrane Leichtigkeit überkommt unsere tristen Gedanken und für einen kurzen Augenblick vergessen wir die Anspannung der dunklen österreichischen Tage, für einen Augenblick scheinen die Krisen überwunden und die Hoffnungen zurückgekehrt zu sein. Es ist wie eine Befreiung. Unser Ziel an diesem Tag ist Brixen, das italienische Brissano in Südtirol.

> Here I must recall a special hobby which in these years the Jew rode with amazing adroitness: the South Tyrol.
>
> Yes, the South Tyrol. If I here concern myself with this particular question, it is not least to settle accounts with that hypocritical rabble which, counting on the forgetfulness and stupidity of our broad strata, has the insolence to mimic on this point a national indignation, which is more alien especially to the parliamentary swindlers than honest conceptions of property to a magpie.
>
> Aus der englischen Ausgabe von Adolf Hitlers *Mein Kampf*

> Ich muss dabei eines besonderen Steckenpferdes gedenken, das in diesen Jahren der Jude mit außerordentlicher Geschicklichkeit ritt: Südtirol.
>
> Jawohl, Südtirol. Wenn ich mich hier an dieser Stelle gerade mit dieser Frage beschäftige, dann nicht zum Letzten, um eine Abrechnung zu halten mit jenem allerverlogensten Pack, das, auf die Vergesslichkeit und Dummheit unserer breiteren Schichten bauend, sich hier anmaßte, eine nationale Empörung zu mimen, die besonders den parlamentarischen Betrügern ferner liegt als einer Elster redliche Eigentumsbegriffe.
>
> Adolf Hitler, *Mein Kampf*

Hitler war von Italien entzückt. Keine Stadt der Welt, erklärte er später, könne sich mit Florenz oder Rom vergleichen, nichts reiche an die Schönheit der Toskana und Umbriens heran. Der verhinderte Künstler in ihm begeisterte sich an den unvergleichlichen Bauwerken und ihrer Lage unter dem südlichen Himmel. Weniger erfreut war er von der Tatsache, dass das Protokoll von ihm als einem Staatsoberhaupt verlangte, im Quirinal beim König zu wohnen. Der zeremonielle Empfang im Palast langweilte ihn und hinterließ in ihm ein Gefühl ständiger Abneigung gegen das italienische Königshaus.

Seit der Zusammenkunft der beiden Diktatoren [Hitler und Mussolini] im September 1937 hatte die Achse eine ziemliche Belastung aushalten müssen. Zum ersten Mal begegneten sie sich jetzt als Nachbarn. Der Anschluss [Österreichs an Deutschland/1938] war in Italien noch nicht vergessen, die Sorge um Südtirol neu erwacht, während andererseits das englisch-italienische Abkommen vom April in Berlin nicht gerade mit Begeisterung aufgenommen worden war. (...)

Aber während eines Staatsbanketts im Palazzo Venezia am 7. Mai legte Hitler in seiner Rede besonderen Nachdruck auf die Solidarität der Achsenmächte und versicherte seinen Gastgebern, dass er keinen Anspruch auf Südtirol erheben werde. »Es ist mein unabänderlicher Wille und mein Vermächtnis an das deutsche Volk, dass es die Alpengrenze, die von der Natur zwischen uns erreichtet wurde, für alle Zeiten als unverletzlich ansieht.«

Alan Bullock, *Hitler. Eine Studie über Tyrannei*

Brixen ist eine schöne Stadt. Auch wenn man auf Tournee nicht immer in Sightseeing-Laune ist, so fallen einem, vielleicht aufgrund anderer Faktoren wie etwa den Erlebnissen der Vortage, die wenigen Ausnahmen städtebaulicher und atmosphärischer Art angenehm auf.

Man sieht in Brixen viele barocke Elemente, gemischt mit italienisch-südländischen Einflüssen, man hört kreischende Kinder, röhrende Vesparoller und Sprachfetzen aus österreichischem Deutsch und Italienisch.

Die Sonne scheint bei unserer Ankunft. Diesseits der Alpen hat der Begriff Frühling noch eine nachvollziehbare Bedeutung. Ab März beginnt das Wetter milder zu werden, die Luft ist klar, und bald sieht man die ersten Cafébesitzer ihre Stühle nach draußen stellen. Einerseits die mediterrane Betriebsamkeit, andererseits die mitteleuropäische Distinguität auf der Schwelle zur Arroganz.

Schmale Gassen schlängeln sich am Ufer der Adige (Etsch) entlang. Für uns ist es im ersten Moment ungewohnt, in Italien Deutsch zu sprechen. Die Südtiroler hören diese Sprache nicht ungern, obwohl einige von ihnen nur Italienisch sprechen.

Diese Bipolarität hinterlässt bei unserem ersten Besuch ein seltsames Gefühl. Zwar ist man in einem vollkommen fremden Kulturkreis, die Sprache aber ist dieselbe. Im Hinblick auf unser Gastspiel am Abend stelle ich mir die absurde Frage, ob die Menschen meine Sprache, meine vielleicht typisch deutschen Andeutungen, die Ironie oder Bezüge auf politische Gegebenheiten verstehen werden.

Warum bin ich eigentlich eingeladen worden? Offensichtlich kennen die Menschen in Südtirol, also Italien, auch *Mein Kampf*. Hat der Text hier eine andere Bedeutung als in Deutschland? Wie sieht man Hitler im Ausland? In Österreich, das weiß ich nun, betrachtet man ihn ja als eine Missgeburt, deren unglückliches Schicksal den Österreichern erspart geblieben ist. Aber in Italien? Gab es hier nicht auch einen Duce? Waren die Italiener nicht verbündet mit Nazi-Deutschland? Ein Land der Täter also. Welche Auffassung wird es hier zu *Mein Kampf* geben?

Die Sonne geht unter. Es ist kurz vor 18 Uhr. Wir machen uns fertig, um vom Hotel zum Spielort zu gehen. Am Fluss wirft das Licht der untergehenden Sonne einen goldenen Glanz auf das verträumte Städtchen. Nein, wir sind nicht im Urlaub. Solche Gefühle kommen erst gar nicht auf. Komisch. Was die unterschiedliche Einstellung bewirken kann. Nur der Gedanke an die Arbeit lässt einen die ganze Umgebung aus der Entfernung betrachten. Zwar fühlt man sich in solchen Momenten wohler als in Halle oder Sindelfingen, dennoch bleibt es eine gedämpfte Freude angesichts der Anspannung des bevorstehenden Abends.

Es kommen ungefähr dreißig Zuschauer. In dem Laden, in dem ich lese, treten sonst Kabarettisten auf, z.B. Bruno Jonas, der gerade vor kurzem hier gastierte. Mein Vortrag scheint ebenfalls unter der Rubrik politisches Kabarett eingeordnet worden zu sein.

Ich beginne zu lesen. Die Leute verstehen mich. Die erste Anspannung ist verschwunden. Dennoch gibt es in der Reaktion des »italienischen« Publikums einige Unterschiede zu bemerken. Mehr als über die Aussagen lachen die Zuschauer über die Betonung und den Gestus. Mehr als über die Inhalte denken die Zuschauer über die Zusammenhänge zu ihrem eigenen Umfeld nach.

Es wirkt ein wenig indirekt, wie ich über Hitler erzähle und wie sie diesen Hitler dann in ihre eigene Vorstellungswelt einbauen. Fast so indirekt, wie die Entfernung zwischen Deutschland und Italien zu bemessen ist – eigentlich benachbarte Kulturkreise, dennoch getrennt durch die Pufferzone Österreich. Deutschland ist hier weit weg. Hitler ist hier zwar nicht unbekannt, aber auch nicht unbedingt Alltag, wie in jedem deutschen Kopf, egal ob man 10 oder 100 Jahre alt ist.

Da ich nun zum wiederholtem Male erlebe, dass die Brisanz einer *Mein-Kampf*-Lesung im Ausland wesentlich geringer ist als im Inland, frage ich mich erneut, weshalb ich überhaupt im Ausland lese, wenn nicht aus purem Eigennutz: der Neugier nämlich zu erfahren, was sich in den Köpfen der Zuschauer außerhalb der eigenen Grenzen abspielt.

Ich stelle fest, viel spielt sich nicht ab. Es ist eher ein Wurmfortsatz eines generellen Interesses für Geschichte und Literatur. Hitler ist hier ein Exportartikel, etwas Exotisches, aber dennoch etwas typisch Deutsches, obwohl man damit vielleicht wissentlich dem typisch Deutschen Unrecht tut.

Vertrete ich also dann nicht sogar dieses Klischee, wenn ich genau mit dieser Komponente kokettiere, also so tue, als wüsste ich nicht, dass die Leute die Verantwortung für die Geschehnisse abschieben, indem sie die Entstehung der Katastrophe, ihre Durchführung und Auswirkung auf ein fernes Land übertragen?

Konsequenterweise müsste ich doch den gleichen Anspruch wie in meiner Heimat vertreten: neue Fragen zu stellen und für Bewegung in festgefahrenen Mechanismen zu sorgen. Dafür aber wäre es vonnöten, sich besser in dem ausländischen Staat auszukennen; dafür wäre es fast unumgänglich, sich in die italienische – vielleicht sogar in die norditalienische oder südtiroler – Tagespolitik einzuarbeiten.

Gut, dass ich während der Lesung mit den Gedanken abschweifen kann, ohne dabei den Text aus den Augen zu verlieren. Ich lese weiter.

Auch in Italien gibt es viele rechte Tendenzen. Dabei ist die Anwendung rechter Ideologien viel weniger Eigenart unsichtbarer Randgruppen, vielmehr gibt es auch eine Praktikabilität rigoroser Ansichten, welche tiefer in judikativen und legislativen Organen verwurzelt ist als bei uns. 1998 wurde ein wenige Kilometer außerhalb Mailands liegendes riesiges Asylantenlager von rechten Schlägern überfallen. Die Stadtverwaltung und auch die regierenden Parteien nutzten diese Gelegenheit nicht etwa, um für einen besseren Schutz der dort untergebrachten Menschen zu sorgen, sondern um für eine Auflösung des Lagers zu plädieren, was ohne den massiven Widerstand der Bevölkerung auch geschehen wäre.

Durch die Zuwanderung, insbesondere von Flüchtlingen aus Albanien, der Türkei und anderen osteuropäischen Krisengebieten, hat sich die einst unterschwellige Ausländerfeindlichkeit der Italiener in eine offene Abwehrhaltung zum »Selbstschutz« entwickelt, deren Kausalität gerade auch an breite Bevölkerungsschichten durch extreme Parteien herangetragen werden kann.

Der Schutz der Minderheiten ist in Italien jedoch weniger Angelegenheit eines gesunden Volksempfindens als vielmehr der irrationale Fetisch extrem linker Gruppierungen. Künstler und Schriftsteller, so etwa Dario Fo, plädieren für eine Assimilation der Kulturen, indem sie auf Demonstrationen und Kundgebungen offen für diese Menschen Stellung beziehen und sich damit auch gegen das Gros der italienischen Gesellschaft stellen, die sich als Außenposten der EU mit direktem Zugang zu unübersichtlichen Seewegen in der Zwickmühle sieht.

Gerade dieses Konfliktpotenzial ermöglicht in ganz anderem Maße das Wiederaufkeimen chauvinistischer Ideen als in einem vor Zuwanderern abgeschotteten Land wie

Deutschland. Die Ausländerfeindlichkeit hat hier eine reelle Komponente, da der zu schützende Bereich des eigenen Kulturkreises nicht durch Pufferzonen abzudämmen ist. Auch die Gewaltbereitschaft ist in diesem Zusammenhang anders zu bewerten und längst nicht unter solch großer Anteilnahme wie in anderen Ländern geächtet.

Bei einem unserer Spaziergänge sehen wir am Ufer der Adige Hakenkreuze, die auf die Betonpfeiler der Brücken gekritzelt sind. In Norditalien vereint der antifremde Gedanke auch gleich eine proautonome Haltung mit der Affinität zu panalpinen Völkergemeinschaften.

Derart doppelt gebeutelt lässt sich schon einmal schnell eine historische Vorlage, wie die der nationalsozialistischen Idee von der Reinheit der Rassen, zur eigenen Perspektive machen. Derart gebeutelt gleicht dieser Widerstand schon beinahe einem Freiheitskampf, einer Revolution gegen Toleranz und unentschlossener Herumeierei, wenn es um die Handhabung heikler Fragen wie etwa der Ausweisung von Asylanten geht.

Die Südtiroler leben in dieser Beziehung gleichsam unter einer Glasglocke. Ihre Region liegt weit entfernt von den Konfliktherden Norditaliens, aber ebenso weit entfernt ist Südtirol von der Zentrale der Gesetzgebung in Rom. So blüht in diesem Randgebiet so manch abstruse Idee, ohne dass gleich der Schatten des Extremen darauf fällt und ohne dass man aus einer nationalen Mücke gleich einen nationalistischen Elefanten macht.

Interessanterweise tauchen in diesen indifferenten Verhältnissen auch immer wieder Deutsche auf, die den Lehrlingen in Sachen »Weltanschauung im Kleinen« Nachhilfeunterricht geben oder einfach nur in der Nähe sein wollen, wenn Hilfe nötig sein sollte. Einige dieser »Entwicklungshelfer« haben sich auch in meine Lesung verirrt. Kein Wunder also, dass die Enttäuschung größer ist als die Überraschung, dass die angekündigte Lesung aus *Mein Kampf* nicht zur Förderung historischer deutscher Literatur im Ausland dienen soll.

Die anschließende Diskussion bleibt unter dem Niveau meiner Erwartungen. Gelangweilt, fast brav stellen die Zuschauer ihre Standardfragen, schieben die Verantwortung auf die Deutschen und sehen in *Mein Kampf* eine Fragestellung, die sich mehr auf die Vergangenheit als auf ihre eigene Gegenwart beziehen könnte. Erst als ich beginne nachzufragen, wie denn die Situation in Italien sei, lösen sich einige Zuschauer aus ihrer Erstarrung und erzählen, wie groß der Problembereich um rechtsextreme Jugendliche, um Übergriffe auf Fremde oder um die unverhohlene Propagierung ebensolcher Ideen sei.

Ohne eine übergeordnete staatliche Richtlinie im Umgang mit diesen Kräften jedoch bleibt der Widerstand eine gefährliche und Positionierung fordernde Angelegenheit, die man dann doch lieber im politischen Kabarett als im politischen Rampenlicht zu lösen sucht.

Nach der Vorstellung essen wir zum ersten Mal seit langer Zeit wieder – ich habe es beinahe vermisst – eine Pizza und trinken einen dieser hervorragenden Südtiroler Weine. Man erzählt uns von der wunderschönen Landschaft, dem milden Klima, den vielen Touristen der Hauptsaison und der Nebensaison und auch ein wenig stolz von der exponierten Stellung, die man an diesem Fleckchen Europas einnimmt.

Warum sollte man auch den ganzen Abend über Unangenehmes reden? Prost und Gute Nacht!

15. Schweiz, 14.03.2000

Nach diesem kurzen Ausflug nach Südtirol begeben wir uns auf die Rückreise zurück in die Alpen, um über die Schweiz und Liechtenstein nach Hause zu fahren. Knapp eine Woche waren wir in Italien, und fast haben wir uns an das milde Klima gewöhnt, an die sonnigen Vormittage auf der Terrasse unseres Hotels, an das Vogelgezwitscher und die ebenso unbeschwerten Abende bei Wein und Käse, da heißt es Abschied nehmen und zurück in die Kälte, zurück zum Alltag zur rein deutschsprachigen Auseinandersetzung mit *Mein Kampf*.

Das uns jede kurzfristig aufkommende Illusion eines nahenden Frühlings umgehend geraubt werden würde, wussten wir zwar im Voraus, dennoch haben wir die Hoffnung auf eine Verlängerung unseres sonnigen Asyls nicht ganz aufgeben können und sind demzufolge mit kurzen Hosen in den Wagen gestiegen.

Schon die ersten Berge aber verraten, dass diese Hoffnung unberechtigt war, und so halten wir kurz vor der Passüberquerung an, um lange Hosen, dicke Strümpfe und Pullover anzuziehen. Irgendwie scheint es, als würden wir genau dort wieder ansetzen, wo wir vor einigen Tagen aufgehört hatten. War die Fragestellung in Italien immer ein wenig irreal und weit vom Tagesgeschehen entfernt, so ist bei Eintritt in den rein deutschsprachigen Kulturkreis ein Gefühl der Angreifbarkeit wiedergekehrt, wie es ähnlich zuvor auch bereits existierte. Überhaupt hat der Ausflug nach Italien dazu geführt, dass ich meine Lesung mit neuem Abstand betrachte und feststelle, wie bindend auch ein sprachliches Verständnis sein kann.

So sind die Irritationen, die die Ankündigung meiner anstehenden Lesungen in der Schweiz verursacht, so groß, dass die Premiere in Bern auf einen unbekannten Zeitpunkt verschoben werden muss. Vor einiger Zeit nämlich geisterte die »Nazi-Goldaffäre« (eine Bezeichnung für die Entdeckung zahlreicher Konten, auf denen von den Nazis ergaunertes jüdisches Vermögen lagert) durch die Schweizer, vor allem aber auch die internationalen Medien. Da will man nicht durch die missverständliche Lesung aus *Mein Kampf* zusätzliches Öl ins Feuer gießen und hält sich lieber an die Gebote der Neutralität, indem man neutralisiert.

Dabei ist es mit der neutralen Schweiz ohnehin ein Ding für sich. Wer die restriktiven Einreisebestimmungen der Schweizer Behörden kennt, wer den Umgang mit ausländischen Minderheiten beobachtet oder auch die jüngsten Ergebnisse der Nationalkonservativen unter Christoph Blocher betrachtet, der weiß, dass die Schweizer Neutralität eher die Sorge um die Zerstörung der eigenen Idylle bezeichnet als die wirkliche Anteilnahme am Schicksal derer, denen Neutralität im Zweifelsfalle zugute käme.

Zu eng haben Schweizer und Nazis nämlich kooperiert, als dass man verwischen könnte, dass die Infrastruktur nationalsozialistischen Terrors weit über die Landes- und Gaugrenzen in die Kantone der Alpenrepublik führte. Zu nah lagen die beiden Staaten beieinander, als dass die Vermutung abwegig erschiene, dass die wundersame Verschonung der kleinen Nachbarrepublik nicht auch etwas mit ihrer Funktionalität als rechtsfreier Raum zu tun gehabt haben könnte, eine Zweckgemeinschaft, deren unausgesprochenes Credo »Lässt du mich in Frieden, dann kann ich dir vielleicht nützlich sein« sich über die Jahre hinweg bewährt zu haben schien. Nun aber bröckelt es mächtig an der Fassade.

Da es uns also nicht gestattet ist, aus *Mein Kampf* zu lesen, überbrücken wir die freie Zeit mit Recherchen und fahren trotzdem nach Bern, um dort nach einer Ausgabe von *Mein Kampf* zu suchen.

Bern ist eine mittelalterliche Großstadt, für deutsche Verhältnisse eher eine große Kleinstadt. Der Kern ist komplett erhalten, daher ist es mehr als interessant, durch die Gassen und Laubengänge zu wandeln und das akkurate Urlaubsflair der Hauptstadt zu genießen.

Wie in jeder Schweizer Großstadt gibt es sehr schöne Plätze, einen Uhrenturm, Kirchen und zahlreiche Bürgerhäuser zu sehen. An diesem Tag ist gerade Markt. Menschen tummeln sich entlang an überdachten Ständen, es herrscht ein hektisches, fast mediterranes Treiben; es werden kräftig riechende Käsesorten, Wein, Essig, Öl, Weißbrot und Haushaltsartikel, Uhren, Plagiate von Markenartikeln und Bücher, aber auch Esoterisches – wie Steine und Duftöle – zum Kauf angeboten. Aus der Ferne hört man Kirchenglocken, im Gewirr der Stimmen sind unterschiedlichste Sprachen zu erkennen, Schweizerdeutsch, Italienisch, Türkisch und Holländisch. Die Sonne strahlt, das Wetter ist angenehm, aber kalt, die Luft ist so klar, dass das Durchatmen zur Freude wird.

Wir verlassen den Markt und gehen abseits der großen Straßen in kleinere Gassen, um nach Antiquariaten zu suchen, in denen wir vielleicht fündig werden könnten, vorbei am Parlament, entlang an Supermärkten und Kunsthandwerksläden. Der Anteil der touristischen Geschäfte wird zunehmend geringer, und endlich entdecken wir ein geeignet erscheinendes Objekt.

Ein von außen schmal wirkender kleiner Laden am Rande des Zentrums. Innen herrscht eine typische Atmosphäre: Es riecht nach Büchern, es ist eng und staubig, dunkel, aber gemütlich.

»Gruezi«, begrüßt uns ein aufgeweckt dreinschauender älterer Mann mit schütterem weißen Haar und einer fast filmreifen Nickelbrille auf der Spitze seiner krummen Nase.

»Gruezi«, antworten wir und erwecken den Anschein, als wollten wir ein bisschen stöbern, können aber der Beobachtung des Alten nicht ausweichen.

»Wie kann ich Ihnen helfen?« Offensichtlich hat der Mann gemerkt, dass wir nicht von hier sind – er spricht plötzlich Hochdeutsch –, auch spürt er, dass wir unschlüssig sind, ob wir fragen sollen oder nicht. Sein Hochdeutsch klingt so, als wäre er gar kein Schweizer, sondern Exildeutscher, was unseren Mut zu fragen nicht gerade vergrößert.

Ich überwinde mich dennoch und rede etwas um den heißen Brei herum – in der Hoffnung, dass er selbst auf die Idee kommt, was wir denn eigentlich in seinem Laden suchen könnten. Ich frage nach »historischen Schriften«, aus der Zeit zwischen 1920 und 1945. Der Alte kapiert offensichtlich sofort. Entweder ich bilde es mir ein, oder es ist wirklich so: Für einen Sekundenbruchteil gibt es eine Zäsur, als wolle der Mann uns taxieren, um abschätzen zu können, ob wir von der Polizei sind oder wirklich interessiert sein könnten.

»Sie meinen *Mein Kampf*?«, fragt er dann aber frei heraus. Es verschlägt uns die Sprache.

»Woher …?«

»Das sehe ich sofort. Und außerdem hört man es. Hier kommen so viele Landsleute vorbei, und sie wollen immer das Gleiche. Dabei kann ich das gar nicht verstehen. Sie werden enttäuscht sein, es ist sein Geld nicht wert.«

Ich überlege, ob ich einen letzten Rettungsversuch starte, beschließe aber zu kapitulieren und erzähle schließlich die wahre Geschichte – dass ich auf Lesereise sei, dass wir eigentlich in Bern spielen sollten, dass ich ohnehin genügend Ausgaben besitzen würde und nur wissen wollte, wie einfach es sei, in der Schweiz an das Buch heranzukommen.

Das lockert die Situation. Der Alte – er kommt übrigens aus Stuttgart – verschwindet nach hinten und kehrt zurück mit zwei Ausgaben von *Mein Kampf*.

»Bitte sehr!«, sagt er mit einem überlegenen Ausdruck in den Augen.

»Ich kann Ihnen jede Ausgabe, die Sie möchten, besorgen. Dünndruck, Doppelband, 350 Franken. Geschenkausgabe Halbleder, 1 200 Franken, gut erhalten bis zu 5 000 Franken, mit persönlicher Signatur oder gar Widmung, weit darüber. Oder aber auch einen Raubdruck, erschienen 1995 für knapp 30 Mark. Die meisten Deutschen kommen für ihre Ausgabe in die Schweiz. Hier hat sich ja im Laufe der Jahre einiges an Dreck angesammelt, was so über die Grenze herübergeschwappt ist. Denken Sie aber bloß nicht, dass der Kaufpreis etwas über den Inhalt aussagt. Es ist mir ein Rätsel. Wie kann man so etwas verbieten, wie kann man dafür sorgen, dass dafür so viel Geld bezahlt wird, nur weil es verboten ist, wenn auf der anderen Seite so vieles erlaubt bleibt?«

»Aber warum verkaufen Sie das Buch dann? Sie könnten es doch auch verschenken. Insgeheim fördern Sie doch dann den Mythos.«

»Glauben Sie, es wäre an mir, das auszubügeln, was die Obrigkeit geradebiegen müsste? Ich bin doch nur ein kleiner Buchhändler, der um sein Überleben kämpft. Die

Preise bestimmt der Markt. Ich wäre ein Idiot, wenn ich das Buch verschenken würde. Aber es wäre mir lieber, wenn andere Bücher so viel wert wären. Thomas Mann, Schiller, Goethe, Kleist … glauben Sie nicht, diese Autoren hätten es mehr verdient, teuer verkauft zu werden, als … Adolf Hitler?«

Wieder einmal treffen wir jemanden, der seinen ganz persönlichen Umgang mit *Mein Kampf* zu pflegen scheint. Aber die Ansicht, dass ein teurer Verkauf des Buches seine Absurdität besser entlarven würde als die kostenlose Verbreitung, war uns bisher neu. Es ist in den meisten Fällen unnötig, eine solche Haltung anzuzweifeln. Schließlich scheint der Mann ja schon seit längerem in der Diskrepanz zwischen ökonomischem und ideologischem Anspruch zu stehen, da wäre es müßig, ihn eines Besseren belehren zu wollen.

Selbstverständlich bezahlen wir kein Geld für die angebotenen Ausgaben, worauf er uns noch alte Postkarten mit Unterschriften Hitlers, Bildbände und seltene Ausgaben von *Der Stürmer* anbietet und immer mehr in Verdacht gerät, einen ausgesuchten Kundenkreis mit der nationalen Ware zu bedienen.

Eine perfekte Camouflage. Einfach so zu tun, als würde man sich nur dem Gesetz des Marktes beugen, indem man die Nachfrage befriedigt, in Wirklichkeit aber nicht nur profitgierig, sondern auch skrupellos zu sein und die verpönten Pamphlete auch noch mit Sekundärliteratur und diversen Devotionalien anzupreisen.

Wir verlassen den Laden mit ebenso freundlicher wie distanzierter Verabschiedung. Schon die erste Stichprobe hat uns gezeigt, dass wieder ein neues Fass angeschlagen werden würde, wenn wir weiter in die Materie »Schweizer Vergangenheitsbewältigung« eindringen würden. Wir beschließen daher, uns auf diese eine Erfahrung zu beschränken, und wandern weiter durch die Stadt, essen in einem Kellerlokal zu Mittag, trinken in einem italienischen Straßencafé einen Espresso und fahren dann ins Hotel, um auszuspannen für die Weiterreise in das kleine, aber feine Fürstentum Liechtenstein, an der Grenze zu Österreich, an der Schnittstelle zur Schweiz, unweit vom Bodensee und der deutschen Grenze.

16. Liechtenstein, 15.03.2000

Liechtenstein ist eine Miniatur. Eigentlich ist es ein vollständiger Staat, mit eigenem Parlament, eigener Gesetzgebung und eigenen Steuern.

Dennoch ist man in vielen Dingen, beispielsweise der Währung und den Zollbestimmungen, an die Schweiz gebunden. Man zahlt in Franken, und an den Grenzübergängen stehen Schweizer Beamte, um die eventuelle Einreise illegaler Personen über Liechtenstein zu verhindern.

Das kleine Land hat eine Fläche von 157 km². Während im Osten eine gewaltige Bergkette mit Gipfeln bis zu 2 500 Metern aufragt, fällt der Westen des Landes in das fruchtbare Tal des jungen Rheins ab, der sich aus den Alpen kommend hier schon sein erstes Bett erobert hat, um wenige Kilometer weiter bei Bregenz in den Bodensee zu fließen.

Die Hauptstadt der kleinen Alpenrepublik heißt Vaduz und hat etwa 6 000 Einwohner. In Vaduz befindet sich auch das Parlament, an dessen Spitze der vom Volk gewählte Präsident mit seinem Kabinett steht.

Fürst Hans-Adam II., Regent und Landesvater, residiert oberhalb des Städtchens in einem imposant im Felsmassiv errichteten Schloss aus dem 17. Jahrhundert, welches für die Öffentlichkeit nicht zugänglich ist.

Liechtenstein besitzt eines der höchsten Pro-Kopf-Einkommen der Welt. Der Reichtum des Zwergstaates wird vor allem auch durch die freizügige Steuergesetzgebung und die davon angezogenen Briefkastenfirmen genährt.

Es gibt nicht besonders viel zu erzählen über dieses kleine Land, dessen Bekanntheitsgrad mehr durch die außergewöhnlichen Briefmarken als durch geografische Eigenheiten oder besondere Vorkommnisse geschichtlicher Art begründet ist.

In Schaan, der zweitgrößten Ortschaft Liechtensteins, gibt es ein für die Größe des Landes ungewöhnlich geräumiges und aktives Theater, das Theater am Kirchplatz, wo am Abend auch meine Lesung stattfinden wird.

Wir gehen zu diesem Zeitpunkt nicht davon aus, dass Liechtenstein ein besonders gefährliches Pflaster sein könnte. Im Gegenteil. Nach unseren Erfahrungen in Österreich und der Schweiz haben wir eher die Befürchtung, dass niemand kommen wird. Denn wer interessiert sich in Liechtenstein, wo Politik den Charakter einer Freizeitveranstaltung für Bauern zu haben scheint, schon für die Geschehnisse der deutschen bzw. europäischen Geschichte?

Der Anruf eines Schweizer Radioredakteurs ändert allerdings unsere Erwartungen schlagartig.

Anscheinend gibt es in diesem 30 000 Einwohner starken Land doch eine beträchtliche Anzahl, zum Teil sogar militanter Nazis. (Was das wohl in Liechtenstein zu bedeuten hat?) Prompt werden wir auch von den Veranstaltern darüber informiert, dass unsere Lesung nicht ungefährlich sei. Man stellt uns Sicherheitskräfte zur Verfügung, die uns von der Ankunft bis zur Abreise begleiten sollen.

Es mag schwer sein sich vorzustellen, dass in einer solch abgeschiedenen Ecke Mitteleuropas Situationen entstehen können, in denen es erforderlich wird, größere Sicherheitsmaßnahmen bei der Durchführung meiner Lesung zu treffen als in deutschen Großstädten. Gerade darin aber liegt der Trugschluss. Gerade in ländlicheren Gegenden grassiert ein viel tiefer verwurzelter Fremdenhass, ein viel deutlicher ausgetragener Chauvinismus als in dem zumindest oberflächlich kontrollierten Sozialapparat einer Großstadt. Ob das in einem Dorf im Schwarzwald oder in Liechtenstein, ob das auf einer abgelegenen Insel in Dänemark oder in einer Hüttensiedlung in der Tatra ist: Dort, wo es weniger Umgang mit Fremden gibt, ist auch die Angst vor Fremden größer, ist die Abwehr gegen fremde Einflüsse umso vehementer.

Fremd mag für diejenigen, vor denen es mich zu schützen gilt, vor allem der Umgang mit der Materie sein. Fremd muss nicht nur ich als Vortragender sein.

Fremd ist auch vielleicht der Anspruch, eine solche Lesung überhaupt in Liechtenstein veranstalten zu müssen, weil es dort Bedarf an einer Aufklärungsarbeit gäbe. Gibt es überhaupt Bedarf an einer Aufklärung in Liechtenstein, oder haben die Liechtensteiner eine genetische Veranlagung für den richtigen Umgang mit nationalsozialistischer Propaganda?

Nicht nur Liechtensteiner Zuschauer interessieren sich für meine Lesung. Am Abend ist der Saal nach langen Tagen gähnend leerer Vorstellungen wieder einmal gut gefüllt; unter den Zuschauern sind auch viele Schweizer und österreichische Gäste, die von meinen geplatzten Veranstaltungen gehört haben und teilweise von weit her angereist sind, um zu sehen, was ihnen die politische Vormundschaft ihrer parlamentarischen Vertretung verwehrt hat.

In diesem Sinne ist Liechtenstein ein angenehmer Fluchtpunkt nicht nur für solche, die Devotionalismus praktizieren wollen, sondern auch für alle, die sich zwischen den Demarkationslinien der Neutralität Österreichs und der Schweiz eine Alternative gönnen. Demzufolge ist das Einzugsgebiet des Schaaner Theaters groß, und die Vorstellungen sind gut besucht.

Da ich bereits mehrfach in Liechtenstein war, fehlt mir an diesem Tag der entsprechende Ansporn für eine Besichtigungsreise durch die kleine Republik. Deshalb beschränken wir uns auf ein üppiges Mittagessen im Hotel, welches idyllisch oberhalb des Dorfes gelegen ist.

In diesem Zusammenhang ein Wort zur Küche: Während es in Deutschland, insbesondere in Bayern, den Hang zu möglichst viel Fettigem (in der üblichen Dreierkombination Fleisch, Gemüse, Kartoffeln) gibt, spürt man in der Schweiz und in Liechtenstein bereits einen Einfluss mediterraner Küche. So sind die grünen verwelkten Blätter, welche meist abgestorben und in ihrer ursprünglichen Struktur kaum erkennbar unter einer Schicht weißen Dressings liegen – gemeinhin auch Salat genannt –, in der Schweiz und in Liechtenstein noch als solche zu erkennen und werden mit der typisch sauren Salatsoße zu einem wahren Gaumenschmaus verfeinert. Kaum denkbar, dass man in einer Kneipe in Wurzen oder Marktheidenfeld den Wert einer guten Polenta zu schätzen weiß, ebenso undenkbar ist es, dass man sottiertes Fleisch, einen krossen wie delikaten Wildschweinbraten oder nur einen

Teller geselchtes Fleisch mit der nötigen Andacht zu sich nimmt.

Wenn ich an die grauen Tage meiner deutschen Tournee denke, dann ergießt sich tellerweise Soljanka über mein Haupt, dann sehe ich halb gegrillte Broiler lustlos mit den Hüften wackeln oder nassgeschwitzte Teiglappen mit Tomatenketchup belegt zur Pizza mutieren, dann graust es mir vor vertrockneten Ochsenschwänzen und glupschig-glasigen Gulaschsuppen, die ihren Namen nicht verdient haben, dann fürchte ich mich vor Kartoffelaufläufen und Schweinebraten und versuche, die lieblos geschriebenen Speisekarten einschlägiger Kaschemmen zu verdrängen, deren einziges Ziel es zu sein scheint, ihre Angebote in die tiefsten Tiefen der Magenschleimhaut zu manövrieren, um dort für die nötige Verstimmung zu sorgen.

Ich bestelle also einen Hirschbraten mit Polenta und feinen Waldbeeren, dazu gibt es einen gemischten Salat von der Theke, als Aperitif ein kühles Bier und anschließend einen trockenen Weißwein aus Liechtenstein, dessen erdiger Geschmack mich ebenso fasziniert wie die Tatsache, dass es in Liechtenstein so guten Wein zu genießen gibt.

Die Lesung am Abend wird zu einer der interessantesten Lesungen, die ich bisher im Ausland hatte. Die Zuschauer sind offen, sowohl für die witzigen Seiten meines Vortrags, aber auch für die ernsten und direkten Passagen. Sie scheinen zu erkennen, dass in der unvoreingenommenen Annäherung an die Materie ein wesentlicher Vorteil verborgen ist. Natürlich beflügelt auch die positive Reaktion des Publikums mein eigenes Spiel. Ich lese an diesem Abend ungewöhnlich lang, und stärker als bei den anderen Vorstellungen nehme ich mir Zeit, um die Begebenheiten und Umstände meiner Lesereise zu schildern.

Obwohl wir mitten in Europa sind, fühle ich mich plötzlich wie auf einer einsamen, wertneutralen Insel, auf der es besser als anderswo möglich ist, seine Meinung zu sagen, ohne dabei in den Sog einer verfänglichen Geschichtsbetrachtung zu geraten.

Es scheint, als hätte ich mit meinen Erwartungen den Liechtensteinern Unrecht getan, denn sie sind von allen bisherigen Zuschauern im Ausland am aufgeschlossensten für die Lesung und reagieren ohne Empfindlichkeiten exakt an den Stellen, an denen es eine unsichtbare Dramaturgie meiner Lesung ihnen vielleicht vorschreiben würde, wenn sie es könnte.

Möglicherweise ist es aber auch einfach nur Erleichterung darüber, dass meine Reise ihrem vorläufigen Ende entgegengeht, und die Euphorie der letzten Anstrengung, die mich über diesen Abend trägt wie auf einer Wolke.

Wo bin ich nicht überall gewesen? In welchen Kuhdörfern habe ich *Mein Kampf* vorgetragen, mit welch interessanten Menschen habe ich darüber gestritten, welche Diskussionen ertragen, welche Interviews gegeben und welche Artikel gelesen.

Von Flensburg bis Berchtesgaden habe ich Deutschland kennen gelernt, nicht nur seine Landschaften, nicht nur seine Küche, auch seine Menschen, in Ost und West und Nord und Süd. Fast spüre ich einen ersten Anflug von Wehmut, wenn ich an die Augenblicke denke, in denen ich dachte, dass diese Reise sinnlos wäre, und wenn ich dann daran denke, wie bereichernd diese Reise nicht nur für mich gewesen ist. Fast befürchte ich, ohne die Lesung in ein tiefes Loch zu fallen, weil mir die tägliche Reiserei, das tägliche Lesen, die Begegnung mit immer neuen

Menschen fehlen wird, und doch bin ich erleichtert, und doch merke ich, wie mein Körper sich nach Erholung sehnt und wie vor allem mein Geist eine Zeit der hitlerlosen Einkehr verlangt. Vielleicht erzeugt gerade die Erkenntnis, die gröbste Anstrengung hinter mich gebracht zu haben, die gefährlichsten Orte gemeistert zu haben, die Ungewissheit besiegt zu haben und auf der Suche nach meiner persönlichen Wahrheit so einen großen Schritt vorwärts gekommen zu sein, eine Form von Selbstsicherheit und Freude am Spiel, die meine Zuschauer mitreißt und sie intuitiv spüren lässt, dass vor ihnen jemand auf der Bühne sitzt, dem seine Arbeit Spaß macht und der es nicht aufgeben möchte, mit seiner Kenntnis der Dinge andere Menschen von der Richtigkeit seiner Gedanken überzeugen zu wollen.

Die Tournee ist noch nicht am Ende, aber eine lang ersehnte Pause ermöglicht es uns, wieder zu normalen Menschen zu werden und Kräfte zu sammeln für eine Fortsetzung der Reise. Am nächsten Tag fahren wir zurück in die Heimat.

Zu Hause

Erkenntnisse

Am 9. November 1923, im vierten Jahre ihres Bestehens, wurde die Nationalsozialistische Deutsche Arbeiterpartei für das ganze Reichsgebiet aufgelöst und verboten. Heute, im November 1926, steht sie wieder im gesamten Reiche frei vor uns, stärker und innerlich fester als jemals zuvor.

Alle Verfolgungen der Bewegung und ihrer einzelnen Führer, alle Lästerungen und Verleumdungen vermochten ihr nichts anzuhaben. Die Richtigkeit ihrer Ideen, die Reinheit ihres Wollens, die Opferwilligkeit ihrer Anhänger haben sie bisher aus allen Unterdrückungen kräftiger denn je hervorgehen lassen.

Wenn sie in der Welt unserer heutigen parlamentarischen Korruption sich immer mehr auf das tiefste Wesen ihres Kampfes besinnt und als reine Verkörperung des Wertes von Rasse und Person sich fühlt und demgemäß ordnet, wird sie aufgrund einer fast mathematischen Gesetzmäßigkeit dereinst in ihrem Kampfe den Sieg davontragen. Genauso wie Deutschland notwendigerweise die ihm gebührende Stellung auf dieser Erde gewinnen muss, wenn es nach gleichen Grundsätzen geführt und organisiert wird.

Ein Staat, der im Zeitalter der Rassenvergiftung sich der Pflege seiner besten rassischen Elemente widmet, muss eines Tages zum Herrn der Erde werden.

Das mögen die Anhänger unserer Bewegung nie vergessen, wenn je die Größe der Opfer zum bangen Vergleich mit dem möglichen Erfolg verleiten sollte.

Schlusswort aus: Adolf Hitler, *Mein Kampf*

In den ersten Maitagen des Jahres 1945 ist es um das Tausendjährige Reich geschehen. Hitlers fanatischer Traum von einer reinrassigen, arischen Welt ohne Juden, von einem Reich vom Atlantik bis zum Ural ist in Schutt und Asche zerfallen, die Träger dieser »hohen Idee« haben sich wie ängstliche Ratten in unterirdischen Kellern verschanzt und hören wenige hundert Meter weiter mit knatternden Salven die gegnerischen Truppen herannahen.

Bemerkenswert konsequent und dennoch erwartungsgemäß feige ertragen es die einstigen Welteroberer – deren pathetische Formulierungen von heldenhaften Siegen und glorreichen Kampfesmythen plötzlich so weit entfernt scheinen – nicht, diese selbst eingebrockte Niederlage zu erleben. Sie verstecken sich in der Sicherheit unüberschaubarer Kriegsgefangenenlager (in der Hoffnung, nicht erkannt zu werden), schlucken ihre Zyankali-Tabletten oder setzen sich, ein letztes Mal zu fester Entschlossenheit bereit, die Pistole an die Schläfe. Wenige Minuten später sind sie tot. Ihr göttlich geglaubter Körper, tausendfach reproduziert auf Fotos, in Filmen, auf Tonbändern, gleicht nur noch den Körpern ihrer Opfer. Im Tode sind sie mit ihren meist unschuldigen Gegnern vereint. Ein Mann und sein Buch, eine Verbrecherclique und ihre abstrusen Ideen, ein Führer und ein Volk haben eine ganze Nation zertrümmert, ihr Selbstbewusstsein auf Ewigkeiten unwiderruflich zerstört, ihre Identität geraubt, sie vergewaltigt und betrogen.

Vielleicht mag es dem ein oder anderen Verrückten auch heute noch Freude bereiten, sich in der Tradition dieser Menschen zu wähnen, während er *Mein Kampf* liest, ohne dabei an die Folgen des wohl längsten und grausamsten kollektiven Selbstmordes der Geschichte zu denken. Ähnlich unheilbare Fälle wird es auf dieser Welt immer geben. Die Frage ist nur, werden sie wieder eine Gelegenheit bekommen, ihr krankhaftes Denken zur Maxime einer ganzen Nation, zur Bedrohung für die gesamte Menschheit machen zu können?

Gemessen an den Äußerungen, die Hitler in *Mein Kampf* über die Ziele seiner Politik macht, ist mit der Kapitulation am 08. Mai 1945 und dem Selbstmord Hitlers nicht nur die infame Absicht dieses Verführers und Verhetzers auf die eindringlichste Weise entlarvt worden. Es hat sich vor allem dabei aber auch erwiesen, dass die Verantwortung einer Nation mehr beinhaltet als die temporäre Übertragung derselben auf unbekannte Mandatsträger, deren Möglichkeit, diese Verantwortung zu missbrauchen, umso größer wird, je weniger man sich der Tragweite seiner kurzfristig abgetretenen Entscheidungsgewalt bewusst ist.

Hitlers Macht ist eine ihm zunächst durch das Volk übertragene Macht gewesen; Hitlers Entwicklung und die verheerenden Folgen seiner Politik sind dem fehlenden Widerstand nicht nur seines Volkes, sondern auch dem fehlenden Widerstand all derer, die dieser Gefahr hätten vorbeugen können, zuzuschreiben.

Die eigentliche Katastrophe bei dieser historisch einmaligen Koinzindenz ist, wie wenig wir auch heute noch von den Lehren der Vergangenheit profitieren und wie sehr wir uns in unserem Streben nach Wiedergutmachung um eine Versetzung in Zustände diesseits der begangenen Schuld bemühen.

So ist es nur ein selbstverständliches Ziel meiner Arbeit, ebenso wie all derer, die sich auf ähnliche Weise mit diesem Komplex auseinander setzen, dass wir Lücken in unserer Erinnerung aufspüren, dass wir ein hartnäckiges Gedächtnistraining betreiben, dass wir die Fragen stellen, die man nicht stellen darf, dass wir niemandem nach dem Mund reden, aber auch niemandem den Mund verbieten, dass wir zuhören und in ausreichendem Maße erzählen, dass wir uns falschen Thesen mit ausdauernder Kraft entgegenstellen und uns dabei auch nicht abschrecken lassen von den Fäusten derer, die sie sonst in den Taschen geballt bereit halten, um zuzuschlagen, wenn niemand zuschaut.

Es ist mir klar, dass es außer den Zwischenerfolgen und erhellenden Momenten eine Menge dunkler Tage voller Resignation und Verzweiflung geben wird. Das ist wohl ein Teil dieser übernationalen Hypothek, die wir in Deutschland, mehr als in anderen Ländern, nicht als Ballast begreifen sollten, sondern als kostbare Hinterlassenschaft derer, die nicht umsonst geopfert sein sollen für die sinnlose Vernichtungsideologie von Nationalegomanen.

Schuld bedeutet keine Bürde, Schuld beinhaltet immer auch ein Vertrauen, etwas, das uns geliehen wurde, um es zurückzuzahlen, in Raten und nicht auf einen Schlag. Erst die Kontinuität der Rückzahlung ist der Beweis für die nötige Zuverlässigkeit zur Rückkehr in die Gemeinschaft zivilisierter Völker.

Wir stehen heute demzufolge vor einer wichtigen Aufgabe. Die deutsche Gesellschaft trägt nach dem Zusammenbruch des Dritten Reiches, dem Zerfall der DDR und der Auflösung der ehemaligen Blöcke in Ost und West selbst die Verantwortung, eine neue Konzeption zur Stärkung der eigenen Immunität gegen nationale Rückfälle zu entwickeln.

Jenseits von Generationen und Verwandtschaften muss die Gesellschaft einen verantwortungsvollen Umgang mit den Erkenntnissen der Vergangenheit pflegen. Nur so können wir eine Gegenwart garantieren, in der es keine Grauzonen des Gewissens gibt, die unkontrollierbare Reminiszenzen erzeugen.

Dabei ist dieser Vorgang kein rein nationaler Prozess. Kein Türke, kein Italiener, kein Holländer, kein Israeli – ob in seiner Heimat oder in Deutschland – kann erwarten, dass er ein Teil der Bewältigung ist und die Erkenntnisse der Bewältigung auf ihn angewendet werden, wenn er nicht im selben Maße Bereitschaft dazu aufbringt, sich an der Aufklärung zu beteiligen, die erforderlich ist.

Aufklärung bleibt auch in der Distanz zu den Ereignissen des vergangenen Jahrhunderts das maßgeblichste Ziel eines jeden in unserer Gesellschaft.

Der unbändige Wille, die Wahrheit sowohl über sich und die eigene Funktion als auch über die anderen und ihre Funktionen zu erfahren.

Eine Konditionierung auf singuläre Bewältigungsstrategien, eine Reduktion auf periphere Verantwortungshaltungen schadet dem eigentlichen Aufklären.

Auch am Ende meiner Reise steht so die Frage, was mir persönlich davon geblieben ist außer den Erinnerungen und Geschehnissen, die zunächst im Vordergrund standen.

Zweifellos habe ich mich und mein Verständnis in den letzten Jahren weiterentwickelt. Ich habe gesehen, dass die Perspektivenlosigkeit des Theaters eine sich weitertragende Orientierungslosigkeit seiner Klientel bedeutet, ebenso wie ich spüre, dass die Verbindung von Politik und Kunst nicht immer eine sichtbare sein muss, um sie verständlich zu machen.

Während ich mit meiner Lesung aus dem ungeliebten Buch der Deutschen einen interessanten Blick in die momentane Befindlichkeit der deutschen Seele erhalte, beschäftigen sich andere noch mit der Deutung vorzeitlicher Schriften.

Heißt das also, dass auch wir im Theater neue Botschaften transportieren müssen, um somit für eine neue geistige Infrastruktur zu sorgen, welche die Verbindung von gleich mehreren Aspekten ermöglicht und damit ein Podium erzeugt, das zu seiner ursprünglichen Bedeutung als Plattform der Meinungen zurückkehrt?

Ich habe gelernt, dass in Deutschland, wie auch in anderen Ländern, in anderer Art und Weise Gesprächsbedarf besteht, als man das bisher glaubte. Die Menschen, insbesondere die jungen unter ihnen, wollen neue Antworten auf alte Fragen, sie wollen keine Belehrungen, keine Stigmatisierungen, kein Betroffenheitsdogma, keine plumpen Anschuldigungen und kein Mitleid. Gerade in diesem Gesprächsbedarf sehe ich die größte Chance.

Deutschland als ein Ursprungs- und Heimatland faschistischer Ideen kann mehr bewegen als nur sich selbst. Vor allem aber kann es seine Ansprüche konkretisieren, nicht nur wirtschaftlich als Weltmacht zu gelten, sondern auch auf humanistischer Ebene eine solche zu sein.

In diesem Land, in dem so viele Intellektuelle, Wirtschaftswissenschaftler, Industriemagnate, Künstler und Bildungsbürger mehr tun könnten, als für ihr persönliches Wohlergehen zu sorgen, ist es nach wie vor schwierig, teilen zu wollen – ob es Verantwortung, materielles Vermögen oder geistige Auseinandersetzung betrifft.

Mit heruntergezogenen Rollläden gilt es, die anderen zu beobachten, sich bloß nicht in etwas hineinziehen zu lassen und seine aufrichtige Meinung nur im Zweifelsfalle zu sagen, und sei diese noch so extrem in ihrer Verborgenheit.

Gerade diese Meinung aber ist entscheidend, wenn es um die tatsächliche Bestandsaufnahme unserer geistigen Verfassung geht.

Der deutsche Busfahrer, der nur im Konflikt einem Ausländer die Rückkehr in seine Heimat anbietet, ist er kein Teilzeitfaschist? Ist er nicht die Grundlage für ein Geschwür, welches genau dann größer werden kann, wenn die kleinen Konflikte der Straße zu den eigentlichen Konflikten der bundesrepublikanischen Politik werden könnten?

So merken wir jedes Mal, wenn die Republik durch Skandale oder Ereignisse erschüttert wird, dass extremes Gedankengut anwächst und der Wille nach Vergeltung sich immer an den Unschuldigen, den Kleinen, meistens den Fremden zu entladen droht.

Spricht aber die partielle nationale Identität, die wiederkehrt, wenn sie eigentlich am stärksten hinterfragt wird, nicht dafür, dass unser nationales Verständnis vollkommen antiquiert ist, muss es nicht von Grund auf erneuert werden, sodass Deutsche nicht mehr Deutsche sind, Türken nicht mehr Türken und Juden nicht mehr Juden?

Für diese Erneuerung zu streiten, für sie einzutreten, auch in Situationen, in denen es gefährlich sein könnte, ist eine wesentliche Voraussetzung auch im Kampf gegen *Mein Kampf*.

Nach mehr als vier Jahren hat dieser Kampf für mich immer noch nicht aufgehört. Im Gegenteil, er geht mit unverminderter Härte weiter. Hierin sehe ich das größte Kompliment für meine Arbeit. Wäre meine Lesung nur eine von vielen, wäre dieses Thema nur eines von vielen, dann hätte ich vielleicht nach einigen Monaten meine Koffer wieder packen können und hätte Shakespeare und Goethe gespielt bis an das Ende meiner Tage. All denen, die es für falsch halten, aus *Mein Kampf* zu lesen, darüber zu lachen oder in ähnlicher Weise sich mit dem Thema auseinander zu setzen, bleibt die Möglichkeit, konstruktive Vorschläge für ein besseres Programm gegen den Faschismus zu entwickeln. Auf alle Fälle aber wird von ihnen erwartet, dass sie dorthin reisen, wo die Wunden am größten sind, an die neuralgischen Punkte des deutschen Identitätsempfindens nämlich, um dort für eine Verwirklichung ihrer Ideen einzutreten.

Nur wenn eine Kritik auch auf das eigene Handeln anwendbar bleibt, ist eine solche Kritik glaubwürdig; nur wenn die allgemeine Haltung einem eigenständigen Eintreten für greifbare Ziele weicht, wird sie auch effektiv und erreicht womöglich ihre Zielgruppe, nämlich nicht nur jene, die ohnehin einer Meinung sind, sondern auch solche, die anderer Meinung sind, deren Meinung schwer zu hinterfragen oder umzukehren ist.

So wie meine persönliche Auseinandersetzung mit *Mein Kampf*, mit der Erforschung meiner eigenen und auch der Geschichte der anderen weitergeht, so geht auch diese Reise weiter. Sie bleibt eine Reise ins Ungewisse, an deren Ende vielleicht die Erfahrung steht, dass alle menschlichen Erkenntnisse erst vollständig sein können, wenn sie in ihrem Schmerz und in ihren Freuden bis auf den letzten Moment erfahrbar bleiben.

Nachwort

Am 30. Januar 2001 habe ich zum ersten und hoffentlich auch letzten Mal in meinem Leben mit kugelsicherer Weste gelesen.

Nachdem im ausverkauften Potsdamer Theater eine Morddrohung gegen mich und die insgesamt 700 anwesenden Zuschauer, »die das Ansehen des größten deutschen Kanzlers« in den Schmutz ziehen wollten, eingegangen war, musste man davon ausgehen, dass es ratsam wäre, mich zu schützen und zu diesem Zweck in eine kugelsichere Weste zu stecken.

Abgesehen davon, dass es nahezu unmöglich ist, in einer derartigen Montur zu lesen, war es auch ein seltsames Gefühl zu wissen, dass meine Erlebnisse mittlerweile Formen annahmen, die man in seinen kühnsten Träumen nicht erahnen konnte.

Eine wichtige Erkenntnis ist: Auch wenn ich glaubte, diesen Text schon so oft interpretiert, demontiert und inszeniert zu haben, schien die darin enthaltene Idee weiterhin ihre unsägliche Wirkung zu entfalten.

Ich überlebte diese Vorstellung. Seitdem aber hat sich vieles geändert. Die Republik hat ihr Faible für einen Aktionismus gegen rechts entdeckt. Es wurden Demonstrationen organisiert, es wurde gegen rechts gehustet, gestolpert und gesungen, Helden erkoren, Schlachten verloren, Feinde erkannt und Freunde verbannt, mit dem Finger auf andere gezeigt, die angeblich schlechter machen, was man sich selbst nicht traut. Es wurden hastig Aufsätze geschrieben, statt genauer hinzuhören; Meinungen per se hinterfragt, statt selbst eine zu haben; es wurde Ja und Amen gesagt, wenn man nicht gefragt wurde, und selten Nein gesagt, wenn es mehr bedeutet hätte als eine trotzige Reaktion auf die eigene Unzulänglichkeit. Rechte Parteien sollten verboten werden, rechte Ideologen entschärft und Ideen entblößt sein.

Der Kern des Übels allerdings bleibt davon weiter unberührt. Nach wie vor können wir nicht gegen oder für etwas sein, wenn wir nicht wissen, *wogegen* oder *wofür* wir sind – so wie wir auch nicht durch ein Verbot von *Mein Kampf* die Nazis heutiger Tage läutern. So sehr der Nationalsozialismus vergangener Tage von Symbolen lebt, so wenig lassen sich diese Symbole durch Verbote zerstören. Einzig die inhaltliche Auseinandersetzung bleibt die wirksamste Entkräftung und beugt einer Anfälligkeit vor.

So glich die vorläufig letzte Vorstellung meiner Lesung am 26. November 2001 im restlos ausverkauften Dresdner Staatstheater auch mehr einer Begegnung unter Freunden, beinahe einem Kongress der »aufständischen Anständigen«, deren Fetisch vornehmlich einem Austausch wohlfeiler Argumente für die Erschaffung einer imaginären Welt voller Gutmenschen galt als einer Fortführung meines Anspruches, nicht nur meine eigenen Zweifel zu kennen, sondern auch die der anderen zu erforschen. Eigentlich konnte ich zufrieden sein. In Wirklichkeit war es höchste Zeit für ein neues Programm.

Seit dem 20. Januar 2002 bin ich wieder auf Tour. Diesmal lese ich Ausschnitte aus der Sportpalastrede von Joseph Goebbels mit dem Titel »Wollt ihr den totalen Krieg?«.

Quellennachweis

(*Hinweis:* Alle Textauszüge wurden in der Schreibweise der neuen Rechtschreibung angeglichen.)

Brecht, Bertolt: *Der aufhaltsame Aufstieg des Arturo Ui*, Suhrkamp Verlag, Frankfurt am Main 1965.

Bullock, Alan: *Hitler. Eine Studie über Tyrannei*, Droste Verlag, Düsseldorf 1961.

Elsässer, Jürgen: *Braunbuch DVU: Eine deutsche Arbeiterpartei und ihre Freunde*, KVV konkret, Hamburg 1998.

Internationaler Militärgerichtshof Nürnberg (Hrsg.): *Der Nürnberger Prozess gegen die Hauptkriegsverbrecher vom 14.11.1945 bis 1.10.1946 in 12 Bänden*, Komet Verlag, Frechen 2000.

Herz, Rudolf: *Hoffmann & Hitler. Fotografie als Medium des Führer-Mythos*, Klinkhardt und Biermann Verlag, München 1994.

Hitler, Adolf: *Mein Kampf*, Franz Eher und Nachfolger, München 1925.

Kreis, Rudolf: *Antisemitismus und Kirche: In den Gedächtnislücken deutscher Geschichte mit Heine, Freud, Kafka und Goldhagen*, Rowohlt, Reinbek bei Hamburg 1999.

Lanz von Liebenfels, Georg: *Theozoologie*, BoD, Norderstedt 2002.

Steffahn, Harald: *Adolf Hitler*, Rowohlt, Reinbek bei Hamburg 1983.
Zentner, Christian: *Adolf Hitlers »Mein Kampf«. Eine kommentierte Auswahl*, List Verlag, München 2001.

Ein altes Telefonbuch ist der Roman einer Stadt: Jäckel führt den Leser durch Berlin im Jahre 1941 und erzählt die Geschichten von über 200 Menschen, deren Spuren sich im letzten Amtlichen Fernsprechbuch von Berlin vor Kriegsende fanden. Der Leser trifft Erich Kästner, Max Planck, Theodor Heuss, Sepp Herberger und viele andere bekannte und unbekannte Personen. Diese Lebensbilder fügen sich zu einem bewegenden Panorama einer vergangenen Epoche: Deutschland, kurz vor seinem Untergang und Neubeginn.

»Und so wird in Jäckels Buch Geschichte greifbar.«
DIE WOCHE

ISBN 3-304-64189-2

BASTEI LÜBBE

Wussten Sie, dass um 1700

- ein Paar seine Scheidung selbst aussprechen konnte, indem der Mann die Frau an einem Halfter zum Viehmarkt führte und sie dort versteigerte? In der Regel war dort der künftige Mann zugegen und »erwarb« seine gegenwärtige Geliebte als Ehefrau zu einem vorher vereinbarten Preis.
- als gerade die Kaffeehäuser groß in Mode kamen, viele Frauen glaubten, Kaffee mache impotent?
- eine Ausbildung sieben Jahre dauerte und die Kosten dafür im Voraus bezahlt werden mussten?

Huren, Henker, Hugenotten bietet ein farbenprächtiges, lebendiges Porträt der europäischen Gesellschaft um 1700. Der Leser erhält Einblick in alle Bereiche des alltäglichen und sozialen Lebens wie Ehe, Kindheit, Mode, Arbeit, Essen, Vergnügen.

ISBN 3-304-64186-8

BASTEI
LÜBBE